少年速读世界史

段启增 王乃耀 刘文涛 高乐才 主编

中国少年儿童新闻出版总社
中国少年儿童出版社
北京

图书在版编目（CIP）数据

少年速读世界史 / 段启增等编著 . -- 北京：中国少年儿童出版社 , 2025.1. -- ISBN 978-7-5148-9402-8

Ⅰ . K109

中国国家版本馆 CIP 数据核字第 2025KG9008 号

SHAONIAN SUDU SHIJIESHI

出版发行：	中国少年儿童新闻出版总社 中国少年儿童出版社
执行出版人：	马兴民
责任出版人：	缪 惟

策划编辑：史 钰	责任校对：杨 雪
责任编辑：张 靖	责任印务：厉 静
社　　址：北京市朝阳区建国门外大街丙 12 号	邮政编码：100022
编 辑 部：010-57526303	总 编 室：010-57526070
发 行 部：010-57526568	官方网址：www.ccppg.cn
印　　刷：河北赛文印刷有限公司	
开　　本：880mm×1230mm　1/16	印　张：21.25
版　　次：2025 年 2 月第 1 版	印　次：2025 年 2 月第 1 次印刷
字　　数：245 千字	印　数：1—5000 册
ISBN 978-7-5148-9402-8	定　价：68.00 元

图书出版质量投诉电话 010-57526069　　电子邮箱：cbzlts@ccppg.com.cn

目录

美尼斯统一古埃及 / 1

破解古埃及文字之谜 / 7

汉谟拉比法典 / 11

佛教创立 / 15

大流士一世 / 19

斯巴达兴起 / 24

马拉松之战 / 29

伯里克利时代 / 33

亚历山大远征 / 38

罗马兴起 / 43

布匿战争 / 49

恺撒遇刺 / 55

安东尼与屋大维之争 / 60

罗马帝国 / 65

从法兰克王国到查理曼帝国 / 69

阿拉伯帝国的兴起 / 75

"诺曼征服" / 79

日本幕府时代 / 84

欧洲文艺复兴 / 88

贞德救国 / 92

哥伦布发现新大陆 / 98

达·伽马到达印度 / 103

麦哲伦环球航行 / 108

宗教改革 / 115

"恐怖的伊凡" / 120

伊丽莎白一世女王 / 124

尼德兰革命 / 129

"无敌舰队"的灭亡 / 135

丰臣秀吉统一日本 / 140

查理一世上了断头台 / 145

"太阳王"路易十四 / 151

《"五月花"号公约》/ 155

彼得一世改革 / 159

七年战争 / 163

女沙皇叶卡捷琳娜二世 / 167

莱克星顿的枪声 / 172

美国独立战争 / 176

攻克巴士底狱 / 182

科西嘉的"小个子" / 187

"欧洲战神"的荣辱 / 193

《共产党宣言》的发表 / 199

达尔文提出进化论 / 203

俄国废除农奴制 / 208

美国南北战争 / 212

明治维新 / 219

"铁血宰相" / 224

普法战争 / 229

"发明大王"爱迪生 / 233

现代奥林匹克运动会 / 237

"诺贝尔奖"的设立 / 242

爱因斯坦创立相对论 / 248

日俄战争 / 252

开凿巴拿马运河 / 257

第一次世界大战爆发 / 262

俄国十月革命 / 267

决战 1918 / 273

巴黎和会 / 277

德国闪击波兰 / 283

偷袭珍珠港 / 288

斯大林格勒保卫战 / 294

中途岛海战 / 299

诺曼底登陆 / 305

雅尔塔会议 / 311

奥斯威辛集中营 / 316

德国法西斯灭亡 / 321

日本法西斯投降 / 327

美尼斯统一古埃及

最早的国家出现在非洲东北部的埃及。一两万年前，古埃及的气候温暖湿润，非常适合植物生长和动物繁衍。人们凭借优越的自然条件，采集狩猎，繁衍生息。大约在公元前6000年至公元前5000年，古埃及人在尼罗河三角洲开始用木犁、木锄，翻地除草；用石灰石、花岗岩和玄武岩制成石刀、石斧、石镰，披荆斩棘，筑坝修堤，开渠引水，过着定居的农耕生活。大约在公元前4000多年，古埃及进入铜石并用时代。铜器的出现，加快了社会的进步，促进了早期国家的诞生。

埃及文明的萌芽、成长，很大程度上得益于尼罗河。尼罗河将古埃及分成两大部分：尼罗河第一瀑布至尼罗河三角洲顶端为上埃及，尼罗河下游的三角洲为下埃及。正如古希腊著名历史学家希罗多德所说，"埃及是尼罗河的赠礼"。

尼罗河是世界上最长的河流。每年7月，尼罗河上游进入雨季，山洪暴发，洪水裹挟着泥沙倾泻而下，直抵地势低平的下游。下游低矮的河岸拦不住肆虐的洪水，洪水每年都溢出河床，把岸边的土地泡软，并覆盖上一层厚厚的淤泥。

〈 希罗多德 〉

古埃及人发现，被洪水泡过的土地极其肥沃，只要在大水退去后撒上种子，栽上农作物，就可以坐等丰收了。他们将河水溢出两岸的第一个夜晚，称作"第一滴水之夜"。黑夜降临，人们划着小舟，举着火炬，唱着歌曲，欢庆"哈辟"神节。"哈辟"是埃及人对尼罗河"河神"的尊称。古埃及人总是把自己的国家称为"凯麦特"（即黑土地），把尼罗河河谷称为天然粮仓，更是把尼罗河视为自己的"母亲"，世代吟颂着她无私的赐予：

啊！尼罗河，我们赞美你，你从大地涌流而出，养活着埃及，一旦你的水流减少，人们就停止了呼吸。

公元前3500年，古埃及开始出现国家。最初出现的国家有三四十个，都是以

⟨ 古埃及农业 ⟩

城市为中心，连接周围的数个村庄，组成一个"斯帕特"。在古埃及人的文字符号里，"斯帕特"是用沟和渠的图形表示的，古希腊人称之为"诺姆"，中国史学界翻译成"州"。一些历史学家通过考察和研究认为，"州"实际上就是古埃及最早的"国"。

　　自从"国"出现后，战争也随之而来。三四十个小国为了争夺土地、水源、奴隶和财富，经常发生战争。经过长期战争和相互间的兼并，小国数量不断减少，最后只剩下两个大国，一个叫上埃及王国，另一个叫下埃及王国。

〈 蝎王权标头 〉

　　上埃及王国位于较南的地方，以原来的希拉康坡里斯国为中心。考古发掘出的"象牙权标"告诉我们，上埃及王国的第一个国王叫"蝎王"阿普。从象牙权标上雕刻的图案看，"蝎王"身材高大，头戴着白色王冠（以鹰为标志），手握锄头，正在开凿河渠。他身后是两名侍者在为他执扇，显示了他地位的尊贵。在"蝎王"的脚下，有几个奴隶正在尼罗河的河心岛上劳动。"蝎王"的头顶上插着多面旗帜，每一面旗帜上都画有一种动物，象征着被他兼并的那些国家原有的保护神。而在每面旗帜下方又各吊一只田凫（fú，俗称野鸭）和一张弓，代表着被镇压的反抗者和被征服的国家。因此，这个象牙权标就成了"蝎王"权力的象征。

　　下埃及王国位于尼罗河三角洲地带，以原来的布托国为中心，逐渐统一了周边邻近的国家。下埃及王国国王头戴红色王冠，以蛇为国家的保护神，以蜜蜂为国徽。

大约到公元前3100年，在上埃及王国的提尼斯州出现了一位才华出众、智慧超群的人，名叫美尼斯，他被上埃及王国的臣民拥戴为新国王。美尼斯励精图治，发展生产，积极备战，使王国很快强大起来。接着，他便亲率大军，攻打下埃及王国。大战在尼罗河三角洲一带展开，经过几个昼夜的激战，美尼斯终于打败了下埃及王国。

关于美尼斯国王统一上下埃及的战争史实记载在一块石雕板上，即"纳尔迈调色板"。学者们研究后认为，"纳尔迈"是美尼斯国王名字的不同写法或称呼，"纳尔迈调色板"也可叫作"美尼斯调色板"。

"调色板"的正面刻着美尼斯的形象，他头戴白色王冠，右手拿着权标，左手抓住敌人的头发作打击状，象征着他是这次战争的胜利者。石板的右上角刻着一只站立的雄鹰，爪子紧抓着一

◁ 纳尔迈调色板 ▷

颗人头，人头上束着六张纸草纸（又称纸莎草纸、莎草纸；莎suō）。据历史学家推算，每张纸草纸代表1000名俘虏（也有说代表1万名俘虏），六张纸草纸说明美尼斯在这次战争中抓获了6000名俘虏。

"调色板"的背面描绘的是，头戴王冠的美尼斯举行凯旋的仪式。在仪式上，战败的下埃及国王站在一群俘虏前面，摘下象征王权的红色王冠，双膝跪地，拱手把王冠奉献给美尼斯。"调色板"上还刻有四面旗帜，说明曾经有四个同盟者和美尼斯一起攻打下埃及王国。

美尼斯在统一埃及后，在原上下埃及的交界处，也就是现今的埃及首都开罗附近建立了一座新城，作为古埃及的首都，定名为"孟菲斯"，城市的守护神是"普塔赫神"。

现代学者一般把美尼斯及其以后的国王称为"法老"，意思是"居住在宫殿中的主人"。在法老之下设有掌管国家各机构的官员，如宰相、大法官、大祭司、灌溉大臣等不同等级的文武百官。法老定期派特使到各地清查户口、丈量土地、统计牲畜等，以便确定向臣民们征收捐税的数量。

为了树立国王的绝对权威和尊严，古埃及宫廷还制定了一套严格的礼仪和规章，其中规定，凡文武百官，不论职位高低，在觐见法老时，都必须先吟唱颂词，再匍匐到法老宝座之前，前胸贴地，低头亲吻法老脚上的尘土。

自美尼斯初步统一埃及，建立第一个奴隶制王朝，形成统一的国家，到最后被马其顿灭亡，即从公元前3100年开始到公元前332年结束，古埃及文明延续了大约2700年，共分为三十一个王朝，美尼斯建立的被称为第一王朝。在如此漫长的岁月

⟨ 法老（右）与冥神欧西里斯 ⟩

里，古埃及居民始终属于一个民族，文化传统也始终一脉相承。在大部分时间内，古埃及文明都是在正常、有序的轨道上发展，较少受到外敌入侵和民族变动之祸。

破解古埃及文字之谜

古埃及文明不仅是人类最早的文明之一，而且跨度大、延续时间长。古埃及文明是埃及人民独立创造的，内容丰富、灿烂辉煌、特点鲜明。

古埃及文字自成一体。这种文字，有的学者称为"象形文字"，有的称为"图画文字"，有的称为"圣书文字"。不管叫什么，大家都认为，古埃及文字是世界上最古老也是最难解读的几种古文字之一。这种文字大约产生于公元前3500年，定型于公元前3100年左右，一直使用到公元400年。

中国最古老的文字甲骨文是象形文字，某个字的图形与它所要表达的意思基本上是一致的，一看图形就知道大概的意思。古埃及文字却不一样，从表面看，一个字像一幅图画，但是如果你简单地按画面上的景物和形态来理解它的意思，那肯定会笑话百出。比如，当你看到一只陶罐上画着一间带圆屋顶的房子，屋顶上又栖息着一只小鸟时，可不要把这幅图简单地理解为"鸟栖圆屋图"，而应把圆屋顶的房子理解为"王宫的门面"或国王的"御座"，那只小鸟则是古埃及王权之神或国王的保护神。看来，把古埃及文字称为"象形文字"或"图画文字"是不准确的。因为古埃及人写的字虽然像图画，但是与该字要表达的意思并不一致，甚至风马牛不相及。

古埃及文字的发明，对于促进古埃及社会生产的发展，增进人们之间的相互交流，提供了便利条件。正是有了这种文字，才把古埃及几千年的文明史书写在纸莎草书卷上和刻写在古墓、神庙的墙壁、石碑上留存至今。因此，要了解古埃及文明史的全貌，就必须读懂古埃及的文字。然而，随着时间的流逝，大约到公元400年，古埃及的文字突然消失了，直到1799年以前，世界上还没有一个人能读懂这种文字，就连今天的埃及人也看不懂。

　　1799年，拿破仑率领法军入侵埃及。他手下的一个名叫波夏河的年轻军官，不经意间在埃及的一个名叫罗塞塔的小村庄发现了一块黑色玄武岩石碑，这块石碑就被命名为"罗塞塔石碑"。石碑上有用三种文字刻成的铭文，记载的似乎都是相同的内容。这位聪明的军官眼前一亮，立刻意识到：这块石碑的发现，极有可能解开千百年来无法解读的埃及古文字之谜。他赶紧把石碑捆扎好，准备带回法国。可是天不从人愿，法军在战场上一败涂地，罗塞塔石碑也被获胜的英国人劫走，成了大英博物馆向世界炫耀的镇馆之宝。

　　罗塞塔石碑高约115厘米，宽73厘米，厚28厘米。分上中下三部分：上部分已经破损，保留下来的只有14行古埃及文字，主要记载宗教方面的事；中间部分的文字较为完整，共32行，用通俗文体刻成；下部分有54行，用希腊文刻成。发现罗塞塔石碑的消息传出后，立即引起各国学者的高度关注，石碑上的文字拓片也随之在许多国家传开，学者们

◀ 罗塞塔石碑 ▶

竞相投入石碑文字的破解工作。

经过初步研究，学者们认为，石碑制作的年代大约在公元前323年至公元前31年之间，这正是希腊人统治埃及的时间。当时，有三种文字在埃及流行：埃及人的本国文字、以阿提卡方言为主的希腊文、主要是犹太人使用的标准希腊文。罗塞塔石碑文上的内容可能就是用这三种文字刻成的，目的是方便政府官员、祭司和百姓们阅读。经过辨认，学者们认定，石碑最下层部分的文字的确是希腊文。根据希腊文，学者们进一步判定，碑文的内容是埃及王室的法令。于是，学者们便集中精力研究碑上的另外两种文字，首先是解读中间部分的通俗体文字。

学者们发现，古埃及通俗体文字的使用时间大概在公元前650年到公元450年之间，它一直遵循从左到右的书写习惯，不像古埃及文字既可以从左也可从右下笔，还可从上往下书写。由此，学者们辨认出了通俗体文字中代表"托勒密"（古埃及托勒密王朝的创立者）和"亚历山大"（古代马其顿的国王，曾于公元前332年率军入侵埃及）的两个字符。但是，再往下解读就很难了。比如，这种通俗体文字与古埃及文字是什么关系？根据通俗体文字这条线索怎样解开古埃及文字之谜？没有人能找出更好的办法。

1801年，法国伊泽尔省省长约瑟夫·傅立叶在巡视本省的学校时，得知一个11岁的男孩具有超群的智慧，语言天赋尤其出众，于是邀请这个孩子来家里做客。谁知，孩子一到傅立叶家中，就迷上了他家收藏的古埃及工艺品。这些工艺品是傅立叶随拿破仑远征埃及时收集的。孩子问傅立叶："这些工艺品上所刻的图画到底是什么意思呢？"傅立叶回答："到目前为止，谁也不知道！"傅立叶的回答，给孩子留下了深刻的印象。这个孩子就是后来揭开古埃及文字之谜的专家让·弗朗索瓦·商博良。

商博良成年后，立志揭开埃及古文字之谜。为此，他刻苦学习钻研古代语言文字二十余年。在前辈学者解读埃及古文字成功经验的基础上，商博良把所见到的埃及古文字与罗塞塔石碑上刻写的三种文字进行对比，发现古埃及人写国王名字时，都要加上方框，或者在国王名字下画一条粗线，而罗塞塔石碑上也有加了粗线条的文字。他根据石碑上的希腊文，终于辨认出这块碑的上半部分的几个字"克列奥帕特拉"（埃及托勒密王朝最后一位女王）和"亚历山大"，加上前人已辨认出的通俗体文字"托勒密"，碑刻上剩下的难辨认的埃及古文字就不多了。此后，商博良借用罗塞塔石碑碑文这把"钥匙"，顺藤摸瓜，一个一个地将埃及古文字解读出来。1822年，商博良公开自己的研究成果，得到了国际语言学界的承认，他也因此被视为古埃及学的创始人和解读埃及古文字的权威。

〈 商博良 〉

罗塞塔石碑碑文的内容终于弄明白了。原来，这块碑上的铭文是孟菲斯城（古埃及城市，又名"白城"）的僧侣们于公元前196年写给当时国王的一封歌功颂德的信。这位国王就是托勒密王朝的托勒密五世。他登上王位不久，取消了僧侣们欠缴的税，同时制定了一系列保护宗教、庙宇和僧侣的政策措施，赢得了僧侣们对他的敬仰。僧侣们为表达对国王的感激之情，便用三种文字将这封信刻在黑色玄武岩石碑上。

自从商博良辨认埃及古文字成功后，世界上掀起了一场研究古埃及的热潮。具有5000余年文明史的埃及，从此呈现在世人面前。

汉谟拉比法典

巴比伦原是幼发拉底河畔的一座小城，方圆不过百里，但土地肥沃，处在商路的要道上，有利于经济和文化发展。公元前1894年，巴比伦城有个名叫苏穆阿布姆的阿摩利（古代民族名）人割据独立，建立巴比伦王国。到了第六代国王汉谟拉比时，王国达到极盛。汉谟拉比是一位明智的政治家和机敏善辩的外交家。初登王位时，为了防止外部势力干涉巴比伦内政，他先向北方强大的亚述称臣；对内则制定法律，修筑城墙，重建神庙，消除内争，积蓄力量。在稳定了国内局势之后，他开始对外扩张。

在对外战争中，汉谟拉比的基本策略是，拉拢结交邻邦，集中精力对付主要敌人。一开始，他和北方的玛里结盟，与南方的拉尔萨争斗，终于在公元前1786年夺取了被拉尔萨兼并的乌鲁克和伊新。之后，为彻底打败南部劲敌拉尔萨，他千方百计地和北方的邻国玛里修好，经常派使节向玛里国国王吉穆里利姆传递信函，称玛里国国王为"兄弟"，承诺在两国对外事务中采取一致行动，相互支援。

⟨ 汉谟拉比头像 ⟩

为表示诚意，他还帮助玛里摆脱了亚述的控制，协助吉穆里利姆击退了东部邻国埃什努那的入侵。这些举动，使玛里国国王对汉谟拉比感激涕零，甘心做了巴比伦的小兄弟。到了羽翼丰满之时，汉谟拉比即发兵征讨埃什努那，于公元前1764年将其击败。

第二年，巴比伦向拉尔萨发动了一场猛烈进攻。但是拉尔萨并不示弱，进行了英勇还击。汉谟拉比恼羞成怒，下令军队在幼发拉底河上游挖掘渠道，筑坝储水，限令拉尔萨弃城投降。遭拒绝后，汉谟拉比命令部属突然掘坝放水，使位居下游的拉尔萨措手不及，被大水所淹，损失惨重。后经数月围攻，终于灭掉了拉尔萨。拉尔萨国国王狼狈逃亡埃兰。

灭了拉尔萨，汉谟拉比再也不顾往日的"兄弟"之情和当年许下的诺言，于公元前1759年，挥师北上，兵临玛里城下，强迫吉穆里利姆屈膝称臣。在他的威逼下，吉穆里利姆只好举手归降。又过两年，不甘受辱的吉穆里利姆举兵反叛，遭汉谟拉比残酷镇压。曾繁盛一时的玛里都城被夷为平地，吉穆里利姆苦心经营的豪华宫殿也被付之一炬。紧接着，汉谟拉比又对亚述用兵，夺取了它的南部领土，迫使它保证不再侵扰巴比伦的北部边境。忍气吞声的亚述王不得不举国北迁，才得以逃过被灭亡的命运。在狠狠打击了亚述之后，汉谟拉比于公元前1753年吞并了埃什努那。

经过南征北战，东征西讨，汉谟拉比终于统一了两河流域，创建了一个疆域从波斯湾到地中海沿岸的奴隶制大帝国。汉谟拉比在位42年，对外征战的时间就有35年。但他并不是一个头脑简单的好战武夫，而是一位武功文治兼备的政治家。这是巴比伦在他统治时期成为西亚政治、经济和文化发达的奴隶制大国的重要原因之一。

汉谟拉比一生的最大功绩是，编制了一部以他的名字命名的《汉谟拉比法典》。

虽然在此之前的苏美尔人已制定过多部法典，但保存下来的都是一些断章残篇，没有一部是完整的。唯有《汉谟拉比法典》是古代西亚流传至今最完备的一部法典，也是世界历史上现存古代法典中最详尽、影响最大的一部。它对于研究古巴比伦和古代西亚的社会经济、政法体制、思想文化，均有重大意义。

记载《汉谟拉比法典》全文的石碑，是法国考古队于1901年在古代埃兰都城苏萨遗址发现的，现收藏于巴黎的卢浮宫。石碑由三块黑色玄武岩合成，高2.25米，略呈柱形，碑顶近似半圆，碑身下宽上窄，底部周长1.9米，上部周长1.6米。碑的上部刻成一块两尺见方的浮雕，表现太阳和正义之神"沙马什"直身端坐，右手以权杖授予站立在前的汉谟拉比。浮雕刻工精细，碑文优美典雅，石碑本身就是古巴比伦时代的一件艺术珍品。

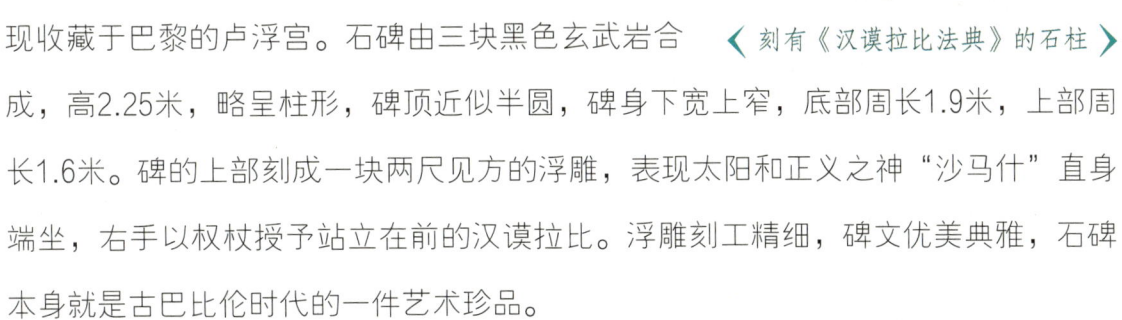

《汉谟拉比法典》共分为序言、正文和结语三部分。序言概述了汉谟拉比文治武功的伟业和制定本法的目的。在序言中，他自夸为"巴比伦之王，阿穆鲁的

《 刻有《汉谟拉比法典》的石柱 》

《汉谟拉比法典》局部

全国之王，苏美尔和阿卡德之王，常胜之王""四方的庇护者""荣耀而畏神的君主，众王之统治者，明哲之君主""实行一切计划的贤明的统治者""众王之神""人民的牧者""巴比伦的太阳"等。虽然都是些吹嘘炫耀之词，但也表明经过他几十年的南征北讨和苦心经营，巴比伦已建成一个强大的专制集权国家。

　　法典正文共282条，分为九个主题：一是有关审判法的规定；二是有关惩治盗窃财物和奴隶的规定；三是如何处置各类不动产的占有、继承、转让、租赁、抵押等方面的规定；四是有关借贷、经商和债务奴隶等方面的规定；五是关于婚姻、家庭的规定；六是对于伤害社会地位不同的人，给予不同处罚的规定；七是关于不同职业人员的报酬及其责任的规定；八是关于租借劳动工具、牲畜、雇佣劳力的规定；九是有关使用和处理奴隶的规定。

　　汉谟拉比死后，他的儿子萨姆苏伊鲁继位。他没有汉谟拉比那样的雄才大略，无力平息统治阶级内部的争权夺利，给了外敌入侵的机会。虽然他多次打退了东北部山区加喜特人的进攻，但南方的伊新、乌鲁克等地的暴动又起。这些地区的暴动刚被镇压，曾被降服的亚述国又挑起事端。古巴比伦王国在内外交困中渐渐衰落了。

佛教创立

公元前8世纪左右，在古印度地区出现了最早的奴隶制国家。经过近200年的战争兼并，到公元前6世纪初，形成了16个国家，史称列国时代。

在列国时代，有一个名叫迦毗罗卫的小国（在今尼泊尔境内）。这个国家的统治者是一位释迦族的国王，称净饭王。他有一个儿子叫乔达摩·悉达多。这位王子就是后来的佛教创始人释迦牟尼。释迦是王族名，意为"能"；牟尼意为"寂寞"，合起来的意思是"寂寞贤人"。净饭王的家族属于刹帝利种姓，生活很优裕。

悉达多出生于约公元前565年，母亲生下他不久便去世了，是他的姨母将他抚养成人。悉达多天资聪明，爱好学习，性情温柔和善，宫里人常称他为"仁慈王子"。但是在国王眼里，王子什么都好，就是心太软，让人放心不下。这位王子似乎天生就厌恶权势，对宫廷里那些钩心斗角

〈 佛陀降生 〉

的事和社会上的不公平现象看不惯，常常烦恼不安。当时的青年人常常削发出家，因此净饭王担心儿子也受到蛊惑，出家修行，放弃王位。在悉达多19岁那年，净饭王为他挑选了一位释迦族大臣的女儿为妻，婚后不久生了一子。净饭王看到王子夫妻和睦，甚为欢喜，以为他今后就不会出家了。

据说有一天，悉达多与随从驾象车出城游玩，当走到一片林地时，突然听见了一阵凄厉的鸟鸣。他抬眼望去，发现树上一只乌鸦正在啄一只喜鹊。触景生情，王子从飞禽之间的这种以强凌弱的争斗中，仿佛见到了人与人之间的争权夺利、相互残杀的场面。他一下子没有了游玩的兴致，转身回宫。

过了几天，王子乘象车出城，走不多远，又碰见了一个衣衫褴褛、满头白发的老头。他用干瘪的手拄着棍子迎面走来。王子跳下车，上前问道："老人家，去哪儿？"老人似乎没听见。王子又问他有没有儿女，愿不愿意同他去王宫享福？不料老人粗声粗气地回答说："不错，在宫里有饭吃，有衣穿，有福享，可殿下能让我的头发变黑、耳变聪、眼不花、掉了的牙齿再长出来吗？能让我不死吗？如果不能，我去宫里又有何用呢？"老人的一连串问话，让悉达多愣在那里半天说不出话。直到老人走远，他才和随从返回王宫。

回去后，悉达多接连几天躲在后宫不见人。他想起外出遇到的事，都与百姓受苦、世间不平、人的生老病死有关。怎样才能使人免除痛苦、避免生老病死呢？他想了几天也没有找到答案，于是决定再外出一次，看看是否还会遇到什么怪事。

这一次，悉达多乘车出城，当他来到一个村庄时，碰巧见到一个人赤裸着胳膊，手托瓦钵在挨家乞讨。这个人并不因为乞讨而觉得寒碜，反而显得一副心安理得、自满自足的样子。悉达多奇怪地问随从，随从回答说："这就是沙门，是出家修道的人。"悉达多下车，连连向沙门行礼。沙门告诉他："世态炎凉，人生皆苦，只有出家修道，方能获得人生真谛。"沙门的话，使悉达多若有所悟。

返回宫里，悉达多背着父王，吩咐心腹找来了有关出家修道的书，反复阅读思考，终于明白，即使国王的权力再大，也解决不了人的生老病死的问题，免除不了人的痛苦。看来要想找到答案，寻求人生的真谛，非出家修行不可。于是他决心放弃王位，准备出家。

〈 释迦牟尼从王宫秘密逃走 〉

一天深夜，他最后看了一眼熟睡中的妻子和儿子，趁人不备，带着一个名叫车匿的仆人，悄悄离开王宫，骑马向很远的深山老林而去。这一年他29岁。离宫的这一天是中国农历二月初八，所以中国佛教界为纪念佛祖，便把这一天定为"佛出日"。

在佛教创立之前，所谓出家修行，就是自我折磨，自找苦吃。吃苦越多，磨难越大，修行的意志就越坚定。意志越坚定、磨难越深的人，才能脱离苦海，得道成仙。悉达多起初也是照这一套修行的。但是六年过去了，他历经千辛万苦，也没有找到人生"至高无上的真理"。他开始认识到，仅靠吃苦受难，是修不出什么"正果"的，他决定换一种办法修道。

一天，悉达多走到了泥连禅河西岸的一棵荜（bì）钵罗树（一种无花果树）下，由于又饿又乏而晕倒。恰好一个牧羊女路过这里。她回家取了一碗羊奶喂他喝下，才使他苏醒。之后，他又遇到一个好心的少年，用吉祥草编成了一个草垫放在一块石头上，扶他坐下。悉达多端坐在这块石头上，闭目静思着如何解救人类脱离苦海的大问题。就这样，他一连坐了七天。第七天夜里，当星星闪烁时，他猛一睁眼，恍然大悟，终于得道成佛（掌握了解决人的生死问题的最高真理）。这一年，他35岁。

　　悉达多是在荜钵罗树下，坐在垫着吉祥草垫的石头上成佛的，后人就把这棵树称为菩提树（意为觉悟树），把他坐的那块石头称为金刚座。那两个送给他羊奶和草垫的女孩和男孩，被称为"善男善女"。而悉达多本人从此就被人称为释迦牟尼，又被他的弟子和佛教信徒们尊称为佛陀或佛祖。

　　释迦牟尼成佛后，走遍了印度许多地方，传授教义，招收信徒，希望人们照他的说法去做。据说，他的忠实弟子有一千多人。

　　公元前484年，释迦牟尼因年老多病圆寂（逝世）。他的遗体被火化，骨灰的颗粒（佛门称为舍利）被八位国王分取，放在专门建造的舍利塔中供奉。这种塔用金银及各种宝石做装饰，所以人们又称它为宝塔。

　　释迦牟尼创立的佛教，经过数代信徒的传播和发展，影响越来越大，信仰佛教的人越来越多。约在公元1世纪，佛教传入中国，后又经中国传入朝鲜和日本。佛教是当今世界三大宗教之一。

大流士一世

在两河流域和印度河之间,有一片多山的伊朗高原。这里很早就有国家出现。公元前7世纪,米底王国十分强盛。波斯人与米底人同文同种,后来摆脱米底人,建立了波斯人的国家,定名为阿黑门尼得王国,又被称为波斯帝国。

公元前529年,冈比西登上皇位。冈比西是个暴君,对待臣民十分残暴。于是,一个僧侣高墨达冒充冈比西的弟弟"巴尔迪亚"发动政变,废黜冈比西,自立为王。后来,大臣欧塔涅斯发现了"巴尔迪亚"的真实身份,于是发动政变,杀死了高墨达。高墨达死后,大流士和另外六个贵族因王位继承问题争吵不休,大家都想当国王。

欧塔涅斯是个识时务者,他中途退出了竞争,剩下的六个人谁也不肯相让。于是,他们商定在第二天早晨骑马到郊外集合,看谁的马先嘶叫,就由谁来当国王。回到住处,大流士和他的马夫商量了一个让马先叫的计策,又招来几个心腹

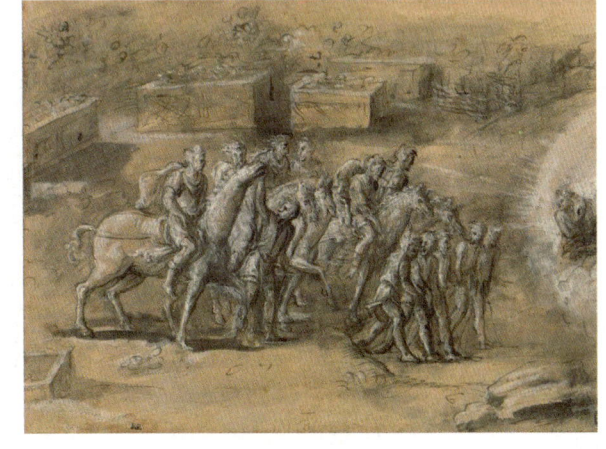

〈 大流士成为国王 〉

干将，吩咐他们早早地埋伏在六人会合的地方，一旦马夫的计策被识破，就用武力解决。

这天早上，大流士和另外五个贵族按预先约定来到会合地。他们把各自的马放到一起，等候马的叫声。大流士的战马在马夫的暗示下，先昂首嘶鸣起来。其他五个贵族只好认输，承认大流士为波斯国王，史称大流士一世。这一年是公元前522年。后来，大流士还为他的马夫立了一块石碑，上面写道："阿胡拉·马资达（波斯帝国保护神）之子大流士，由于他的马和他的马夫欧伊巴雷的功绩，赢得了波斯帝国！"

大流士即位后，开始平息帝国各地的叛乱，费时一年，前后经过了18次战役，稳定了全国形势。接下来，坐稳了王位的大流士决心按自己的愿望，把波斯帝国推向"繁荣昌盛的高峰"。

公元前520年9月，大流士在巡视爱克巴坦那时，突发奇想，命令手下在通向巴比伦的大道边，找一个雄伟宽阔的山崖刻石记功，这就是著名的

‹《贝希斯敦铭文》局部›

《贝希斯敦铭文》的来由。铭文长达1.5万字，刻在一个叫贝希斯敦的小村旁的悬崖峭壁上，因此得名。

《贝希斯敦铭文》的上部是一组浮雕，被捆绑着的八名叛乱者首领，鱼贯俯首而行，被押解到大流士面前。大流士身后，站立着两个凶神恶煞的侍臣。大流士本人则身罩披肩，气宇轩昂，双目圆睁，怒视前方；左脚踏着倒在地上的高墨达，左手按弓，右手指向天空中波斯人崇拜的光明与幸福之神——阿胡拉·马资达。阿胡拉·马资达左手拿着象征王权的环，准备授予大流士一世。

浮雕的下部是用古波斯文字刻成的铭文，还附有埃兰和阿卡德两种楔形文字的译文。铭文的内容除了吹嘘大流士在平息叛乱过程中所立下的赫赫战功，就是向帝国的所有臣民显示，他的权力至高无上，不可侵犯。铭文中写道："我，大流士，伟大之王，众王之王，波斯之王，诸省之王……""诸省皆归于我，我对它们命令的一切——无论黑夜白天——皆立即执行。凡对我友善者，我加以恩典；凡与我敌对者，我予以严惩。按阿胡拉·马资达的意志，天下皆遵从我的法律。阿胡拉·马资达把这个王国给予我，助我，使我占有这个王国。"

第二年，即公元前519年，大流士征服了中亚的斯基泰人，于是他又在《贝希斯敦铭文》中加进了一段内容，并且在浮雕中加刻了第九个头戴尖帽的斯基泰王的头像，以宣扬他的威德和武功已经圆满。

平定全国叛乱之后，大流士恢复了居鲁士和冈比西时期的全部版图。但是他仍不满足，继续南征北讨。在东面，他侵入印度河，把印度河东北部作为波斯帝国的最远边界。在南面，他扩充了冈比西曾在埃及占领的地域，把北非的利比亚划入了波斯境内。在北面和西面，经过和欧亚草原上的斯基泰人一战，虽然损兵折将8万多人，却把波斯边境推进到欧洲的色雷斯一带，进而控制了黑海沿岸和黑海通向地中海的咽喉。地中海周围的古代文明地区，除了希腊本土以外，都成了波斯帝国的属地。在大流士一世统治期间，波斯帝国的版图达到了横跨欧、亚、非三大洲的空前规模。

为保证对外扩张的需要，大流士对帝国的政治、军事、经济进行了改革，取得了明显的成效。他特别注意树立自己的绝对权威，制定了一套极为森严的宫廷礼仪和规章。上朝的时候，他头戴闪闪发光的金王冠，身穿绛红色长袍，腰上系一条金丝带，手握用黄金制成的"权杖"，高坐在金阶之上，身后站立着一大群举着羽扇和大伞的随从和侍卫，像这样的各种杂役人员在宫廷内有1.5万人。大臣朝见国王时要双膝跪地，在国王和大臣之间要用帷幔隔开，以免大臣的呼吸污染了他的贵体。为保证他的绝对安全，他建立了一支由1万人组成的御林军，称为"长生军"，且人数永远不变，每死一人就再补充一人。为防止叛乱，大流士把

〈 大流士一世 〉

全国分成许多军区，军区的长官只对国王一人负责，其他任何人都无权调动军队。

大流士还统一了度、量、衡，规定各行省以货币形式上缴中央政府的贡赋数额。他下令铸造和使用金币：金币的正面是大流士的头像，反面是一个弓箭手，这种金币叫作"大流克"；银币叫作"舍克勒"。另有大小不等的青铜和石质币作为小额货币。同时规定，中央政府有铸造金币的特权，行省只能铸造银币，自治城市只能铸造铜币。据说，大流士时代铸造的波斯钱币，已成为现代古币收藏中的珍品。通过币制改革和各种巧立名目的掠夺，在大流士时期，波斯帝国中央政府每年聚敛的现金达14560塔兰特（古希腊及古罗马的货币重量单位），这还不包括从各地搜刮来的大量土特产和实物贡赋。据说，当马其顿军队最后灭波斯、攻入它的都城时，波斯的王宫里还藏有金银12万塔兰特。

公元前500年，大流士发动了对希腊的战争，这就是有名的希波战争。在公元前490年的马拉松战役中，波斯军队被希腊人打得大败。10年后，大流士的儿子薛西斯再次远征希腊，结果又遭惨败。从此，波斯帝国一蹶不振，于公元前330年，被马其顿国王亚历山大所灭。

⟨ 大流克金币 ⟩

斯巴达兴起

在地中海东北部，有一个海岸线曲折的半岛，叫希腊半岛。半岛南面有一个大岛，叫克里特岛，很早就存在过灿烂的文化。这一地区的文化消亡后，希腊半岛上出现了迈锡尼文明。著名的《荷马史诗》中的许多故事都与迈锡尼文明有关。

等到迈锡尼文明也衰败了，多利亚人入侵了伯罗奔尼撒半岛的迈锡尼故地，于公元前9世纪末建立国家。立国后，斯巴达的经济并不发达，文化也不先进，但是在军事上却非常强大。这与它建立的一套独特的社会制度和国家制度有密切关系。

建国以前，斯巴达是南侵的多利亚人的殖民地。斯巴达在多利亚人统治期间，正处于原始社会末期的军事民主制阶段。在这种制度下，所谓的国王不过是部落联盟的军事头领，由"长老议事会"和"民众大会"选举产生，并接受它们的约束和监督。而军事首领既可以由一人担任，也可以由两个或三个人轮换。

斯巴达建国后，依然保留了多利亚人那一套带有原始社会军事民主制遗风的"长老议事会""民众大会"和"双王制"。这种独特的制度据说是出于一位名叫来库古的"伟大立法者"。在他主持国政时，通过立法的形式，不仅保留了这套制度，还做了多方面的补充和完善，使之成为斯巴达人不可触动的政治传统。

由于来库古的生平材料很少，现代学者对于有没有来库古这个人争议很大。有人说，来库古纯粹是一个虚构人物，历史上根本就不存在。多数学者认为，来库古生于公元前9世纪至公元前8世纪之间，出身于贵族之家，是斯巴达两个年轻国王的叔父兼摄政。来库古立法大约发生在公元前825年至公元前800年。

会场上的来库古（穿红衣者）

在斯巴达建国初期，斯巴达没有统一的法律和规章制度，整个社会乱哄哄的，对于邻近国家的侵扰常常束手无策。为了改变这种局面，身为摄政的来库古决定去国外寻求富国强兵之道。他渡海游历了克里特岛，考察了西亚地区的腓尼基和亚述帝国，还祭拜了希腊中部的德尔斐圣地——阿波罗神庙。

回国后，来库古起草了一部法律文件，被后人称为《大

阿波罗神庙遗址

瑞特拉》，相当于现在的国家宪法。为了得到全体国民的认可，来库古宣称《大瑞特拉》出自阿波罗"神谕"，是阿波罗神亲自授予的，不接受它就是对阿波罗神的不敬。阿波罗是古希腊人最崇拜的神之一，来库古把《大瑞特拉》说成阿波罗的神谕，增添了这部法律的神秘性和权威性，斯巴达人不得不遵照执行。

为了适应对外战争的需要，来库古还制定了有关军事和经济方面的法律，进一步确定了斯巴达国家制度的特点，以及斯巴达公民所享有的权利、应承担的义务和职责。其中规定，每个斯巴达人出生后，须经过长老们的体检，不健全的婴儿或者遗弃，或者作为未来的奴隶单独喂养。健壮的男婴先由父母抚养至七岁后，再送交兵营过集体生活，接受军事训练。年满20岁的青年就是真正的斯巴达战士了，须参加所谓的"保卫国家"的战斗，直到60岁后退役。

为了鼓励斯巴达人为国家多生育"小战士"，来库古又颁布法律规定：凡是已成年的男性公民应该结婚，已婚青年可以在白天回家与妻子同居，但必须在夜晚前返回兵营。30岁的男子属于成熟的公民，在没有战事的情况下准许与妻儿过正常的家庭生活。斯巴达女子的主要职责是，为国家多生育健壮的"小战士"，管理

‹ 阿波罗 ›

家务，为前方战士纺纱织布。法律要求，对于斯巴达人来说，人的美德就是当兵打仗、勇敢、服从和爱国。

为了解除斯巴达士兵经济上的后顾之忧，使每个男性公民完全脱离生产，专心军事训练，来库古进行了土地改革，按照斯巴达战士人数把全邦的土地分成9000份，每个战士的家庭平均一份，可以世代继承，但不能买卖。土地的耕种者都是来自被征服地区的居民。这些人被称为"希洛人"（即奴隶）。耕种土地的希洛人按照规定向斯巴达主人交纳实物，但是主人不能把他们私自变卖，也不能向他们索取超过法律规定的财物。

斯巴达的男性公民由于有世袭份地和希洛人供他们剥削，完全脱离了生产劳动，终身过着严格的军旅生涯。斯巴达重武轻文、全民皆兵的程度，在世界历史上是空前绝后的。因此在世界

‹ 斯巴达武士雕像 ›

历史上一直流传着斯巴达军人作战勇猛、视死如归、所向披靡的佳话。

通过来库古的立法，斯巴达一跃成为伯罗奔尼撒半岛上的霸主。到公元前6世纪，除了一两个城邦，伯罗奔尼撒半岛上的一百多个大小城邦，都被斯巴达纠集到一起，组成伯罗奔尼撒军事同盟。斯巴达是当然的盟主，其他邦国只是它的喽啰。

马拉松之战

现代奥林匹克运动会竞赛项目中有一项是马拉松赛跑,比赛距离长达42.195公里。为什么叫马拉松?为什么不多不少要跑这么远?这两个问题的答案是和历史上著名的希波战争联系在一起的,那场战争延续了好几十年。

公元前500年,在波斯帝国占领的米利都爆发了起义。那时候,统治波斯的是大流士一世。他早就对繁荣富庶的希腊城邦垂涎三尺,于是借口希腊人参加了起义,向希腊人宣战。大流士一世派遣许多使者到希腊各城邦,威胁他们向波斯敬献泥土和水,意思是要这些城邦臣服于波斯,否则就要毁灭整个希腊。许多希腊小城邦不敢违抗,但是雅典和斯巴达两个城邦却不把大流士一世放在眼里。雅典人杀掉了波斯使者。斯巴达人把波斯使者扔进井里,对他们说:"井里有泥有水,请自便吧!"这两个城邦要和大流士一世决一死战。

〈 希腊战士和波斯战士的搏斗 〉

马拉松之战

这样，被激怒了的大流士一世便在公元前490年悍然向雅典发动了进攻。这是一场力量悬殊的战争。波斯是个强大的帝国，雅典和斯巴达不过是两个小城邦，而且斯巴达和雅典也不够团结。当雅典向斯巴达请求援兵的时候，斯巴达人却说，要等满月才能出兵，月儿不圆不利于打仗。可是波斯人不等月圆就打来了。

不过，雅典人也不弱。根据公元前600年左右由著名改革家梭伦制定的法律，雅典人在服兵役时分成四等：第一等是最有钱的人，担任军队中的领导职位。第二等从乡村贵族中选拔，组成骑兵。第三等是富有的农民和手工业作坊主，他们自费购买兵器和甲胄，充当重装兵，使用的武器是一根2米长的沉重标枪、一把希腊短剑和一面金属盾牌，全副武器装备有三十多公斤。第四等包括贫穷的手工业者、小

‹ 梭伦 ›

‹ 波斯弓箭手 ›

土地所有者。他们有的参加陆军中的轻甲兵，武器是普通的标枪和弓箭；有的充当战船上的划桨手。雅典的军队就是由这四部分人组成的，他们都决心为保卫自己的家园而战。波斯兵主要是由奴隶和花钱雇来的外国人仓促组成的，那些雇佣兵中甚至还有大量被征服地区的希腊人，纪律松弛，士气低落。从质量上讲，雅典军队无论是勇气、武器装备还是作战能力，都比波斯军队要强得多。

雅典军队的战术也比波斯的先进。雅典采取以重甲兵为主力的方阵队形。战斗时，由手持长矛、盾牌的步兵组成密集行列向前冲锋，两翼由轻甲兵和骑兵掩护。这种队形攻击力很强。波斯人的编队是十人、百人、千人一股，不是一个整体。步兵、骑兵没有统一指挥，各自为战。波斯的精锐部队是国王的御林军，包括号称"百战百胜"的1万"长生军"和长枪步兵1000人、长枪骑兵1000人。

波斯人把战场选择在离雅典不远的马拉松，这里是三面环山、一面临海的平原。波斯人想和雅典人在平原上用骑兵进行决战。他们从海路运去马匹和骑手，登陆的步兵、骑兵各有1.5万人。

其实，这个战场并不利于波斯军的进攻，反倒有利于雅典人的防守。雅典人控制了各个山头，从而封锁了波斯军队进攻雅典的道路。波斯人低估了希腊方阵的攻击威力，他们用传统的战术布阵：步兵在中央，骑兵在两翼。

指挥雅典军队的将领是米太亚德。他年轻的时候曾经在波斯军队中服役，熟悉他们的战术。米太亚德在两翼布置重兵，中间用方阵重甲兵挡住波斯骑兵的进攻，然后

〈 米太亚德 〉

从两翼包抄过去，迫使波斯全军后退了1.5公里。雅典军队乘势袭击了波斯的军营和在岸边抛锚的战船。波斯军队猝不及防，兵力损失了三分之一，剩下的仓皇登船逃走，许多来不及逃跑的将士当了俘虏。这次战斗，重甲方阵战术代替了过去单枪匹马的作战方式，是古代作战战术的一次重大变革。

战斗结束以后，斯巴达的2000名士兵才赶到，他们已经没有仗可打了，只能向雅典人表示祝贺。雅典统帅米太亚德急着要让雅典城内的人得到胜利的喜讯，就派了士兵中著名的"飞毛腿"菲迪皮茨去报信。这位"飞毛腿"在战争开始以前，曾经奉命去斯巴达求援。据说，二百四十多公里的路程，他只用了两天两夜就赶到了。这次向雅典传送捷报，路程并不算长，只有四十多公里。可是，为了更快地让他的同胞们听到胜利的消息，他一个劲儿加快奔跑速度。菲迪皮茨刚从斯巴达送信回来，还没有充分休息，又进行长跑，身体受到了损伤。当他跑到雅典城的时候，已经上气不接下气了。他只说了一声："我们胜利了！"就倒在地上再也没有起来。

为了纪念菲迪皮茨的著名长距离奔跑，在1896年举行的现代第一届奥林匹克运动会上，就把距离42.195公里的长跑作为一个竞赛项目，定名为马拉松赛跑。雅典人在这次马拉松之战中取得的胜利，增强了希腊其他城邦抵抗波斯侵略的信心。

第一次希波战争以希腊人胜利告终。就在10年后，波斯人卷土重来，这就是第二次希波战争，这次战争仍以波斯人失败告终。

伯里克利时代

希波战争以后,希腊历史上迎来了最强盛、最繁荣的"黄金时代"。其中,伯里克利统治下的雅典又是诸城邦中最繁盛、最发达的。所以,这个时代也被称为"伯里克利时代"。

还是在第二次希波战争的时候,雅典和爱琴海各岛、小亚细亚沿岸一带的希腊城邦组成了一个"提洛同盟"。雅典海军有300艘三层三列桨的战船,数目超过其他城邦的总和,在同盟中占绝对优势,同盟中的重大事务自然也操纵在雅典人手中。雅典还把它的势力伸向地中海和黑海沿岸,成了一个海上强国。

随着在海上的扩张,雅典奴隶主从爱琴海的落后地区获取了大量奴隶。整个雅典所拥有的奴隶数量曾达到40万人,占全城邦人口的绝大部分。

在当时的雅典,无

〈 古希腊战舰复原模型 〉

论手工作坊、商业店铺或是建筑工地、富家庭院，到处都有奴隶劳动。几十万奴隶用自己的血汗创造了雅典繁荣的经济，带给了奴隶主安逸快乐的生活。然而奴隶主却把他们当作"会说话的工具"，像牛马一样使唤他们，稍不如意就鞭笞，甚至出卖、杀死。在雅典繁荣、强盛的背后，隐藏着血与火的剥削和压迫，因而经常发生奴隶反抗和逃亡事件。在奴隶主阶级内部也存在着贵族派和平民之间的激烈斗争。贵族派总想削弱民主派，包括工商业奴隶主、农民和手工业者的公民权利。这样，贵族派和民主派就存在着深刻的矛盾。

为了缓解社会矛盾，使雅典保持较长时间的和平、繁荣和强盛，雅典政治家伯里克利进行了改革。伯里克利出身于名门贵族世家，曾受古希腊著名哲学家阿那克萨哥那的民主思想影响。他能言善辩，是奴隶主阶级中一位有见识、有才干的政治家。

伯里克利从26岁起参加政治活动。早年，他因检查西门将军的账目而出名。西门是雅典的军事统帅和最高执政官，又是贵族保守派的首领。伯里克利敢于检查西门的财务账目，有胆有识。约公元前462年，伯里克利与雅典政治家、民主派代表人物厄菲阿尔特结盟，共同反对贵族派首领西门，并剥夺贵族会议的许多特权。从公元前444年起，伯里克利连续当选首席执政官，在雅典执政达15年。

当政期间，伯里克利一直站在民主派一边，积极推进民主政治，经常在公开场合和普通公民交换意见，遭到了贵族奴隶主势力的反对。有一天晚上，他步行回

‹ 伯里克利 ›

家，一个贵族在后面骂他："可耻啊！你这个疯子！你出身贵族，你的父亲曾经打败过波斯人，可你却忘掉了自己的朋友，反倒去逢迎那些下贱的百姓！"这人边走边骂，一直骂到伯里克利家门口。但伯里克利在广大公民的支持下，仍坚持改革，迫使贵族元老院把权力移交给"公民大会"。它是雅典的最高权力机关，贵族奴隶主、工商业奴隶主和自由民都有权参加。

雅典的军人、法官、议员和其他在政府工作的人员原来都没有薪金，甚至当兵也要自己出钱买武器、马匹。这样一来，这些职务就被有钱人把持了。伯里克利当政后，废除了有关选举官职的财产资格限制，规定凡是雅典的公民都有权参选执政官，即使是农民也可通过抽签的办法当选。还规定，军人、一切公职人员都由国家支付薪金。这项措施使一般公民也能担当军人、法官、议员，从而扩大了公民的民主权利。为使一般公民享受文化娱乐生活，伯里克利还给他们发放观看戏剧的津贴。

雅典的许多贵族对伯里克利建立的民主制度越来越不能容忍，他们十分羡慕斯巴达城邦的军事贵族独裁统治。有个大贵族西门，就专门和伯里克利作对。凡是伯里克利主张的，他都反对；凡是伯里克利反对的，他都支持。为削弱贵族保守派势力，伯里克利通过公民会议投票的方式，于公元前461年把西门驱逐出雅典。另一个和伯里克利对着干的大贵族叫福克奇利斯，也因为反对伯里克利建设雅典城的计划，被雅典公民赶下了台。

重建被波斯军队放火烧毁的雅典城，是伯里克利当政时期做的又一件大事。在伯里克利主持下，雅典城聚集了来自国内外的众多优秀建筑家、雕刻家、工艺美术家和能工巧匠，他们都想在雅典的重建中一展艺术才能。经过他们的辛勤劳作和精

⟨ 帕特农神庙 ⟩

心创作，重建的雅典城十分雄伟、壮丽。许多闻名世界的建筑出现了。规模宏大的露天剧场，可以容纳1.4万人，经常上演一些雅典著名剧作家创作的喜剧。每逢演出，许多人从老远的地方赶来观看，其中不少剧作对欧洲戏剧的创作产生了深远影响。还有专供诗歌演唱和比赛用的音乐堂，经过精心设计和装饰，外观漂亮又有很好的音响效果。

最出色的建筑当数位于雅典中心的卫城。它建在一百五十多米高的陡峭的山顶上，是一座全部用大理石修建起来的建筑群。卫城中心有闻名世界的帕特农神庙，高约33米，东西各有16根大理石柱，南北各8根，柱高约11米多。神殿分为前殿、正殿和后殿，用白色大理石砌成92堵殿墙隔开。墙上刻有各种神像、神禽和神兽。其中，东西两面的"人"字形墙上，镶嵌着以希腊神话为题材的大理石浮雕。卫城还有伯里克利的朋友——雅典最杰出的雕刻家菲狄亚斯设计和雕塑的雅典娜神像。

伯里克利建设和装点雅典城，不光是为了炫耀自己的政绩或供人们观赏游玩，也是为了吸引外地的游客、商人和学者。当时，一些学者都把文化气息浓厚的雅典当作他们学习、创作和研究的理想场所。按伯里克利的话说："雅典已成为希腊的学校。"富裕美丽的雅典也成了海外商贾云集的地方。在雅典城以南的比里尤斯港，船帆林立，往来如梭，每天进出港口的船只成百上千，是爱琴海和黑海沿岸地区最繁忙和热闹的商港。

到了晚年，伯里克利在政治上遭到了一次挫折。由于他执意要和斯巴达争霸希腊，终于导致伯罗奔尼撒战争爆发（公元前431年）。在战争中，又因为采取陆地退守、海上进攻的策略，使战事处于不利地位，遭到反对派的攻击。对外，他加强提洛同盟，推行"雅典第一"的霸道政策，镇压"同盟者"的反抗，引起了希腊其他城邦的不满。结果，在公元前430年，他落了一个使用公款不当的罪名，被剥夺了首席执政官职务，还被处以罚金。然而，雅典人很快就发现，没有伯里克利，雅典好像群龙无首。公元前429年，他又被推举为首席执政官。但是，另一打击又降临到他的头上。他的两个儿子先后死于鼠疫，他本人在重新掌权后不久，也染上鼠疫死去。临终时，他留下一句遗言："我对雅典问心无愧。"

伯里克利一生致力于雅典的繁荣强盛，尤其热衷于倡导和推行雅典式的民主制度。伯里克利死后不久，雅典逐渐衰落。

亚历山大远征

马其顿是希腊北边的一个国家,在希腊各城邦日渐衰落的同时,马其顿却日渐强大。国王腓力二世建立了一支精锐的军队,擅长使用"马其顿方阵",战斗力很强。腓力二世死后,他的儿子、年仅20岁的亚历山大继位。

亚历山大是古希腊著名学者亚里士多德的学生。他12岁时曾驯服烈马,非常勇敢,又向亚里士多德学习了哲学、医学、科学等知识,对古希腊文化十分崇拜,一心想把古希腊文化推广开去。从16岁起,亚历山大就随父亲南征北战,养成了好大喜功、专横霸道的习性,满脑子统治世界的幻想。另一方面,他精力充沛,有着坚强的意志和出众的智力,有敏锐的判断力和随机应变的决断力。

亚历山大继承王位的时候,国内环境十分复杂,宫廷内乱,希腊各地

‹ 亚历山大 ›

的暴动此起彼伏。亚历山大仿效希腊人的制度，实行政治军事改革，削弱氏族贵族的势力，加强君主的权力；改革货币，奖励发展工商业；整顿军队，强化马其顿方阵的作战能力。通过这些改革，使马其顿的军事实力更加强大。不久后，他率军平定了各地的暴动。在占领底比斯以后，将其居民全部出卖为奴，只有神庙祭司和诗人品达一家得以幸免。在亚历山大雷霆手段的震慑下，希腊人不得不再次屈服。随后，亚历山大便谋划对东方的远征。

公元前334年春，亚历山大率领马其顿和希腊各邦的联军，包括步兵3万人、骑兵5000人和160艘战舰，渡过达达尼尔海峡，向波斯进军。当时波斯帝国已极度衰弱，大流士三世昏庸无能，政治腐败，内部矛盾重重。马其顿军迅速推进，在马尔马拉海南岸的格拉尼库斯河附近与波斯军队相遇。

‹ 格拉尼库斯河战役 ›

波斯军占据了格拉尼库斯河右岸高地，严阵以待。马其顿军远道而来，但在亚历山大的鼓动下士气旺盛，他亲自率领一支骁勇善战的骑兵，强行渡河，发动进攻。波斯军队很快溃败，死伤累累，两千多人成为俘虏。

借着这场胜利的余威，马其顿军一鼓作气连战连捷，把小亚细亚半岛上的城市统统收入囊中。这时候，波斯国王大流士三世纠集了几十万人马，亲自率领着迂回到了亚历山大后方，抢占了有利地形摆开阵势，准备以逸待劳。亚历山大只有三四万人马，但他毫不胆怯，指挥军队直捣大流士三世的中军。大流士三世首先害怕起来，弃车上马，仓皇而逃，甚至把自己的弓、盾和王袍都扔掉了。国王一逃，军心大乱，波斯军全线崩溃。亚历山大占据了大流士三世的军营，掳获了大批武器、财宝，大流士三世的母亲、妻子和两个女儿都成了俘虏。这时，亚历山大又表现得开明而大度，对这几名女俘虏以礼相待。

公元前332年，亚历山大继续向南进攻腓尼基和埃及。许多腓尼基城市不战而降，只有推罗城进行了坚决的抵抗。亚历山大经过七个月的围攻，使用了撞槌、攻城塔、穿城螺旋锥等当时所有攻城武器，才攻陷这座城市。亚历山大的军队攻入以后，对推罗居民进行

◄ 亚历山大俘虏了大流士三世的家属 ►

了残酷的屠杀，8000人死亡，3万人被卖为奴隶。

　　征服腓尼基之后，公元前332年11月，在波斯海军中效力的腓尼基人纷纷向亚历山大投诚，他们帮助马其顿海军取得了东地中海的制海权。看到后路已经无忧，亚历山大随即进军埃及，驱逐了那里的波斯官吏，把埃及人从暴政统治下解放出来。为了表示对埃及传统的尊崇，他特地到西瓦绿洲的阿蒙神庙进行了一次极其隆重的拜谒。神庙的祭司承认他是太阳神阿蒙的儿子——埃及法老的合法继承人。很快又有半真半假的消息传出，说阿蒙神曾谕示他将战胜一切敌人，成为全世界的统治者。亚历山大非常得意，下令在尼罗河的河口建立一座城市，并用自己的名字命名为亚历山大里亚，还在海边的一座礁石上建起一座高135米高的灯塔守护这个港口。这就是世界七大奇迹之一的法罗斯灯塔。

　　公元前331年春，亚历山大在埃及休整之后，率军东进，经过巴勒斯坦、叙利亚，来到了古巴比伦文明的发祥地——两河流域。在尼尼微附近的高加米拉村，大流士三世从各地调来了精兵，严阵以待。10月1日清晨，战斗开始了。波斯军队首先发动了攻势。大流士三世命令绑着锋利刀剑的战车全力冲杀过去，指望以数目众多、装备精良的战车一举击溃马其顿方阵。训练有素的马其顿步兵看到波斯战车扑来，迅速向两侧闪开，任其通过，然后痛击紧随战车冲锋的大队波斯人马。

　　波斯战车冲过方阵以后，暴露在马其顿弓箭手的箭雨之下，很快就被消灭。亚历山大跨上战马，左手持长矛，右手举起向诸神祈祷，战神般的英武形象使马其顿军队勇气倍增。而波斯军因战车兵被歼而队形混乱，应变不及，亚历山大趁机率领轻骑猛冲波斯军队的左翼。波斯军阵势大乱，溃不成军。国王大流士三世又一次阵前脱逃，率一支残兵去了米底。

亚历山大继续向东推进，深入波斯的腹地。公元前330年2月，洗劫了巴比伦、苏萨和波斯波利斯的王宫，夺得无数金银和财宝。仅在波斯波利斯的金库中便掠得12万塔兰特的财宝。巨额的金银财宝被源源不断地送往马其顿或赏赐给将士。亚历山大借口报复波斯人过去对希腊圣地的"侮辱"，下令焚烧了波斯国王的王宫。熊熊大火燃烧了几个昼夜，宏伟壮丽的建筑物成了废墟，无数财宝和文物化为灰烬。当王宫在熊熊大火中即将倾倒时，亚历山大出人意料地又下令救火。这一戏剧性的举动显示了他得胜后的狂妄心态。他以此向世人宣告：人类未来的命运将像这场大火一样，掌握在我亚历山大之手。他建立了地跨欧、亚、非三洲的大帝国，先后兴建了十几座城市，均以亚历山大命名，希望自己的名字能永垂青史。

亚历山大仍不满足，继续挥戈向东，在公元前327年率军来到他认为是世界边缘的古印度。不料，他的马其顿方阵在作战中被对方参战的大象兵吓坏了，士兵们望象而逃，加上瘟疫流行，死了不少人，军队失去了作战能力。亚历山大还听说，印度并非世界的边缘，在它的东方还有更辽阔富庶的国度，而自己已经无力光顾了。他只好下令退兵，在公元前324年回到帝国新都巴比伦。第二年，即公元前323年，这位雄心勃勃的统帅染上了恶性疟疾，不治身亡，年仅33岁。

亚历山大死后，庞大的帝国分崩离析。部将安提柯占据马其顿本土和希腊，另一部将塞琉古占据了今天的叙利亚及以西的地方，建立起塞琉古王国，托勒密占据了埃及，建立起埃及的托勒密王朝。

罗马兴起

古罗马兴起于希腊半岛西边的亚平宁半岛上,同为地中海沿岸的重要国家,在世界历史上影响深远,影响的范围遍及欧亚非三洲。它的中心地带是今天的意大利,而罗马城则位于意大利半岛中部。

古罗马建城立国的历史资料极少,人们常常以传说来描述它建城立国的过程。相传,罗马人和拉丁人的祖先起源于希腊的"荷马时代"。在特洛伊战争爆发时,罗马人的祖先伊尼阿斯是特洛伊城的一位英雄。这位英雄的母亲却不是凡人,而是希腊爱与美之神阿芙洛狄忒(古罗马神话中称维纳斯)。维纳斯曾经与一位俊美的特洛伊英雄相爱,生下了伊尼阿斯。特洛伊城陷落后,伊尼阿斯就背着老父、携带妻儿出逃,几经磨难,坐船漂流到了意大利。在

〈 阿芙洛狄忒 〉

逃亡途中，父亲、妻子先后死去。伊尼阿斯后来又娶了当地的一个小国国王拉丁努斯的女儿拉维尼亚为妻，后继承王位，建立了拉维尼亚城。

伊尼阿斯死后，他的儿子阿斯卡尼亚斯在拉丁姆建了亚尔巴·龙加城，自任国王。之后，王位代代相传，当传到努米托尔一代时，王位被他的弟弟阿穆留斯篡夺。阿穆留斯杀死了兄长的两个儿子，又强行把兄长的女儿西尔维亚送到神庙当祭司，不许她和任何人结婚。可没想到战神马尔斯爱上了西尔维亚，并和她生了一对孪生子。阿穆留斯听到这个消息，又惊又恼。他害怕这两个孩子长大以后替外公报仇，就命令一个牧羊人把两个孩子装在篮子里，丢进了台伯河。

◀ 马尔斯 ▶

但是，河水却把篮子冲到岸上。正当兄弟俩饿得哇哇大哭时，来了一只母狼，母狼不但没有吃掉他们，还把他们叼到一个山洞里，用自己的奶水喂养他们。又有一只啄木鸟，常常衔来野果给他俩吃。后来，两个孩子被一个牧羊人发现，就把他们领到家里抚养，还教他俩练习武艺。他们很快成长为两个武艺高强、健壮勇敢的青年。哥哥取名罗慕洛，弟弟名叫勒摩斯。兄弟俩从牧羊人嘴里知道了自己的身世后，就在老百姓的帮助下，杀死了阿穆留斯。他们决定在台伯河畔的帕拉丁山丘，也就是母狼喂养过他们的地方建立一座新城。可是两兄弟为了争夺统治权，又互相打起来。结果，哥哥罗慕洛杀死弟弟，做了这座城市的主人。这个城市也以他的名字命名，叫作罗马。

据说罗慕洛杀死弟弟当上最高统治者的事发生在公元前753年4月21日，后来的罗马人就把这一天当作罗马开国的纪念日。罗慕洛兄弟俩最初是被一只母狼喂养和搭救的，罗马人又把这只母狼看作罗马城的拯救者。为表达对母狼的崇拜，人们就

⟨ 母狼喂养罗慕洛兄弟铜像 ⟩

〈 伊达拉里亚战士青铜像 〉

依照母狼喂两个婴孩吃奶的情景，雕刻成一尊精美的青铜像，一直陈列在罗马的一座博物馆里。

罗马人的始祖来自特洛伊不过是凭空想象。实际上，罗马人祖先是小亚细亚的伊达拉里亚人。公元前8世纪中期，他们从小亚细亚迁徙而来，在意大利定居下来（也有人说，伊达拉里亚人就是意大利的土著）。罗马人之所以对上述神话津津乐道，只不过是羡慕古希腊人的文化，总想证实自己在民族和文化传统上与古希腊人有着不可分割的联系。近年来的研究结果表明，罗马城建于伊达拉里亚人统治罗马初期，即公元前6世纪。从那时开始，罗马城才有了石砌的城墙，并排干城市中心的积水，铺上砾石路面作为广场，用于集市贸易和宗教活动。罗马广场旁边的帕拉丁山丘则是王族的聚居地。历史上的罗马城位于台伯河的左岸，距大海约有25公里。最早这里不过是一些原始村落，之后，经过多年的整修和扩展，罗马城成了意大利半岛上的历代王朝的首都。

据说从罗慕洛时候起，罗马共有七代王：罗慕洛、努玛·庞皮留斯、图鲁·霍斯梯留斯、安库·马尔修斯、卢修斯·塔克文·库里斯库斯、塞尔维乌斯·图里乌斯、塔克文·苏培布。在第六代国王塞尔维乌斯·图里乌斯之前，称为"王政时代"（在这个时代，"国王"是国家权力的象征）。王政时代的罗马国还不是真正意义上的国家，只不过是一个以血缘关系结合起来的氏族公社。氏族公社的"国王"是权力受到许多限制的氏族首领。

罗马人的早期氏族制度很有特点，可以说是一种"军事民主制"。以父权制家族组成的氏族是社会的基本细胞，氏族之上有胞族，再由胞族组成部落。胞族的名称叫"库利亚"，部落的名称叫"特里布斯"。10个氏族组成一个库利亚，10个库利亚组成一个"特里布斯"。在罗马部落和萨宾部落结为一个联盟以后，包括3个特里布斯、30个库利亚、300个氏族，总称为"罗马城市公社"，凡是这个"公社"内的成员，统称为"罗马人民"。在"罗马城市公社"内设立库利亚会议、元老院和"国王"三个权力机构。

库利亚会议由全体氏族成年男子参加，但议事会成员的投票，则以库利亚为单位（即每个库利亚有一票表决权）。按照军事民主制原则，库利亚会议有权通过或否决元老院和国王颁布的一切法令，有权选举包括国王在内的各级军政官员，有权决定战争，有权处理重大案件。

元老院由300名氏族长老组成，它为库利亚会议准备"议案"并作为国王的顾问，操纵着库利亚会议并对国王施加决定性影响。因为元老院代表氏族贵族势力，氏族成员这时已处于他们统治之下，元老院有审批或否决库利亚会议决议的权力，选举国王也由它一手包办。元老院在外交、财政、征兵、媾和等大事方面有决定权。这种传统在以后的罗马历史上延续了很长时间。

国王（拉丁语称"勒克司"）集军事首长和最高祭司的职能于一身。但是这个时候的国王,只是罗马部落联盟和"罗马人民"的最高领导,只在对外战争时有军事处置权。但是他的王位不能世袭,必须经过选举产生。每当老王去世,元老院就宣布"王座虚位"(无人坐),国王的权力暂时归元老院。这期间,元老院指定一名贵族元老担任"摄政",代行王权,五天之后由摄政指定新的摄政,并移交权力,依次轮流,直至选出新王为止。新王的候选人由摄政提名,必须征得元老院同意,然后由库利亚会议表决通过,最后再由元老院批准。据传说,罗慕洛去世之后,经过整整一年的元老摄政,才选出新的国王。

第六任国王塞尔维乌斯·图里乌斯在位时进行了改革,平民的处境有所改善。第七任国王因为不得民心而被废黜,罗马"王政时代"结束,建立起共和国。

布匿战争

罗马的崛起威胁到了另一个强国迦太基的利益。迦太基极力打压罗马，两国之间爆发了长达百年的战争，史称"布匿战争"。（"布匿"是罗马对迦太基的称呼）

第一次"布匿战争"以迦太基求和告终。迦太基海军在地中海的霸权被打破。这次战争中，一个迦太基少年成长起来，成为迦太基的"战神"。他就是汉尼拔。

汉尼拔是迦太基将领哈米尔卡尔·巴尔卡的儿子。他的童年时期正处于第一次"布匿战争"（公元前264年—公元前241年）期间。他自幼随父从军，从小就经受着战火的洗礼，九岁时，父亲命令他跪在祭坛前发誓：长大成人后，一定要成为与罗马誓不两立的人。由于从小跟随父亲，受过多年军营生活的磨炼，他具备了坚韧不拔的毅力和吃苦耐劳的精神，胆识过人。25岁时，年轻的汉尼拔成为迦太基驻西班牙部队的最高统帅。平时，他生活俭朴，与士兵同甘共苦，常常披着斗篷睡在放哨战士中间；战时，他身先士卒，深受士兵的拥戴。因为受过良好的军事训练和外交才能的培养，他懂得几种语言，能动员不同国籍的人为他作战，并得心应手地指挥他们。

〈 汉尼拔半身像 〉

汉尼拔上任后，就积极准备对罗马的战争，拟订了详尽的作战计划，还暗中派了许多秘密使者，去争取那些对罗马心怀不满的希腊城邦站在自己一边。汉尼拔在完成一系列对罗马人作战的准备之后，决定迫使罗马人首先向迦太基宣战。为达此目的，他首先进攻罗马的西班牙同盟者——富足的萨贡姆城。

公元前219年，汉尼拔率军登上西班牙土地，首战告捷，攻占了罗马的盟邦萨贡姆。萨贡姆城急忙派使者前往罗马求援。罗马元老院向汉尼拔发出警告，汉尼拔反而指责罗马干涉萨贡姆内政。公元前218年，罗马向迦太基宣战，第二次布匿战争正式开始。

罗马人本打算兵分两路：一路从西西里进攻迦太基本土；一路从西班牙登陆，以牵制汉尼拔的军队。汉尼拔却避开罗马军主力，在公元前218年4月，率领9万名步兵、1.2万名骑兵和37头战象越过比利牛斯山脉，巧妙渡过罗讷河，开始对意大利本土的远征。部队用了33天时间，行程近900公里，翻过了冰雪覆盖、山高坡陡、气候恶劣、岩多路滑的阿尔卑斯山，到达了意大利北部的波河平原。走完这段异常艰苦的征程后，汉尼拔的大部队只剩下20000名步兵、6000多没有马的骑兵和一头战象了。但是不久前刚被罗马人征服的阿尔卑斯山区居民仇恨罗马

‹ 迦太基遗址 ›

统治者，所以，汉尼拔的军队开下山时，一些高卢部落纷纷来投奔，汉尼拔得以补充了人力和马匹。经过休整，精力充沛、斗志旺盛的迦太基士兵一举打败了毫无准备、惊慌失措的罗马部队。这一胜利使更多徘徊观望的高卢人转到了汉尼拔一边。

当汉尼拔的军队如神兵天降，突然出现在罗马人面前的时候，罗马统治者大为惊慌，不得不放弃出兵非洲和西班牙的计划，集中兵力保卫本土。汉尼拔又率领部队花了四天三夜，涉过齐胸的污水和沼泽地，绕过罗马军的设防阵地，踏上了通往罗马的大道。罗马执政官弗拉米纽斯率军尾追，不想却落入了汉尼拔设好的圈套。公元前217年6月，汉尼拔采取迂回战术，在意大利中部的特拉西美诺湖畔设下埋伏，把罗马四个军团近3万人的队伍诱进了三面环山、一面临湖的峡谷中。当弗拉米纽斯率大队人马进入山谷时，汉尼拔立即发出进攻的信号，迦太基人前后夹击，经过3个小时的厮杀，弗拉米纽斯全军覆没，他本人战死，1.5万人阵亡，几千人被俘，仅剩6000人冲出重围，逃入附近的一个村庄。汉尼拔的士兵穷追不舍，在缴械留命的条件下，罗马士兵全部投降了。

公元前217年年底，瓦罗接任罗马执政官，他好大喜功，主张速战速决。公元前216年8月，双方在奥费达斯河岸的坎尼地区展开了一场大战。这是世界古代战争史上一次著名的以少胜多的战例。

在此之前，汉尼拔率领迦太基军队突然占领了罗马的重要粮仓坎尼城，罗马人立即组织了8万步兵、6000骑兵向坎尼进发，准备以优势兵力取胜，一举夺回坎尼，一场恶战迫在眉睫。当时汉尼拔仅有步兵4万人、骑兵1.4万人，兵力比起罗马军队处于明显的劣势。但他经过细致地察看地形，发现在离战场不过五公里的亚得里亚海面上，中午时分常常刮起猛烈的东风。因此，他选择了一个背向东风的阵地，并预先在高处的山谷中埋伏了一支部队。这样，他们就占有了顺风顺势的主动权，迫使敌人面向海面，逆风逆势。

汉尼拔的兵阵摆得很特别：正中是2万名战斗力较弱的步兵，排成半月形，凸出的一面对着敌人，两旁才是战斗力强的步兵；在半月形阵势的两端是精锐的骑兵。同时，还有500名强悍的步兵，除了和其他士兵一样手持长剑外，每人身上隐蔽的地方还藏了一把短剑，等待着行动的信号。

〈 汉尼拔塑像 〉

上午八九点钟，当刺耳的军号声响起时，双方士兵十几万人齐声呐喊，声震原野，血腥的战斗开始了。弓箭手、投石手和标枪手相互投射，石块、利箭、投枪"嗖嗖"地飞向敌人的阵地。接着，罗马士兵首先发起猛攻，汉尼拔的军队顺势向后退却，半月形渐渐向相反的方向弯过去，最后中路凸出战线变成了两翼突出中路凹进，罗马步兵由两侧向中间会合进攻。罗马人楔入得越深，迦太基的队列越是从两侧向内收缩。这正是汉尼拔的计谋：让罗马人朝"口袋"里钻。当罗马人钻进了预定的深度，汉尼拔立即组织他的精锐步兵和骑兵迅速挤压敌军的两翼，同时，向500名强悍的步兵发出了预定的信号。

只见500名壮士一声呐喊，冲出了迦太基的阵线，有几名迦太基士兵不明真相，上前拦截，被砍翻在地。500人以杂乱不堪的队形向罗马人那边跑去，一边跑一边扔下手中的长枪，嘴里还喊着："我们投降，我们投降！"罗马士兵见他们是降兵，就让开一条路，让他们往后方跑去。在收缴了他们的剑和盾牌以后，罗马人以为已解除了他们的武装，就把他们安置在自己的阵营后边。

临近中午时分，天上涌起了灰色的云团，亚得里亚海面上，白色的海鸥尖叫着，不久，海面上刮起了强劲的东风。一股强劲的黑色旋风从东方席卷而来，扬起了漫天尘土。尘土迷住了正起劲儿地往"口袋"里钻的罗马士兵的眼睛。睁不开眼睛的士兵胡乱地碰撞，自伤很多，阵势大乱。背对东风的迦太基人，趁势大量杀伤敌人。

就在此时，留在罗马军队后边的500名强悍的迦太基士兵突然行动起来，他们从怀里、靴子里拔出短剑，奋力刺进罗马士兵的喉咙和胸膛，接着如猛虎下山般左冲右突，把罗马军阵冲了个稀里哗啦。埋伏在山谷中的迦太基部队也冲了下来，配合他们砍杀罗马人。迦太基的骑兵也飞快地奔到这里，最后完成了对罗马人的包围。罗马军队成了瓮中之鳖，陷入了汉尼拔精心设计的圈套之中：前面遇风受阻前进不得，左右两翼受到迦太基精锐部队的猛烈夹击，后退已无退路。他们只能自己挤来挤去，乱作一团，成了迦太基人的"活靶子"。经过12小时的激战，残酷的厮杀结束了，罗马人几乎全军覆灭，据说有7万人被杀，瓦罗和370名骑兵侥幸逃出重围，得以生还，而汉尼拔只损失了6000人。这次战役是西方军事史上第一个合围之战，显示了汉尼拔卓越的军事才能。

然而，罗马人并不服输。他们在多个战场发起反攻，并跨海攻击迦太基在非洲的本土。汉尼拔只能回师救援。公元202年，汉尼拔大军与大西庇阿率领的罗马军在扎马大战，罗马军获胜。迦太基无力再战，只能接受屈辱的和约。

第二次布匿战争摧毁了迦太基的战争潜力，但财富犹存。公元前158年，汉尼拔当选为迦太基最高行政官，试图重振国力。但在罗马的压力下，汉尼拔被迫逃亡，死在异国他乡。

公元前149年，罗马发动了第三次布匿战争。公元前146年，迦太基彻底灭亡。

恺撒遇刺

扫除了迦太基这个大敌之后，罗马迅速扩张。盖乌斯·尤利乌斯·恺撒征服了高卢（今法国、比利时等地），但罗马当权者却不许他回罗马。恺撒一怒之下率军回师，途中打败了另一名将庞培，乘胜进入罗马，掌握了大权。

庞培逃往东方，恺撒紧追不舍。庞培逃往埃及，恺撒也率军追到埃及。恺撒追到埃及时，正值托勒密王朝爆发王位争夺战。老国王死前留下遗嘱，指定女儿克列奥帕特拉七世和她的异母弟弟托勒密十三世为继承人，共同执政。没想到父王死后，姐弟俩因政见不合发生争斗。结果在公元前51年，克列奥帕特拉七世被逐出首都。她逃到埃及和叙利亚边界一带聚集军队，准备攻入埃及，夺取王位。

内战的双方都想交好恺撒。托勒密十三世派人杀掉了庞培，把人头送给恺撒；而克列奥帕特拉七世则是把自己送了出去——她在一天深夜潜回亚历山大里亚，命人用毛毯把自己裹起来，以送礼为名抬到恺撒的营帐里。恺撒把毛毯打开，一个绝色美人出现在眼前。克列奥帕特拉七世年轻貌美，既有东方美女的妩

< 克列奥帕特拉七世 >

媚，又有西方美人的风韵。恺撒一见，惊为天人。对于心上人的要求，恺撒自然不能拒绝，于是出兵打败托勒密十三世，把王位交给克列奥帕特拉七世。此后，恺撒在女王的深宫里住了半年，与她生下一子，取名小恺撒里昂。

公元前47年，小亚细亚地区发生了庞培部下本都王子的叛乱，恺撒亲往平叛。他一边日夜兼程，一边调兵遣将，仅用五天时间就平息了叛乱。他用最简洁的拉丁文写了一份简报送给元老院，上面写着："我来了，我看见了，我胜利了！"经过一番征战，恺撒肃清了庞培的两个儿子在北非和西班牙的势力，取得了罗马的全部属地。

公元前45年，恺撒在埃及女王和他们的儿子小恺撒里昂的陪同下回到罗马。全罗马的人沉浸在一片狂欢之中。他们簇拥着威风凛凛、高坐在战车上的恺撒，游行庆祝，纵情玩乐。晚上，元老院又特地为恺撒举行了盛大的欢迎会，专门安排了非洲人与400头雄狮的决斗、亚洲的战斗舞和希腊舞等文艺表演。会后，公民大会和元老院授予恺撒终身独裁官、"大祭司长"和"祖国之父"等尊号。

出于政治上的考虑，他宽恕了庞培手下的将领和追随者，把他们收为自己的部下。其中有一个布鲁图斯，恺撒把他当成自己的儿子一样看待；还有一个西塞罗，是个能言善辩的演说家，素有"罗马散文泰斗"之称，同时也是个惯于搅浑水的政客。

◀ 西塞罗在演讲 ▶

恺撒利用手中的绝对权力和享有的崇高声望，开始改革罗马的政治制度。首先是改组元老院。四年内战，元老们四散逃亡，死的死伤的伤，剩下能兴风作浪、东山再起者寥寥无几。恺撒趁机把元老名额由500人扩充到900人，许多忠于他的老兵、行省官员，甚至被释放的奴隶都被安插到元老院，以便把元老院变成对他俯首帖耳的工具。

其次是增加政府高级官员数目。财务官由20人增加到40人，市政官由4人增加到6人，执法官由8人增至16人。

最后是改善行省管理制度，提高被征服行省的地位。恺撒颁布了反对行政官员勒索和舞弊的法令，废除了在亚洲各行省实行的专收什一税制的法令；扩大授予罗马公民权的范围，给予被征服的高卢、西班牙人罗马公民权；提出城市自治法，规定自治市有权解决本地事务，有权制定本市官员的选举办法；确定自治城市可以在各行省建立罗马移民城市，安置老兵和贫苦公民，为老兵分配土地；反对歧视和迫害异教徒；把罗马历法改为阳历，并以他的姓氏命名为"儒略历"（儒略是尤利乌斯的另一种译法）。

恺撒所实行的改革措施，受到罗马平民的热烈欢迎。他的威望越来越高，权力越来越大，对他的个人迷信和崇拜之风越来越盛。罗马广场上、神庙里树起了他的雕像，钱币上铸有他的头像，他的宝座用黄金象牙雕饰，最高行政长官就职时要向他宣誓效忠。

在举国一片颂扬声中，有些人就想拥戴恺撒当皇帝。可是罗马人讨厌帝王，反对确立帝王的尊位。恺撒虽然想当皇帝，但也不敢轻举妄动。在一次节日盛会上，执政官安东尼突然把一顶皇冠戴在恺撒的头上,不想只得到几个人鼓掌,大多数人都沉默、叹息。恺撒觉得气氛不对,赶紧把皇冠扔在地上。安东尼拾起皇冠又给他戴上,他又扔掉了。人们看到恺撒一再拒绝戴皇冠,就欢呼起来,纷纷向他致敬。可是,另一部分人却认为,恺撒拥有的权力、威望,哪一样也不比皇帝少,现在他只是缺少一顶皇冠,但是他总有一天会有的。

那些仇视他的人害怕他称帝,怕他称帝后会踢开元老院,使元老们失去传统的权力。这些人开始联络元老,交结恺撒的一些亲信,打着"保卫共和、反对帝制"的旗号,组织了阴谋集团,决心除掉他。他们找到了恺撒的亲信——布鲁图斯,推举他为阴谋集团的头目。

公元前44年3月15日,元老院举行会议。会前,有个忠于恺撒的人,把一张羊皮纸书塞到恺撒的手里,警告说:"今天有人要谋刺你,一定要多带些侍卫!"恺撒看了以后却不屑一顾地说:"带卫队保护,那是懦夫、胆小鬼干的事!"他毅然撇开侍卫,只身前往,从容走进会议厅,坐在黄金宝座上,笑着问元老们:"今天不就是3月15日吗?"

⟨ 恺撒遇刺 ⟩

这时，人们三三两两地围到恺撒身边，像是多日未见，有一肚子话要说的样子。其中一个名叫卡西乌斯的人，跑到他跟前，抓住他的紫袍，像是有什么事恳求他。原来，这是他在向谋刺者发出动手的暗号。霎时间，杀手们一拥而上，拿出暗藏的短剑刺向他。赤手空拳的恺撒挣脱紫袍，奋力反抗。他的腰部中了一剑，接着腿部又被一剑刺中。他看见这一剑正是他的义子也是他最信任的布鲁图斯刺的，不由惊呼："啊，还有你，我的孩子！"于是他放弃了抵抗，颓然倒在了他昔日的政敌庞培雕像的脚下，用紫袍蒙面，任凭他的仇敌乱刺、乱砍。恺撒身中23刀，其中三处是致命的。

刺死恺撒以后，布鲁图斯等人以为他们的"壮举"一定会得到元老和平民们的赞美和欢呼。可他们没想到的是，元老们看到恺撒倒卧在血泊之中，个个面无表情、默默无语。当凶手们握着血淋淋的短剑走出元老院的时候，看到的也不是平民们拍手称快、欢呼雀跃的场面，而是复杂而沉重的表情、充满鄙夷的目光。

元老们的沉默，是因为他们知道兵权仍掌握在恺撒派的将领手中，贸然支持毫无实力的布鲁图斯会引来杀身之祸。平民们冷眼相待，是因为他们虽然不满恺撒的一些过错，但是对元老贵族的所作所为更加痛恨。至于布鲁图斯，在谋杀了恺撒后，仓皇逃亡国外，四处躲藏，犹如丧家之犬，惶惶不可终日。

恺撒不但是个杰出的军事家，还是一位著名的文学家。他的主要著作有《高卢战记》和《内战记》，是他亲身经历的战争回忆录，叙事清晰、文笔流畅，是历史学家和拉丁文研究者的必读书。

安东尼与屋大维之争

恺撒死后,罗马元老院分成两派,一派主张宣布恺撒为暴君,以证明刺杀恺撒属"英雄壮举";另一派则要求严惩刺杀恺撒的凶手。在西塞罗的调解下,两派达成妥协:既不宣布恺撒为暴君,也不惩治谋杀者。

但是,那些曾得到过恺撒好处的老兵、下层平民不愿放过凶手。无奈之下,元老院委托执政官安东尼为恺撒举行葬礼,并公布恺撒的遗嘱。

马尔库斯·安东尼出身于名门望族,祖父和父亲曾任国家要职。安东尼曾任骑兵指挥官,先后在巴勒斯坦和埃及等地作战。投靠恺撒后,在征服高卢时立下战功,任财务官、保民官和骑兵长官等高级职务。安东尼竭力维护恺撒的利益,跟随恺撒转战意大利和希腊,是恺撒生前最为倚重的一员心腹战将。

恺撒在遗嘱中指定,他姐姐的孙子屋大维为自己的继承人,授予屋大维"恺撒"称号,把遗产的四分之三赠予他;将台伯河对岸的私人花园归还罗马人。遗嘱中还提到,余下的部分财产留给布鲁图斯。听罢遗嘱,人们越发怀念恺撒,憎恨忘恩负

〈 安东尼 〉

义、恩将仇报的布鲁图斯。

当恺撒的遗体抬到罗马广场时，群情激愤，为恺撒复仇的呼声此起彼伏。安东尼趁机发表演说，颂扬恺撒的功绩和宽厚，历数谋杀者的罪恶。被安东尼煽动起来的民众发疯似的冲向凶手的家中，以布鲁图斯和卡西乌斯为首的谋杀者们仓皇逃出罗马。

愤怒的民众举行声势浩大的示威游行，谴责政府有意放走罪犯。元老院却装聋作哑，引发了群众暴乱。执政官安东尼又奉命出兵镇压，把参与暴乱的奴隶全部处死，这一举动博得了元老院的好感。安东尼趁机要挟元老院，在他执政官期满后接任高卢总督，却被元老院拒绝。安东尼和元老院因此结下了冤仇。同时，安东尼和恺撒的养子屋大维的关系也不好。

屋大维生于骑士家庭。祖父当过地方官，父亲是元老院元老，也有人说是货币兑换商。屋大维父亲在世时，家道富裕，颇有声望。屋大维的母亲是恺撒的姐姐尤利娅的女儿。恺撒死前不久，收屋大维为养子，指定他为继承人，并写下遗嘱将财产的四分之三留给他。从此，屋大维改名为盖乌斯·尤利乌斯·恺撒·屋大维。屋大维4岁丧父，母亲改嫁马尔库斯·菲利普斯，是继父将他抚养成人的。公元前45年秋，他被送到伊利里亚的阿波罗尼亚学习深造。

⟨ 屋大维青铜头像 ⟩

公元前44年，恺撒被刺。屋大维听到这一消息后，立刻从阿波罗尼亚赶回罗马。此时罗马的执政官是恺撒的部将安东尼。安东尼自命为恺撒的继承人，占有了恺撒的部分遗产。安东尼初见屋大维时，态度十分傲慢，轻蔑地对他说："青年人，除了恺撒的名字以外，你还想得到什么呢？钱，我已经没有了。难道你还要恺撒的政权吗？"屋大维瞪了他一眼，转身离去，从此和安东尼结下怨恨。

公元前44年6月，安东尼不顾元老院的反对，操纵公民大会通过决议，委派他为高卢总督。原高卢总督不肯让位，安东尼率军把他包围在穆提那。第二年，屋大维受元老院指派，打败了安东尼，迫使他退出高卢。恺撒派的内斗，使元老院的实力膨胀起来。他们开始打击恺撒派人士，甚至蔑视和排挤屋大维。面对元老院的威胁，安东尼、屋大维和雷必达等恺撒派首领重新和解，于公元前43年11月达成协议，结成了"后三头政治"（"前三头"是克拉苏、恺撒和庞培）。

根据协议，"后三头"共同执政，三分罗马海外行省。安东尼统治高卢大部分地区；屋大维控制非洲、西西里和撒丁诸岛；雷必达掌管西班牙；意大利由三人共同管理；逃到海外的布鲁图斯和卡西乌斯由安东尼和屋大维负责征讨；雷必达驻守罗马。之后，他们率军进入罗马，解散了政府，以公民大会的名义全权处理国家事务。他们还借口为恺撒复仇，在罗马大开杀戒，先后杀掉300名元老和2000名骑士。著名的元老派代表西塞罗死于非命。

公元前42年秋，在马其顿一个名叫腓力比的地方，安东尼和屋大维与逃亡的布鲁图斯和卡西乌斯的军队相遇。因为屋大维生病，由安东尼指挥军队。经过几个回合，布鲁图斯和卡西乌斯的八个军团被全歼。布鲁图斯和卡西乌斯本人，一个引颈

◁ 安东尼与克列奥帕特拉七世 ▷

自刎，一个被部下刺死。腓力比之战使共和派势力遭到毁灭性打击。后世的历史学家因此把腓力比称为"古罗马共和派的坟墓"。

战胜共和派以后，安东尼威声大振。公元前41年春，他来到埃及，为罗马军队筹集款项，同时向埃及女王克列奥帕特拉七世问罪，因为她在战争期间援助罗马共和派。克列奥帕特拉七世听说安东尼到达埃及后，故技重施，把当初诱惑恺撒的那套手段又拿了出来，精心打扮，巧做安排，乘坐一艘豪华楼船，向安东尼的驻地驶来。

果然不出所料，贪恋女色的安东尼一见克列奥帕特拉七世迷人的风姿、优雅的谈吐，顿时被迷得神魂颠倒，不知所措，没过几天就拜倒在女王裙下，日复一日地与克列奥帕特拉七世在王宫寻欢作乐。他不仅把向女王问罪的事抛到九霄云外，还帮助她打击政敌。

就在安东尼和克列奥帕特拉七世厮混之际，他的弟弟鲁吉乌斯·安东尼（当时任执政官）利用意大利人对屋大维的不满，招募军队，掀起反屋大维的暴乱。屋大维毫不手软，予以严厉镇压。从春梦中醒来的安东尼急忙赶回罗马，准备找屋大维报仇。不过在雷必达的调解下，两人最终还是握手言和。接着，他们又缔结了新的协议，授权安东尼统治东方行省，负责征讨帕提亚。为了表示自己恪守"后三头"协议的诚意，安东尼还娶了屋大维的姐姐奥克塔维娅为妻。

罗马帝国

公元前36年，安东尼出兵帕提亚，被帕提亚击败，撤退时又遭受重大损失。为了取得女王克列奥帕特拉七世金钱上的支持，彻底征服帕提亚，他修书抛弃了妻子奥克塔维娅，正式和克列奥帕特拉七世结婚，还答应把罗马东方行省的一部分土地赠送给埃及和女王的子女。这种行为被罗马人视为出卖国家。屋大维在得知这一消息后更是恨得咬牙切齿，发誓要为他的姐姐和罗马人民讨回"公道"。

公元前34年，安东尼征服了亚美尼亚，俘虏并处死了亚美尼亚国王。但是，他不回罗马举行凯旋式，而是来到埃及的亚历山大里亚举行庆功会。这一奇怪举动加深了罗马人民对安东尼的愤怒，同时也给了屋大维打击安东尼的借口。公元前32年，屋大维得到了安东尼放置在罗马神庙的一份遗嘱，其中说，他死后，遗体将葬于埃及首都亚历山大里亚，罗马东方行省的土地将由埃及女王克列奥帕特拉七世和她的子女继承。安东尼的遗嘱公布后，舆论哗然。元老院和公民大会当即宣布安东尼为"祖国之敌"，并且以克列奥帕特拉七世侵占罗马财产为由，向埃及宣战。

公元前31年9月2日，罗马讨伐军的舰队与安东尼和埃及女王的舰队会战于希腊海岸的阿克兴海角。安东尼和埃及女王克列奥帕特拉七世率军10万、战船500艘，屋大维统兵8万、战船400艘。初期，交战双方势均力敌，不分胜负。但在战斗最激烈的时候，克列奥帕特拉七世却突然率埃及舰队撤出战场，逃回埃及。安东尼见女王离开，无心再战，也尾随而去。余下将士因失去了主帅，很快被屋大维消灭。

第二年夏天，屋大维率军进入埃及都城。安东尼在败局已定的形势下，提出要同屋大维决斗。屋大维轻蔑地回答说："没有必要，你想死的话，办法多的是！"走投无路的安东尼只好拔剑自刎。至于女王克列奥帕特拉七世，屋大维对她的美色无动于衷，只是下令关押她。过了些日子，绝望的女王弄到一条毒蛇，让毒蛇把自己咬死了。她死后，埃及托勒密王朝于公元前30年灭亡，埃及被并入罗马版图。

击败安东尼以后，屋大维成了罗马最有权势的人。长期陷入分裂的罗马重新获得了统一。屋大维回到罗马时，元老院为他举行了盛大的凯旋式。屋大维成了与恺撒一样的人物，成了罗马国家唯一的统治者。但是，屋大维比恺撒更谨慎、更明智，他不公开建立军事独裁，而是利用合法的名义，逐步恢复独裁制。

公元前27年1月13日，屋大维召开元老院会议，当场宣布："在我第五次和第六次担任执政官时，因为内战，公民赋予了我无限权力。但是现在没有必要了，我要把这些权力交还元老院和公民大会。"听了屋大维的表白，元老们感激涕零。第三天，元老院通过决议，授予他"奥古斯都"尊号，意思是"神

〈 屋大维 〉

圣""庄严""伟大"。屋大维获得"奥古斯都"尊号，象征着他已达到权势的顶峰，同时也意味着他原先所得到的一切权力没变。因此，历史上就以这一事件作为罗马帝制正式建立的标志。

"元首"是"国家第一人""第一公民"的意思，在元老院名册上名列第一。这一称号是屋大维首创的，被世界上许多国家沿用至今。元首制的建立，使屋大维成为总揽罗马军事、司法、行政和宗教大权的独裁者。从这一年开始，罗马进入帝制时代，史称"罗马帝国"。

为防止各行省叛乱谋反，屋大维调整了罗马对各行省的统治政策。在局势已经安定的行省，由元老院任命总督管辖；叙利亚、西班牙和高卢行省归元首直接管理；埃及属于元首的私人领地。在元老院直接管辖的行省中，他派遣特使招募军队、征收捐税、管理地产。他还继承恺撒的政策，在各行省中建立自治市制度，取消直接税和包税制；把罗马公民权授予各行省的上层人士，将大批退伍士兵移居各行省，以加速各行省的罗马化。

为了加强军事实力，屋大维建立了一支由28个军团组成的常备军，分别驻守各行省。军队实行严格的纪律和训练，规定士兵在服役20年内不能成家。除了28个常备军团以外，他还建立了9个大队，共9000人的禁卫军，保卫意大利和罗马。

在对外政策上，屋大维采取文武兼用的灵活手段。公元前20年，帕提亚王国发生王位继承战争，屋大维利用战争双方求助于他的机会，迫使帕提亚王国自愿归还了以前战争中从罗马夺走的战利品和俘虏，向罗马敬献大量贡品，把幼发拉底河定为罗马和帕提亚的疆界。这件事大大提高了屋大维的威信。

在罗马西部,他继续征服分散的各部落,将西班牙和高卢完全置于罗马人统治之下,一举消灭了阿尔卑斯山南坡的萨拉西人,之后又进军多瑙河沿岸,建立了列提亚、潘诺尼亚和麦西亚等新的行省,使罗马帝国的疆界进一步扩大至东起幼发拉底河上游,西临大西洋,南抵非洲撒哈拉大沙漠,北达莱茵河和多瑙河的广袤地区,而地中海则成了罗马的内湖。

公元前12年,罗马军队再次越过莱茵河,占领了从莱茵河到易北河的全部地区,建立了日耳曼行省。不过屋大维用错了人,他任命的行省长官瓦卢斯是个有名的贪官,在他的压榨下,日耳曼人逐渐团结在贵族阿尔米尼乌斯身边。公元9年,瓦卢斯率领三个军团和九个辅助战斗队去镇压一处叛乱,结果中了阿米尼乌斯的"调虎离山"之计。罗马的侵略,激起了日耳曼人的反抗。阿尔米尼乌斯率众在他后方发动起义,并把他的大军围困在特乌托布尔格森林中,予以全歼。

◀ 阿米尼乌斯雕像 ▶

这时的屋大维已是七十多岁的老人,听到噩耗,他痛心地大喊:"瓦卢斯,还我军团!"特乌托布尔格一战,使日耳曼地区永久地摆脱了罗马人的统治。从此,罗马帝国的北部疆界被限定在莱茵河以南。

屋大维统治罗马达43年之久,终年77岁。罗马帝国在公元395年分裂为东西两部分。西罗马帝国在蛮族的攻击下,于公元476年灭亡,标志着欧洲进入中世纪。

从法兰克王国到查理曼帝国

法兰克人是日耳曼人的一支，于公元3世纪迁入高卢地区。公元481年，克洛维建立了法兰克王国的墨洛温王朝。公元751年，宫相"矮子丕平"在罗马教皇支持下，把原来的国王关进修道院，自己做了国王，这就是法兰克王国的加洛林王朝。

法兰克王国演变为帝国是在他儿子查理在位时实现的。

公元768年，法兰克国王"矮子丕平"死去，按照他的遗嘱，两个儿子查理和卡洛曼共同继承王位，同时成为法兰克国王。三年之后，即公元771年，弟弟卡洛曼死去，查理成为法兰克王国唯一的国王，他就是历史上有名的查理大帝。

从当时的社会背景上看，查理出生时正是西欧社会大变革、大动荡的时代，正处于由奴隶制向封建制过渡的急剧变革时期，这种新旧两种社会制度相互交替的社会环境为查理提供了历史大舞台。

〈 查理·马特雕像 〉

查理大帝

查理从小喜欢习武，精于骑术，武艺不凡。他为了锻炼自己的体能，培养吃苦耐劳的精神，经常到深山老林中打猎，到水流湍急的江河中游泳。这一切都为他日后南征北战，在险恶的条件下精力充沛地指挥作战，打下了良好的基础。

当上国王之后，查理首先考虑的是如何富国强兵，扩张领土。当时，法兰克王国正处于封建制度急速发展时期，国内的军事贵族和教会高级僧侣为了成为富有的封建主，迫切要求国王建立一支精锐的军队，实施对外征服战争，以便攫取大量的土地和财富。贵族们这种要求正好符合查理的心愿。于是，他即位不久，便指挥法兰克军队开始了旷日持久的大规模对外征服战争。

公元772年，查理向北扩张，对西欧北部的萨克森人发动了长达33年的征服战争。当时，萨克森人还处于原始社会，虽然生产力低下，武器也比较简陋，但是，他们酷爱自由，不愿屈服。萨克森人面对强大的法兰克军队进行了殊死的抵抗，使得查理屡遭挫折。最后，萨克森人终因弹尽粮绝，寡不敌众，被查理的军队所击败。查理通过这次征服战争，将西欧北部的大部分土地纳入他的版图，并将法兰克王国的封建制度推广到西欧中、北部地区，加快了西欧各地封建化的进程。

公元774年，查理挥师东进，率军翻越陡峭的阿尔卑斯山脉，向伦巴德王国发动攻击。查理采取四面围困和分进合击的战术，征服了伦巴德王国，把意大利北部的大片土地并入了法兰克王国的版图。为了讨好罗马教皇，查理表示遵循其父丕平当

⟨ 查理曼（骑马者）接受萨克森人投降 ⟩

年的诺言，将意大利中部的土地划归罗马教皇管辖。查理的这一做法赢得了罗马教皇的欢心。

公元778年，查理又率军南下，越过比利牛斯山脉，与阿拉伯人发生了激战，结果将比利牛斯山脉以南至厄布罗河之间的广大地区纳入法兰克王国疆域。这次征服战争使得查理付出了重大的代价，他的爱将罗兰在比利牛斯山口遭到敌人的伏击。罗兰虽然英勇抵抗，但是无奈孤军奋战，终因力量对比悬殊而阵亡。罗兰的死被中世纪的文人编成史诗《罗兰之歌》，在民间广泛流传。诗中把罗兰描写成一个忠君、勇武的骑士，这个形象是西欧封建时代骑士的楷模。

接下来查理准备在北欧续写自己的辉煌。他亲自率军北上，满怀信心地要一举扫平北欧人的势力。但就在这时，他听说当地一个修道院发生了怪事，那里的牛一夜之内全都莫名其妙地死去了。查理认为这是一个不祥的征兆，不宜继续行军打仗，于是顺从神的意志，迅速撤回了法兰克。查理当然不甘心这样无功而返，一直寻找机会再次北上。好运再一次眷顾了查理，正在他烦心不已的时候，传来了北欧人内乱的消息。原来他们的国王抛弃了结发妻子，另娶了一个年轻貌美的女子做王后。国王的儿子借外出打猎的机会刺死了国王，国内大乱，军心涣散，北欧人再也没有能力与法兰克对抗了。

此后，查理又多次进行对外征服战争。经过近半个世纪的南征北战，法兰克王国一跃成为西欧最为强大的国家，其领土大致包括今天的法国、瑞士、比利时、荷兰、奥地利，还有德国和意大利的大部分地区，以及西班牙的东北部，与昔日的西罗马帝国大体相当。查理把统治的地盘分为98个郡，首都则设在亚琛（位于今天德国的西部，又译阿亨）。

查理在位期间进行了军事、行政、司法等一系列的改革，通过这些改革，法兰克王国建立了一支强大的军事力量，并且加强了中央政权对地方势力的统治，这一切都对日后的西欧各国产生了重大的影响。

查理还率先勤奋学习，给臣民们树立了一个勤于阅读的典范。他通过刻苦的学习，不但掌握了"七艺"（指的是古代西欧七门学问：语法、修辞、逻辑、算术、几何、天文和音乐），而且还通晓古代德语、法语和拉丁语。通过勤奋学习所获得的丰富知识，使他在执政中得心应手，也令臣民敬服。

为了更方便地向外扩张，并使所有臣民归服他的统治，查理想进一步获得教会的支持。而当时的教会也正需要一个强大的政权支持，于是双方一拍即合。

当时的教皇立奥三世想出了一个巧妙的办法。据说他在著名的拉特兰大教堂里放置了一幅巨大的画，画面的内容是圣彼得手拿一件大氅，将它交给了教皇，同时把一面旗帜交给了法兰克国王。于是当时的祈祷文里便有了这样一句话："圣彼得把生命赐予教皇立奥，把胜利赐予国王查理。"这样，教皇与查理的相互支持可以解释为上帝的旨意，自然也就名正言顺了。但是一些意大利的贵族和教廷中手握重权的人不满立奥三世的统治，一场互相争权夺势的斗争开始了。

立奥三世人单势孤，在这场争斗中失利了，被关在监狱里备受折磨。查理知道这种情况后，立即派使节将立奥三世营救出来，把他护送到罗马。在法兰克强大的武力支持下，立奥三世顺利地夺回了权力。再次登上教皇宝座的立奥三世感慨万千，更加坚定地支持查理。

为了答谢查理，也为了更多地获得法兰克的支持，立奥三世向查理献上了一份厚礼。公元800年12月25日，也就是圣诞节这一天，当查理来到圣彼得大教堂做弥撒（天主教的一种宗教仪式）的时候，教皇立奥三世出其不意地将一顶早就做好的金制皇冠戴在了他的头上。随即人们听到了教皇洪亮的声音："上帝为查理皇帝加

査理加冕

冕，这位伟大的和带来和平的罗马人皇帝，万寿无疆！永远胜利！"

在场的教士们都跟着欢呼起来。查理为这突如其来的一幕激动万分，这可是他梦寐以求的啊！于是他毫不推辞地接受了。从此，他就被称为皇帝，把自己的帝国视为罗马帝国的继承者。后来他被人们尊称为"查理曼"，即查理大帝的意思。

查理死后不久，查理曼帝国就分裂为东、中、西法兰克王国，也就是今天意大利、德国和法国的雏形。

阿拉伯帝国的兴起

法兰克王国在欧洲兴起的时候，亚洲西部地区也发生了巨大的变化。其中，阿拉伯帝国的兴起是影响最大的一件事。

穆罕默德是伊斯兰教的创立者，于公元570年出生在阿拉伯半岛的麦加城。他的家族属于哈希姆氏族，哈希姆氏族又属于古来西部落。在穆罕默德诞生时，他的家族已经败落了。穆罕默德童年生活十分不幸。在他出生前两个月，父亲去世了。到他六岁的时候，母亲又得病离开了人世。失去双亲的穆罕默德靠伯父抚养。穆罕默德的伯父是个小商人，家境并不富裕。因此，穆罕默德的少年时代生活比较清苦，没有接受过良好的教育，不会读书，也不会写字。他从小就给人家当牧童，起早贪黑去放羊。这段艰苦的童年生活给穆罕默德留下了终生难忘的印象。当他长大成人后，有人问他是否当过牧童，穆罕默德说："是的！我曾经常给麦加人放羊，挣几个钱。"同时，艰苦的生活也磨炼了穆罕默德的意志。他利用放羊的空闲时间练习射箭和骑马，对军事知识也用心学习。

穆罕默德从12岁起就随着伯父到处经商。在经商的过程中，他到过许多地方，如巴勒斯坦和叙利亚等。这种经历使穆罕默德增加了阅历，增长了才干，能够机智果断地处理一些复杂的问题，因此他在周围人的心目中逐渐树立起很高的威信。穆罕默德在经商过程中，以诚待人、童叟无欺。他的机智、勇敢和坦诚受到了人们的高度赞扬，18岁时就获得了"艾敏"的称呼。"艾敏"的阿拉伯文的意思是"诚实的人"。

在经商的过程中，穆罕默德接触到了各地各种原始宗教，留下了深刻印象。同时，他对犹太教、基督教也进行了认真的研究，开始对宗教产生了浓厚的兴趣。当时，阿拉伯半岛的经济、政治和宗教等各方面都处在急剧变革之中。这里有一条连接东方和西方的商业大道。公元5世纪之前，商道上来来往往的商队络绎不绝，其中比较大的商队光是骆驼就达1500峰，再加上商人、搬运工、保镖和喂养骆驼的人，场面十分壮观。

这条商道的繁荣引起了阿拉伯半岛邻近的两个大国波斯和拜占庭的垂涎，这两个大国都想独占这条商道。公元527年至公元628年，两国为争夺富庶的阿拉伯商道而进行了长达一个世纪的战争。做梦都想发财的士兵们把商人当作抢劫的对象，商人们不是被抢就是被杀。昔日繁荣的商道经过百年战争的蹂躏彻底衰落了，引起了阿拉伯半岛社会的动荡不安，饥饿的下层民众不断举行武装暴动。而半岛长期处于分裂状态，无形中削弱了抵抗外来势力的能力。为了家园的安宁和繁荣，半岛各地的人们都希望有一个统一的强有力的政权。下层民众为了摆脱饥寒交迫的困境，也希望有个强大的能保护自己的国家。这种统一的愿望反映到宗教上，就是要建立一个统一的宗教。

古代阿拉伯半岛上居民信仰多神教，信仰的神非常多，什么月神、星神、雨神，等等，都是古代阿拉伯人崇拜的神灵。阿拉伯人对月神特别崇拜，因为半岛大部分地区是沙漠，白天烈日当空，炎炎赤日把沙子烘烤得滚烫，所以人们一般白天较少到室外活动。到了晚上，气温急剧下降，天气变得凉爽许多，人们这时纷纷走出家门，从事种种活动。如果正赶上皓月当空，银白色的月光洒在沙地上，凉爽宜人，是件十分惬意的事。这样，阿拉伯人对月亮的好感也就油然而生了。

穆罕默德在研究了各种宗教的特点之后，懂得了宗教信仰对于统一人们思想的重要作用。根据人们的愿望，他立志创立一种新的宗教，进而把半岛统一起来。公元610年，穆罕默德已经40岁了。据说这一年，他在麦加城外一个山洞里隐居修行，探讨人生和社会的道理，琢磨创立一种新的不同以往的宗教。突然有一天，天使加百列降临，给穆罕默德第一次启示。加百列说："你当奉你的造物主的名义而宣读……"这句话是什么意思呢？它的意思是：让穆罕默德以真主安拉的名义传播伊斯兰教。

过了一会儿，奇异的现象再次发生。穆罕默德十分惊恐，他匆忙回到家里，让妻子给他蒙上被子。接着，穆罕默德又接到了第二次启示："盖被的人呀！你起来吧，你警告吧。"这句话的意思是：盖被子的人，你起来吧，你传播伊斯兰教吧。这时，穆罕默德恍然大悟，这是安拉让他以安拉使者的名义进行伊斯兰教的传播。"伊斯兰"在阿拉伯语中是"顺从"的意思。从此，穆罕默德自称伊斯兰教的最后一位先知。什么是先知呢？在基督教中，先知是指那些接受上帝的启示的人；在伊斯兰教中，先知是指那些感受到安拉启示、传达安拉旨意、能预言未来的人。

此后，穆罕默德开始到各地传播伊斯兰教。他传教时说的第一句话就是："万物非主，唯有安拉；穆罕默德是安拉的使者。"意思是说：世界上，只有一位真主——安拉，穆罕默德代表真主安拉在人间传播伊斯兰教。这句话就是人们常说的"清真言"。

《传说穆罕默德修行的山洞》

这句话的意义在于，它主张在阿拉伯建立一神教，信仰统一，教义统一。伊斯兰教的教义简练明确，只有信仰安拉的人能上天堂，不信的只能下地狱。同时，它主张人人平等、对内团结、对外一致，这就有利于各地人们打破界限，追求共同信仰。伊斯兰教传播之初，广大下层民众，特别是小商贩、搬运工、拉骆驼的这些穷苦人很快就成为信徒。信仰安拉并服从先知的人，都被称为"穆斯林"。

前面说过，古代阿拉伯人信仰多神教，多神教的信仰使得半岛各部落之间不能团结一致，好似一盘散沙。现在，穆罕默德宣传一神教的思想，正好顺应了阿拉伯半岛历史发展的方向。所以，穆罕默德所宣传的伊斯兰教在阿拉伯半岛迅速传播，信徒越来越多。

公元630年，穆罕默德率领信徒组成的大军攻打麦加城，麦加贵族不敢抵抗，打开城门迎接穆罕默德进城。在伊斯兰教的旗帜下，经过多年征战，逐渐形成一个地跨亚非欧的阿拉伯帝国。

公元632年，穆罕默德去世后，四大"哈里发"（意为安拉使者的继承人）——阿布·伯克尔、欧麦尔、奥斯曼、阿里相继担任哈里发，史称"四大哈里发时期"。

第四位哈里发阿里于公元661年遇刺身亡。叙利亚总督穆阿维叶即位，建立了倭马亚王朝。公元756年，阿布·阿拔斯建立了阿拔斯王朝。

公元1258年，蒙古军队攻占巴格达，存在了600多年的阿拉伯帝国灭亡。

"诺曼征服"

早在公元五世纪，日耳曼人的分支——盎格鲁·撒克逊人开始向大不列颠岛迁移。他们在岛上建立了威塞克斯等七个国家，史称"七国时代"。

直到威塞克斯国王埃格伯特"统一"了其他六国，把这个新的国家定名为"英格兰"，"英格兰"这个名字才沿用下来。

1066年，英格兰国王"忏悔者"爱德华去世。法国的诺曼底公爵威廉趁机夺取王位，史称"诺曼征服"。

威廉生于1027年，他的父亲是诺曼底公爵，母亲是一个大家闺秀。威廉出生后不久，父亲就将他母亲赏赐给了一个宫廷侍卫。因为威廉不是合法的婚生子女，所以同时代的人称威廉是私生子。1035年，威廉的父亲死在小亚细亚，这样威廉就成为诺曼底公爵了。威廉的青少年时代是在敌意、恐惧和充满暴力的环境中度过的，险恶的环境造

〈 征服者威廉 〉

"诺曼征服"

就了威廉坚强而无情的性格。他用严厉的手段镇压了一切敢于反抗的贵族，巩固了自己的统治。威廉一直想占领英国，但是，时机总是不成熟。终于，1066年英国国王爱德华去世，英国王位空悬，谁来继位呢？

威廉说他有资格继承英国王位，理由是他是爱德华的远房表兄弟，因而，他多多少少与英国王室有点儿亲戚关系；再有，爱德华生前曾许诺，将英国王位传给威廉。但是，英国贵族根本不理威廉这一套，他们把哈罗德推上了国王的宝座。威廉盛怒之下，倾全国之兵对英国进行武力征服。

1066年8月，威廉率领1.2万人，分乘多艘战船横渡英吉利海峡，于9月28日在英格兰南部的伯文西登陆。令人奇怪的是，威廉的军队并没有遇到英军的任何抵抗。

原来这时英国北部正遭到北欧海盗的入侵，新登基的国王哈罗德正率领精锐部队前去抵抗，所以，南部无兵可派，威廉得以乘虚而入。

威廉第一个踏上英格兰的土地，不知是过度兴奋，还是连日征战的疲劳，他一

◀ 征服者威廉 ▶

上岸就摔了一跤。大家都觉得主帅未战，先摔倒在地是不祥之兆。威廉不愧为一世枭雄，他一翻身从地上跃起，口中大喊："看！我的主呀！凭着上帝的荣耀，我已用我的双手掌握住英格兰了，英格兰是我的了！"士兵听到主帅这一番话，阴郁的心情一扫而光，军心大振，斗志昂扬，誓与英军决一死战。

当威廉登陆时，英王哈罗德已经打败了入侵的北欧海盗，正在英格兰北方大宴群臣，庆祝胜利。正在酒酣耳热之时，探马报来十万火急的军情：威廉公爵的大军已经抢占了英格兰南部的滩头阵地。哈罗德一听大吃一惊，急令收拾宴席，全军火速南下，迎战威廉军队。10月14日，英军与威廉军队在黑斯廷斯相遇，双方展开了激战。开始时，英军占据了山上的制高点，凭借地形的优势居高临下，将乱石和

⟨ 黑斯廷斯战役 ⟩

标枪投向威廉军中，威廉的士兵死的死，伤的伤，一度陷于被动挨打状态。威廉心中万分焦急，突然他急中生智，命令士兵装作逃跑的样子来迷惑敌人，引诱敌人下山。英军果然中了威廉的计策。哈罗德见威廉的军队溃不成军，就指挥大军冲下山去，这正是威廉求之不得的。威廉军队将英军团团围住，分割成几片，双方展开了激烈的战斗。英军劳师远征，十分疲劳，抵挡不住威廉弓箭手潮水般的进攻，终于一败涂地，统帅哈罗德也中箭身亡。威廉消灭英军主力部队之后，如入无人之境，长驱直入，占领了英国首都伦敦。英国贵族见大势已去，只好接纳威廉为国王。历史上把这个事件称为"诺曼征服"，而威廉本人也被后人称为"征服者"。

1066年圣诞节那天，威廉在英国的威斯敏斯特大教堂举行了加冕礼，当上了英国的国王，称威廉一世，从此开创了诺曼王朝。威廉一世为了加强王权，增强王室的经济实力，把全英格兰六分之一的土地划为己有。他觉得这还不够，为了让他的臣民如实地向他缴纳赋税，于1086年下令进行全国土地大清查，这样"末日审判书"就问世了。威廉一世下令，组成一个调查委员会到英国各郡进行清

"末日审判书"内页

查。在调查会上,每个郡的百户区的农长、教士及若干农民代表出席,并且郡守和当地贵族有义务协助委员会进行调查。调查的内容极为详细,包括地产上领主的名字及拥有的财产和人口。通过这次调查,我们可以知道11世纪后期英国社会各阶层的构成情况。

因这次调查利益受损的贵族们敢怒不敢言,把这份调查书称为"末日审判书"。虽然这是当时的统治者为强化统治而进行的一项调查,但它也为我们今天研究11世纪英国社会经济状况提供了宝贵资料。

日本幕府时代

在欧洲各国封建制度不断巩固的时候，亚洲的日本也在封建制的道路上迈开步伐。日本封建时代的政治有着浓厚的自身特色，这对以后日本独特的发展产生了深远的影响。公元7世纪前后，日本由奴隶社会进入了封建社会，一座座大庄园在各地出现了。豪强地主们想方设法地扩充自己的私有土地，把原野、森林、无主的荒地纳入自己的庄园，一步步向外扩张。随着这些地方豪强势力的增长，他们再也不把天皇和中央政府放在眼里，既不向国家交税，也不许政府官员进入他们的庄园。于是这些庄园就成了地主们的小王国，在这里他们就是"天皇"。

为了保护这来之不易的领地，巩固自己在"小王国"里的统治地位，豪强地主们大量豢养武士。豪强地主们认识到，具备一支强大的武装力量是多么的重要，于是武士越养越多，武士的地位也越升越高。当地方发生起义或叛乱的时候，天皇就让当地势力强大的地主充当追捕使，带领手下的武士去镇压。

随着武士势力的增强，到了11世纪，日本逐渐形成了两大武士集团。一个是以关西（今京都、大阪为中心的地区）的豪强平清盛为首的平氏集团，另一个是以关东（今东京及周围地区）的地主源赖朝为首的源氏集团。这两个家族都与天皇沾亲带故，由于手里掌握了强大的军事力量，他们都梦想着夺得大权，号令全国。

就在这时，机会从天而降。原来天皇和外戚藤原氏正在为争夺中央政权拼得你死我活。这个藤原氏家族已经掌握朝政两百多年了，他们生活奢侈，飞扬跋扈。这让天皇十分不满，总想夺回大权。但是天皇也很为难，因为他的手里没有足够的军事力量打败藤原氏，这时他就想到：为什么不借用那些武士的力量呢？于是，天皇开始拉拢军事力量强大的平氏集团。平清盛正想着要夺取国家大权，对于这求之不得的机会当然不肯错过。于是双方一拍即合，准备共同对付藤原氏。

藤原氏面对天皇的挑战毫不示弱，他想："既然天皇拉拢了平氏，那我索性就让源氏当我的靠山。"源赖朝是一个深谋远虑的人，他思来想去，觉得这确实是一个有利的时机，便爽快地站到了藤原氏一边。这样，两个对立的集团形成了，一场争权夺势的斗争拉开了序幕。

随着斗争愈来愈激烈，天皇和藤原氏很快就约束不住那些武士了，他们成为这场夺权斗争的陪衬，失去了实权。而两大武士集团倒成了主角，争夺起国家的大权。于是他们只能眼睁睁地看着自己梦寐以求的大权落入了得胜者平氏集团的手中，志得意满的平清盛把官府设在了京都的六波罗。从此，日本的皇室贵族政治退出了历史的舞台，国家政权开始转移到武士手中。

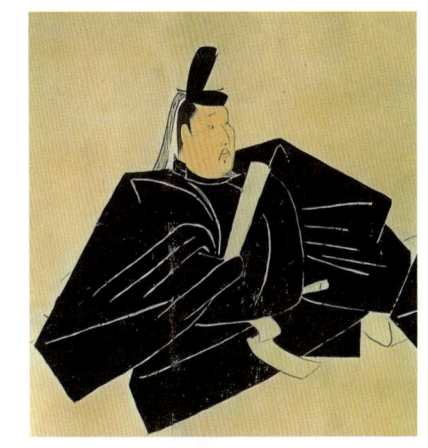

⟨ 平清盛 ⟩

平清盛掌握政权后，日本并没有像人们期望的那样，出现一个崭新的公平的社会。相反地，他又走回到了藤原氏的老路，腐败的政治，豪华奢侈的生活，强占其

〈 源赖朝 〉

他贵族的庄园……社会各阶层的人们都对这个黑暗的朝廷充满了怨言。

在夺权斗争中失败的源氏集团也没有销声匿迹。源赖朝是一个野心勃勃、足智多谋的人，他在心中一直暗暗发誓：一定要夺到政权。当他看到平清盛的统治出现危机时，心中窃喜，这样一个报仇的大好机会怎么能放过呢？1180年，源赖朝起兵，想要扳倒平清盛，夺取政权。但是，他的运气很不好，刚一起兵就被平清盛打得大败。侥幸的是，在乱军之中，他本人保住了性命，慌慌张张地逃到了镰仓。镰仓是源赖朝的根据地，这里地形险要，还有丰富的物产，誓死效忠源赖朝的武士也都聚集在这里。很快，源赖朝东山再起，与平清盛决战于富士川。这一次，幸运之神终于站在了源赖朝的一边，平清盛被打得落花流水，源赖朝由此得到了一个"镰仓殿"的美称。但是，平清盛的势力并没有完全被消灭。1183年，源赖朝一鼓作气打到了京都，平清盛仓皇逃到西海。1185年，源赖朝彻底扫平了平氏集团的势力，国家大权终于落入了源氏集团手中。

夺得政权以后，源赖朝就忙着在自己的老家镰仓建立统治机构——幕府。这样，由武士建立的国家权力机构就被称为幕府了。因为源赖朝的幕府建立在镰仓，所以历史上称它为镰仓幕府。"幕府"一词起源于中国汉代。当时的将军在外地带兵打仗，没有固定的府第，就在阵地上临时搭建的带有幕布的营帐里处理事务，所以后来人们就用"幕府"作为将军们府第的代称。1192年，源赖朝终于从天皇那里得到了梦寐以求的称号——征夷大将军。从此，他在镰仓的幕府就实现了对全国的统治，日本进入了幕府时代。

在幕府时代里，日本同时存在着两个政权：天皇政权和幕府政权。天皇没有实权，只是一个傀儡，真正的大权都握在将军和武士的手里。将军是全国最大的封建主，掌握着中央大权。武士们就是全国大大小小的封建主，控制着地方政权。他们从将军手中得到官职和土地，同时也要向将军交税，服兵役。

◁ 源赖朝雕像 ▷

既然幕府掌握了国家实权，为什么还保留着天皇这个傀儡政权呢？原来天皇在当时的社会上还有一定的影响力。源赖朝明白，如果彻底消灭天皇的势力，自己也会付出巨大的代价，而利用天皇实现自己对全国的统治，反而是名利双收。于是源赖朝表面上对天皇无比地忠诚，经常挂在嘴边的话就是"万事当仰君王裁定"，但是一转身，就骂天皇是"日本最大的大天狗"。就这样，日本的天皇成了幕府政权的工具。而这个角色，天皇充当了六百多年。

源赖朝建立的镰仓幕府在1333年覆灭了。随后，室町幕府、德川幕府相继登上了日本的政治舞台。直到19世纪中期，这种奇特的幕府政治才走到了尽头。

欧洲文艺复兴

文艺复兴运动是人类文明史上一个重要里程碑,它预示着封建社会走向没落和新的资本主义社会即将开始。

文艺复兴运动首先发生在意大利。为什么首先在意大利发生呢? 一个重要的原因是,14世纪前后,意大利一些发达地区在经济上已经出现了资本主义萌芽。作为文艺复兴运动发源地的佛罗伦萨城市共和国,资本主义经济发展就十分突出。

佛罗伦萨位于意大利的中部。西罗马帝国灭亡后,东哥特王国、拜占庭帝国、伦巴德王国、法兰克王国和神圣罗马帝国先后征服过这一地区。但这里的民众历来有为自由而战的传统。经过不断的反抗斗争,佛罗伦萨终于获得独立,成为一个城市共和国,农奴也获得了解放。但是因为没有土地,大家就进入城市谋生,到各类手工工场干活。工场越来越多,商业也繁荣起来。14世纪时,佛罗伦萨有手工工场两百多家,毛纺织工人3万多人,每年生产呢绒10万匹,

◀ 15世纪的佛罗伦萨 ▶

还有大商店二十多家，商人的足迹遍布世界各地，甚至到遥远的中国做买卖。商业的发展又繁荣了金融业。当时，佛罗伦萨有银行一百多家，钱庄和分行分布在欧洲各国。佛罗伦萨的货币佛罗琳成为全欧洲的通用货币，每年佛罗伦萨都要铸造35万佛罗琳来满足市场的需要。随着经济上资本主义萌芽的发展，新兴的资产阶级也发展壮大起来。13世纪末，佛罗伦萨的市民在民主派领袖基诺·贝拉的领导下，从封建贵族手中夺取了政权，颁布了世界上最早的一部宪法，叫作《正义法规》。这部宪法规定贵族不得担任国家的任何公职，国家的最高领导人叫作正义旗手，最高管理机构叫作长老会，由9人组成，其中有7人由7大行会选举产生，每个行会选出1名代表。这7大行会分别是：羊毛商、丝绸商、毛皮商、呢绒手工工场主、银行家、律师和医生。因为这7大行会集中了当时富有的阶层，他们个个富有，肥得流油，所以被称为"肥人"。与肥人行业相对的是"瘦人"行业，这些行业共分为14个行会，都是比较贫穷的人，比如铁匠、鞋匠、泥瓦匠等，他们也选出2名代表参加城市的管理工作。

⟨ 佛罗伦萨货币佛罗琳 ⟩

新兴的资产阶级和平民虽然在经济上有了地位，掌握了权力。可是在教育和思想文化上，教会仍然独揽一切，向人们灌输和宣扬的都是基督教神学和经院哲学那一套，长时间桎梏着人们的思想和行为。新兴资产阶级要有适合自己的思想文化和教育，就必须挣脱封建专制和基督教神学的束缚。这是一件很艰难的事，没有深厚的根基和号召力，是难以破除人们对神学的迷信和对教会的恐惧的。于是，新兴阶级就想到了用复兴古希腊和古罗马文化的名义，建立新的思想和文化，为新的制度开路。古希腊和古罗马文化取得了辉煌的成就，是欧洲也是全人类的宝贵精神遗产，在意大利人民中的影响是深远的。复兴古代文化的口号赢得了人心，文艺复兴运动很快就在佛罗伦萨掀起了热潮。当然，资产阶级不会满足于简单地复活古希腊、古罗马文化，而是要对它们加以创新，以适应新社会的需要。因此，文艺复兴运动名为复古，实为创新，是要创造一种新思想新文化。

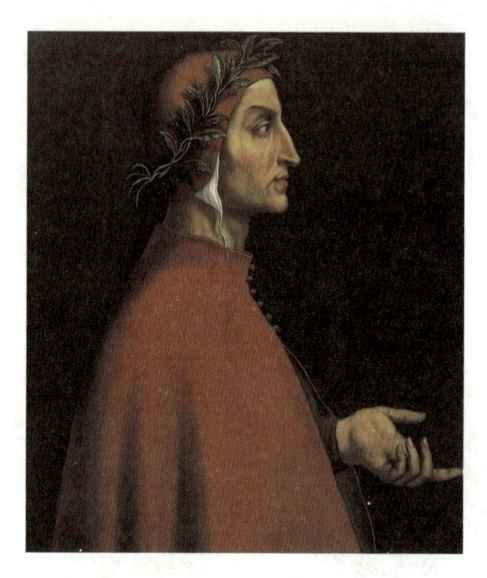

文艺复兴运动提倡的人文主义，它的内容可以概括为三个提倡、三个反对，即：提倡人权、反对神权；提倡人性、反对神性；提倡个性解放、反对宗教束缚。

‹ 但丁 ›

提倡人权、反对神权，就是说，人是世界的创造者，人是高贵的，应该提高人的权威，赞美人的价值。人文主义者的先驱但丁就说过："就人完成的业绩而言，人的高贵超过了天神。"

提倡人性、反对神性，就是说，人是现实生活的创造者和享受者，人生的目的在于追求现世的自由与幸福。人文主义者歌颂世俗生活，主张男女之间的爱情是人性的反映，是最合乎自然的，反对教会提倡的禁欲主义，反对天堂，反对来世。

提倡个性解放、反对宗教束缚，就是说，要把人的思想感情从宗教的束缚中解放出来，发展自己的个性，不受神学思想的约束。为发展个性，人文主义者提倡知识主义，反对蒙昧主义，主张对现实世界进行考察和研究。人文主义者号召人们到大自然中去，到现实生活中去寻求真理，号召人们不要做书本的奴隶，要阅读大自然这本大书。

文艺复兴运动发源于佛罗伦萨。后来，这场运动又传到了西欧各主要国家，如英国、法国、德国、西班牙和尼德兰（今荷兰和比利时）等。文艺复兴运动是一个需要巨人也产生了巨人的运动。这场运动持续了二百多年，其间涌现出许许多多的杰出人物。如作为文艺复兴运动的起源地，文艺复兴运动的先驱者但丁、人文主义之父彼特拉克、画家达·芬奇、雕塑家米开朗琪罗、政治理论家马基雅弗利、科学家伽利略等都来自佛罗伦萨。除此之外，还有意大利的薄伽丘、拉斐尔，英国的莎士比亚、法国的拉伯雷、西班牙的塞万提斯等。这些人文主义者都为文艺复兴运动的发展作出了杰出的贡献。

◀ 达·芬奇 ▶

◀ 伽利略 ▶

文艺复兴运动在欧洲历史上是一个新时代的起点，西方近代文明就是从这时发展起来的。从此，欧洲在思想、教育、科技、经济、文学、艺术等方面迅速崛起，走在世界的前列。文艺复兴运动也为资产阶级革命做了思想上和舆论上的准备。

贞德救国

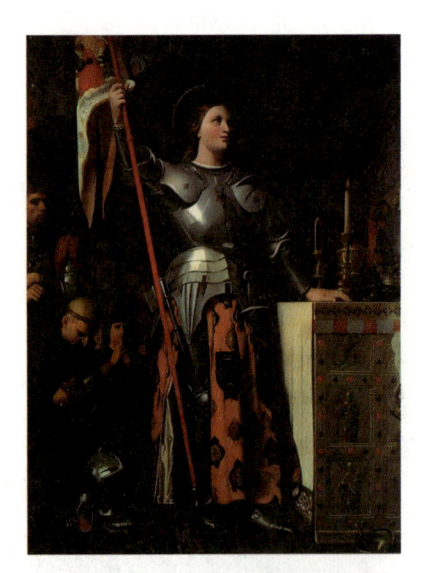

<　贞德　>

<　贞德出生地　>

1337年，英国国王爱德华三世提出，自己是腓力四世的外孙，应该由自己继承法国王位，同时为了与法国争夺富庶的佛兰德尔地区（今法国西北部及比利时西南部），于是对法国发动了战争，但英法两国没有料到的是，这一战竟然断断续续底打了一百多年的时间，因此历史上把这场战争称为"英法百年战争"，这也是世界历史上持续时间最长的一次战争。

英法百年战争打了几十年，法国不仅没有得到佛兰德尔，反而丢掉了自己的大片领土，处境非常危险。这时，法国内部的勃艮第党人为了自己的私利，竟然公开叛国，和英国人一起反对法国国王，企图分裂法国。眼看法国就要葬送到国内外敌人手中，法国人民纷纷组织起来，抗击英国侵略军，其中最为杰出的代表人物是女英雄贞德。

贞德是一个平常人家的女儿，约于1412年出生在法国东部的杜列米村一个农民家庭。父亲靠耕种几亩薄田和饲养几只家畜来养活一家人，家里很穷。贞德从来没上过学，从小帮父母干农活。她虽然连最简单的字母都不认识，却有一颗火热的爱国之心，时刻关注着国家日益严峻的形势和各地保卫祖国的消息，盼望着能为拯救国家出力。

1429年，也就是当她17岁时，英军围住了巴黎南部的奥尔良城。这是法国南北交通的要道，一旦让英军占领，法国南方就可能会全部失陷。贞德得到这个消息后，非常着急。想来想去，她请求父母和叔叔带她去见当地军队的队长。叔叔为她的真诚所打动，便跑去和队长商量。队长听完以后，骂了她叔叔一顿："一个小女孩子的话你也当真？女孩子怎么可以带兵打仗，真是荒谬。"

贞德一点儿都不灰心，又一再恳求，终于来到了队长面前。队长问她："你是个女孩子，当兵打仗的事情你从来都没有干过，你靠什么上战场杀敌呢？"

"我有决心和勇气，我能学会战斗。"贞德用坚定的口气回答道。

"那你一个人怎么和敌人作战呢？"

"我有我的祖国和人民，他们和我在一起战斗。我要先解救奥尔良城，然后让国王正式加冕……"原来按照法国的传统，国王登基以后必须在兰斯城的大教堂举行加冕礼，才算是全国公认的正式君主。由于战争，兰斯城还在敌军手里，所以王太子查理一直没有机会举行这个大典。英国人和勃艮第党人就利用这个借口来分裂法国。

队长见她小小年纪就能想到这一点，认为她胆识过人，于是就答应带她去见王太子。王太子一听是位农村姑娘要见他,便有点儿不愿意。后来听说她能够解救奥尔良城之围,又不便拒绝,于是就派手下有学问的博士们先考考她。贞德又像在队长面前那样,充满信心地把自己的计划说了一遍。

"可是我们凭什么相信你的话呢?你能拿出什么令人信服的证据吗?"博士们问。

"给我军队,解救奥尔良城,就是证明!"贞德态度坚决地说。

博士们见难不倒她,又开始用许多书本上的问题来问她。

"你们是在浪费时间!"贞德气愤地说,"我知道我不识字,但我知道目前最需要的是拯救祖国和人民,我们需要的是战斗!"

博士们被她的诚心打动了,说服王太子接见了贞德,王太子同意了她的计划。这样,两个月后,贞德终于带着部队向奥尔良城进发。

一路上贞德高举旗帜,手拿利剑,英勇地指挥着士兵同敌人作战。每次战斗她都冲锋在前,士兵也被她的精神所鼓舞,奋不顾身地冲向前,所以每次战斗他们都能取胜。经过无数次这样的

◀ 贞德 ▶

战斗，贞德和她的部队来到了奥尔良城下。5月份的一天，贞德开始了解救奥尔良城的战斗。

那一天，贞德高举旗帜冲锋在前，口中高喊："将士们，冲啊！"正在此时，一支箭飞来正好射中贞德胸部，顿时血流如注。贞德当场就昏了过去，战士们赶快把她抬下战场抢救。没过多久，贞德在一片厮杀声中猛然惊醒。她忍着伤口的剧痛，爬起来又高举旗帜冲进战场。疲惫的战士们突然看到象征胜利的旗帜又飘扬了起来，精神大为振奋，于是更加英勇，很快就把围困奥尔良城的最后一座堡垒攻陷了。

奥尔良解围了！全城男女老少都拥向街头向他们欢呼。捷报传开，整个法国也欢腾起来。人们把这次战斗的英雄——贞德称为"奥尔良英雄"。

奥尔良大捷之后，贞德的救国计划还有一半没有完成：她要保护国王到兰斯城的大教堂举行加冕礼，来鼓舞法国人民团结起来抗击英军。

6月1日，贞德又率领军队向兰斯城进军。一路上，贞德冲破了一个又一个的障碍，打败了一支又一支的英军，终于解放了兰斯城。7月17日，王太子在这里举行了隆重的加冕礼，正式继承了法国王位，称查理七世。此时的贞德像战斗时一样，举着战旗站在国王身边，目睹了大典的举行。

典礼结束后，到兰斯城参加加冕礼的她的父母亲和叔叔劝贞德和他们一起回家。贞德犹豫了一下，然后又摇了摇头，说："我很想现在就回家去放羊，但是敌人还没有完全退走，我还要继续战斗！"

可是贞德没有料到，现在的查理七世自以为国王的位置已经稳定，就不再支持她了；而他手下的大臣、将军也妒忌贞德，怕她夺走他们的权力，正在阴谋陷害

〈 贞德被俘 〉

她。1430年春，在离巴黎不远的贡比涅城附近，贞德正与英军和勃艮第党人作战。战斗非常激烈。当贞德率领部队边战边退到城门口时，守城官兵突然把城门外的吊桥拉起，关闭了城门。贞德无路可退，落在了勃艮第党人的手中。

贞德被抓住了，在监牢里受尽了折磨。但是查理七世竟然坐视不救，甚至听任勃艮第党人以4万法郎的价钱把贞德卖给了英国人。贞德被英国侵略者囚禁在一只铁笼子里。无论英国人怎样折磨她，她始终都高昂着头，不肯向敌人投降。最后，英军随便给她安了个"女巫"的罪名，判处了死刑。

‹ 贞德之死 ›

1431年5月30日是贞德就义的日子。这天，英国侵略者在法国卢昂城的广场上竖起一座火刑柱，周围堆满干柴。贞德戴着手铐缓缓来到刑场。她轻蔑地瞥了刽子手一眼，向火刑柱走去。刽子手点燃了干柴，火在贞德脚下熊熊燃烧起来。

就这样，这位女英雄为了祖国的解放而献出了自己年轻的生命，那一年她才19岁。贞德的牺牲激怒了法国人民，各地都出现了反抗英军的斗争。到1453年战争结束的时候，法国收复了绝大部分领土。贞德拯救祖国的愿望终于实现了。

哥伦布发现新大陆

葡萄牙人在航海上的成功,大大刺激了欧洲的冒险家及其邻国西班牙。在西班牙王室的资助下,有一个叫哥伦布的水手扬帆出海了。

哥伦布出生在热那亚城市共和国一个毛纺织手工业者的家庭中。哥伦布的兄弟姐妹很多,但是由于生活艰难,有好几个在幼年就夭亡了。

哥伦布从小就喜欢航海,19岁时就离开父母,当了一名水手。25岁那年,他经历了一生中的重大转折。那年,哥伦布以一名普通水手的身份参加了一次由商船组成的武装航行活动。这支船队在葡萄牙附近海域遭到了海盗的袭击,哥伦布在战斗中坠入海里,很幸运地抓住一只船桨,拼命游到了葡萄牙海岸,然后昏迷过去。当地的居民在海滩上发现了奄奄一息的哥伦布,把他从死神手中抢救过来。哥伦布因此在葡萄牙住下来。

当时的葡萄牙正处在航海探险的高潮年代,航海家们名利双收的例子就在眼前,那些前辈航海家还积累了大量的航海知识和航海图等供后来人借鉴。哥伦布也受到了影响,他多次读过《马

‹ 哥伦布 ›

可·波罗游记》，向往到东方的印度和中国去。西方人认为东方盛产黄金，是从《马可·波罗游记》夸大的描写中得知的。这本书中描写东方是"黄金铺地""宝石盖屋"，也就是说东方遍地都是金银财宝，人们用它来铺地面，盖房子。

受此影响，哥伦布心中萌发了一个大胆的设想，想从大西洋向西航行到达印度。当时，西欧人的地理知识很贫乏，他们把整个东方都称为印度，还认为中国是印度大陆的一部分，日本则是

〈 马可·波罗 〉

印度洋上的一个小岛。哥伦布想到东方去，为什么要向西航行呢？这主要是受到"地球是球形的"这一学说的影响。哥伦布认为，向西航行比向东航行能够更快到达东方。为了证实自己的这一观点，据说他写了一封信给意大利的地理学家托斯堪内里，向他请教地理知识。托斯堪内里给哥伦布回了一封信，完全支持哥伦布的观点。这位地理学家还画了一张世界地图，以此说明从欧洲西海岸出发到印度距离较短，要比向东航行节省许多路程。很显然，这位当时西欧最权威的地理学家误导了哥伦布。

哥伦布接到托斯堪内里的信后，更坚定了向西航行去发现通往印度新航路的决心。他首先向葡萄牙国王若奥二世提出远航的计划，希望能得到资助。但是，若奥二世当时正热心于寻找非洲的最南端，想要从那里向东到印度去，对哥伦布向西探险的计划不感兴趣，所以拒绝了哥伦布的请求。哥伦布又来到西班牙，请求西班

牙国王资助他远航。15世纪末的西班牙刚刚完成了国家的统一，由夫妻二人共同执政。丈夫叫斐迪南二世，妻子叫伊莎贝拉。女王伊莎贝拉对哥伦布的远航计划十分感兴趣，经过几次艰苦的谈判，1492年，哥伦布与西班牙女王达成了协议，主要内容是：任命哥伦布为海军上将和新发现土地的总督；哥伦布在远航中所获得的财富十分之九归西班牙王室所有，十分之一归哥伦布个人所有。

签署协议后，哥伦布开始积极筹备远航的经费和船只。经过多方努力，哥伦布一共筹集到200万马拉维德（西班牙一种铜币的名称）。这么多的钱是当时西班牙500名水兵一年的生活费，这在当时来说是一笔很大数目的金钱。女王伊莎贝拉为了支持哥伦布远航，甚至把自己的首饰都卖掉了。哥伦布筹集到三艘远洋帆船，其中旗舰是"圣玛丽亚"号。此外，哥伦布还召集了90名水手，其中一部分是从监狱中保释出来的犯人。西班牙国王还特意让哥伦布带上致中国皇帝的国书。

1492年8月3日，哥伦布率领远洋船队从西班牙的巴罗斯港出发。这一天，巴罗斯港口热闹非凡，许多人前来观看哥伦布远航。只见哥伦布身着丝绸上衣，肩披紫色斗篷，腰挎宝剑，登上旗舰，然后礼炮轰鸣。在人们的欢呼声中，哥伦布一声令下，三艘帆船扬起风帆，离开港口，向浩瀚的大西洋驶去。

但是，远洋舰队在茫茫无际的大海中行驶了好几十天，水手们只能见到一望无边的碧蓝海水，根本没有陆地的踪影。于是，有些缺乏经验的水手恐惧起来，认为哥伦布欺骗了他们。10月10日这天，他们集中在"圣玛丽亚"号甲板上，高声叫喊道："返航吧！总船长先生！我们航行得够远了。没有西风，我们回不到西班牙了！陆地在哪儿？真是活见鬼！"情绪激动的人群差点儿发生暴乱。哥伦布想尽了各种办法，以极大的耐心说服了愤怒的人们，舰队继续在水天一色的大海中摸索着航行，人们都盼望着能看见陆地。

到了第二天，水手们发现海面上漂着芦苇和木棍，又见到天上有鸟在飞翔，说明附近可能有陆地。12日凌晨2点，水手们终于发现了一个海岛，大家欢呼雀跃，互相拥抱，沉浸在狂热的兴奋之中。这个海岛被哥伦布命名为圣萨尔瓦多岛，意为"救世主"。后来经学者考证，这个岛就是今天北美洲的巴哈马群岛中的华特林岛。

哥伦布和水手们登上小岛，见到的是美丽的自然风光和面目清秀的当地居民。居民们大多是裸体的，皮肤红棕色，头发粗而直，画有图纹的身体十分健壮。哥伦布把带来的玻璃和金属制品送给他们，交换来的是对方的棉线和木制器具，还有鹦鹉。当然，哥伦布也没有忘记自己的"使命"，宣布这里是西班牙的土地，自己是总督。然后，他们又继续航行，来到了今天的古巴。哥伦布误以为那里是中国，为

◁ 哥伦布登陆新大陆 ▷

没有看到遍地的黄金和香料而遗憾。在此后的航行中，又陆续到了海地等岛屿。12月25日圣诞节这天，由于旗舰触礁沉没，哥伦布只好留下40人在一个叫作纳维达德的据点上据守，自己则带着其余人分乘两艘帆船返回西班牙。

西班牙人听说远航的哥伦布归来，许多人都来迎接，想听一听他有什么新发现。西班牙国王也破例走出王宫，亲自迎接远航而归的英雄。哥伦布讲述了他西航的种种发现和见闻。他认为已经到了印度的边缘，就把当地的居民称作印度人，即后来常说的印第安人。哥伦布至死也不知道，他到达的地方离印度和中国还相当遥远。实际上，他来到的是欧洲人从未到过也从未听说过的一块大陆。此后，哥伦布又进行了多次远航。

晚年的哥伦布贫病交加，四次远航壮举并没有给他带来什么荣耀和快乐。1506年5月20日，哥伦布在忧郁中病逝。哥伦布生前曾把自己的探险经历记录下来，使后人知道了他生活的那个时代的面貌，尤其是印第安人的生活状况。

哥伦布始终认定的"印度"，后来被另一位意大利航海家亚美利哥证实是一块"新大陆"，并以"亚美利加洲"命名，即美洲。哥伦布当年到达的那片岛屿被称为"西印度群岛"。此后，人们就以"哥伦布发现新大陆"来概括哥伦布的功绩。

达·伽马到达印度

哥伦布误以为找到而实际没有到达的"印度",后来被另一位航海家找到了。他就是葡萄牙人达·伽马。达·伽马出生于1460年。和很多航海家一样,他从小就酷爱航海探险。为此,他很小就掌握了划船和游泳的本领,并学会了在海上辨别风向、识别星星等必要航海知识。他的父亲是当时一位很有经验的航海家。达·伽马小时候就憧憬着与经常出海远航的父亲一起到世界各地去。特别是对遥远的东方,他更是满怀期待。因为当时通往印度的通道由阿拉伯人和意大利人控制着,葡萄牙人的船只无法通过。父亲为自己未能到达东方而遗憾。达·伽马立下志愿,长大后一定要找机会到印度去。

机会果然来了。1495年,葡萄牙国王任命达·伽马的父亲为探险队指挥官,开始新一轮的远航,去寻找通往印度的航路。然而,达·伽马的父亲在起航前突然病逝。于是,远航的重担就落在了达·伽马的身上。

在此后的两年中,达·伽马在好友迪亚士的帮助下,建成了两艘坚固而又平稳的大帆船。迪亚士就是那位曾经带队远航发现好望角的航海家。此外,葡萄牙国王

〈 达·伽马 〉

达·伽马从里斯本出发

又为达·伽马购买了两艘帆船。这样,拥有四艘大帆船的远航船队就组成了。

1497年7月8日这天早晨,在里斯本城外的码头上,国王率领一些大臣亲自为达·伽马送行。国王庄严地把一面葡萄牙国旗交给了达·伽马,并说道:"这是葡萄牙至高无上的象征,我希望你们能够胜利归来。"

达·伽马双手接过了这面国旗,坚定地回答道:"我一定不会辜负您的期望,我将会勇往直前!"

在达·伽马的率领下,由一百四十多名水手、四艘船组成的船队浩浩荡荡地出发了。达·伽马率领的船队沿着迪亚士的航路前进,经过整整四个月在大西洋上的航行,终于抵达了好望角。他们绕过好望角,进入了印度洋。

1498年4月14日,达·伽马船队到达了东非沿岸的马林迪港。在港口处,他惊喜地发现了来自印度的商船。上岸后,达·伽马带着丰厚的礼品去见当地的国王。国王非常高兴,于是派了一名曾经在印度洋上航行过的领航员为他们引路。

在这个领航员的指引下,达·伽马的船队一直向东北方向驶去。经过二十多天的航行,5月20日,他们终于到达了印度西岸的

达·伽马登陆马林迪纪念柱

城市卡利库特城。达·伽马非常兴奋,他的父亲至死也没有实现的愿望,他终于实现了,船员们也高兴地跳了起来。

在岸上,有许多当地人站在那里看热闹。因为在当时,西欧和印度所进行的

◀ 达·伽马登陆卡利库特 ▶

贸易都是由阿拉伯人从中转手的,之间并没有直接的贸易往来。听说来自远方的客人喜欢这里产的香料,当地人非常高兴。于是,他们邀请葡萄牙人到他们的家里做客,并拿出麦饼和蜂蜜来款待客人,并告诉葡萄牙人:"我们这里除了香料外,还有很多漂亮的红宝石和绿宝石。"

一直对宝石充满了贪欲的葡萄牙人一听,乐坏了。宝石是他们来到这里最想得到的东西了。看来,他们的黄金美梦就要实现了。葡萄牙人来到了卡利库特城的消息在当地迅速传开。当地的王公很快就知道了,他也很想见见这批首次来到这里的欧洲人。

达·伽马带着丰厚的礼物拜见了当地王公。王公的住所建造得非常华丽,里面的装饰物不是红宝石,就是绿宝石,还有许多葡萄牙人从来没有见过、根本就说不

出名字的奇珍异宝。达·伽马看得眼花缭乱。王公躺在一张金光闪闪的躺椅上，懒洋洋地问道："你们漂洋过海来到这里，为的是什么呢？"

"王公阁下，我们的国家地大物博，非常富有。我们之所以到这里，是要和你们建立兄弟般的友谊，互相往来，友好相处。"达·伽马很恭敬地回答道，并献上了葡萄牙国王的信件。

王公看后十分高兴，站起来拉着达·伽马的手说道："欢迎你们到这里来。既然你们的来意是好的，我们会把你们当作兄弟来对待！"于是王公大摆酒席，盛情款待了达·伽马。

这样，达·伽马一行人就在这里住下来了。印度人经常邀请他们到家里做客。葡萄牙人也经常带印度人到船上，把船开到海上去游玩。在当地人的带领下，这些葡萄牙人买了很多东西，有各种香料，也有大量的红宝石和绿宝石，价钱非常便宜。达·伽马他们自然非常高兴。

一晃三个月过去了。8月29日这一天，达·伽马和水手们满载着香料、宝石等货物离开了卡利库特城，开始返航了。达·伽马很高兴，一切看起来似乎都很圆满。

然而，天有不测风云。一场大风使得船逆风而行，在大洋里漂了一个多月。这时，船队带的淡水快用光了，船员们长时间吃不到新鲜的食物，许多人的牙床和脚都肿了起来。不久，许多人就得了坏血病，接二连三地死去了。在两个月当中，竟然死去了三十多人。水手们害怕极了，唯恐自己也这样悲惨死去。达·伽马当时也很害怕，然而为了稳定军心，他安慰大家："不要担心，风向很快就会转过来的。上帝会保佑我们的。"

二十多天后，东风终于来了！船员们激动万分，泪流满面。几天后，他们到达了马林迪港。在那里，他们补充了食物和淡水，休息了几天便又出发了。又经过了半年多的海上航行，1499年9月，达·伽马的船队终于回到了葡萄牙首都里斯本。这时，船员只剩下出发时的一半了。

葡萄牙国王隆重地接见了达·伽马，并授予他"印度洋海军上将"的称号。活着回来的船员以高出成本六十倍的价格卖掉了从印度带回来的香料、宝石等，人人都发了大财。

高额的利润激起了葡萄牙人的狂热占有欲。后来，葡萄牙派兵一次又一次地来到了东方，使用武力在印度和东南亚一带抢占了许多殖民据点。达·伽马被任命为葡属印度的总督。葡萄牙人从东方抢夺了大量的财富，当初所说的那些朋友和兄弟的言辞，早被抛到脑后去了。

达·伽马是著名的航海家之一，他率领船队第一次绕过非洲南部的好望角，到达了印度，开辟了由欧洲到达东方的新航路。然而，他又是一个残暴的殖民主义者。欧洲对东方进行殖民侵略的历史从此开始。

麦哲伦环球航行

到了16世纪初，经过几代航海家的努力，经好望角前往印度的航线开通了，大西洋彼岸的美洲也发现了，环球航行的条件渐渐成熟了。这个使命是由麦哲伦来完成的。

麦哲伦于1480年出生在葡萄牙北部一个破落的骑士家庭。10岁那年，他进入王宫，充当了王后的侍从。16岁时被编入了国家航海事务厅，开始接触航海方面的工作。在那里，他看到了达·伽马开辟的通往印度新航路的材料，看到了哥伦布发现的驶向美洲新大陆的航海图、航线等资料，这使他对远航产生了极大的兴趣。

当时，葡萄牙是海上强国，经常组织航海队利用达·伽马开辟的新航路去非洲和印度抢夺财富。25岁时，麦哲伦跟随船队来到了印度，并多次参加了对非洲和东南亚的殖民战争。在战争中，他先后三次受伤，于1513年回到了葡萄牙。

〈 麦哲伦 〉

多年的航海生活使麦哲伦开阔了眼界，积累了丰富的航海经验，这对他以后的环球航行起到了重要的作用。在这以前，哥伦布向西航行已经发现了美洲新大陆。麦哲伦认为，绕过这块新大陆的南端，就有可能到达欧洲人梦寐以求的香料群岛——摩鹿加群岛（印度尼西亚马鲁古群岛）。他坚信地球是圆的，而且向西航行比向东航行可以更快到达东方。"为什么不向西航行，来一次环球航行，到达最东边的香料群岛呢？"这个念头一经产生，麦哲伦就热烈地盼望着能够早日实现。

麦哲伦多次向葡萄牙国王提出这个计划，却一再遭到拒绝。1517年10月，麦哲伦愤然离开葡萄牙，来到了西班牙。后来，在朋友的帮助下，西班牙的年轻国王查理一世接见了他。麦哲伦把精心绘制的地球仪献给了国王。查理一世看了问道："香料群岛在东方，而你为什么偏偏决定要向西航行呢？"

"陛下，向东航行航线太长了。如果我们能够找到一条沟通大西洋和'大南海'（太平洋）的海峡，我们就可以直接到达香

〈 西班牙国王查理一世 〉

料群岛了。或许，在那里，我们还可以发现新的陆地呢。"

查理一世听后很高兴，答应资助这次远航。在西班牙国王的支持下，1519年9月20日，麦哲伦率领着由五艘大帆船组成的船队从西班牙的巴拉麦达港出发了。经过两个多月的海上漂泊，麦哲伦的船队在11月29日到达了南美洲的巴西海岸。第二年的3月，船队驶进了圣胡利安港。

那时正是南半球的冬天，天阴沉沉的，寒风凛冽。伴随着寒风的是大片大片的雪花，船员们冷得浑身发抖。但是，他们要寻找的海峡却没有一点儿眉目。船员们都很疲劳，许多人感到心灰意冷，想要返回西班牙。因为人心不稳，一场叛乱在不久后发生了。三艘船的船长联合起来反对麦哲伦，他们派出一只小船送信给麦哲伦，要求和他进行谈判。在这种危急形势下，麦哲伦采取迅雷不及掩耳的手段，杀死了策划叛乱的总头目，一场叛乱很快就被平定了下来。

8月份，天气渐渐转暖了，这时有一艘船在航行途中触礁沉没了。24日，麦哲伦率领余下的四艘船离开了圣胡利安港，开始去寻找通往"大南海"的海峡。

两个多月后，船队来到了一个广阔的河口。"这里是不是我要找的海峡呢？"麦哲伦想。于是，他派出了两艘船去做进一步的探查。三天过去了，被派出去的那两艘船没有任何消息，麦哲伦有些不安。

第四天傍晚，突然传来"轰轰"的鸣炮声，原来是派出去探查的两艘船回来了。

"海峡找到了！海峡找到了！"船员们大声地叫着。

"前面水路的水不再是淡水了，而是咸的！"一个前去探查的船员兴奋地喊道。

听到这个好消息，麦哲伦下令船队立即向海峡的方向驶去。这个海峡的通道很长，忽宽忽窄，弯弯曲曲，水流很急，船队在海峡中艰难地前进。此时，有一个船长贪生怕死，带着一艘船偷偷地逃回了西班牙。这时，船队只剩下了"特里尼达"号、"康塞普逊"号和"维多利亚"号三艘船。

28天过去了，船队终于驶出了海峡。船员们激动地拥抱起来，麦哲伦望着无边无际的大海流下了热泪，自言自语地说道："香料群岛就要到了！"

后来，人们为了纪念麦哲伦的功绩，就把这条位于南美洲南部的海峡命名为"麦哲伦海峡"。

船队在"大南海"上继续向西北航行了三个多月，一路上风平浪静。于是，麦哲伦把"大南海"称为"太平洋"，这个名称就这样沿用了下来。后来，人们才知道，太平洋是地球上面积最大的海洋，从太平洋到东方比经过印度洋要远得多。

◀ 麦哲伦海峡 ▶

这时候，船队又遇到了新的困难。由于缺少食物和淡水，船员们不得不用牛皮、木屑和老鼠充饥。不久，又有很多人得了坏血病，一个接着一个地倒下了。1521年3月27日，船队到达了今天菲律宾的马索华岛。一天清晨，有一只小船开到了船队的旁边，上面有几个土著居民。这时，麦哲伦突然想起来，他的船队上有一个懂马来语的随从。于是，他就叫这个随从用马来语和这些土著居民对话，对方竟然能够流利地回答！麦哲伦恍然大悟，他从西方绕到东方的理想已经实现了！他的环球航行胜利在望，最艰难的路程已经过去了。

在当地人的陪同下，麦哲伦和船员们来到了菲律宾群岛的宿务岛。这里土地肥沃，盛产名贵的香料。这时，麦哲伦露出了殖民主义者的本性。他决定支持该岛部族去攻打附近的马克坦岛上的另一个部族，最终把这个群岛变成西班牙的殖民地，作为永久的基地。4月27日凌晨，他率领六十多名全副武装的士兵登上了附近的马克坦岛。他们自恃手中武器精良，想让当地人向西班牙纳贡，却遭到了小岛上居民的强烈反抗。在激战中，麦哲伦

◀ 麦哲伦之死 ▶

的头盔两次被打掉，受了重伤，最终因伤重不治而死。

麦哲伦死后，他的助手埃尔卡诺带领船队向东南方向继续航行。1521年11月8日，他们终于到达了目的地——摩鹿加群岛。岛上到处是丁香树，空气中弥漫着诱人的香气。在那里，他们用低价收购了大量的香料。准备起航时，他们发现"特里尼达"号漏水了，只好把这艘船留下来修理，而"康塞普逊"号此前已经被烧毁，因此，"维多利亚"号只好单独返航。

为了躲开宿敌葡萄牙人的堵截，"维多利亚"号远离海岸，横渡风浪很大的印

◀ 麦哲伦舰队的"维多利亚"号 ▶

度洋，最终于1522年9月6日回到了西班牙。这时，船上只剩下了18个虚弱不堪的幸存者。至此，麦哲伦领导的人类历史上第一次环球航行，历时三年，最终成功。

后来，修理后的"特里尼达"号在归途中被敌对的葡萄牙人捕获了。船员们被流放到盛产香料的摩鹿加群岛，只有四个人在1527年几经辗转才回到了西班牙。

麦哲伦的航行是人类历史上的首次环球远航，这次航行证明了地圆说的正确。地球表面大部分地区不是陆地，而是海洋。而且，大西洋、太平洋和印度洋不是相互隔绝的，而是一个完整的水域，这对于科学发展具有极其重要的意义。同时，新航路的开辟也带来了殖民掠夺，影响了世界历史的进程。

宗教改革

1517年10月31日这一天，威登堡大教堂前的广场非常热闹。原来，罗马教皇又派人在这里出售赎罪券，理由是为兴建圣彼得大教堂筹措资金。

在教堂的门口放了一个大大的木桶，木桶上有一个小圆洞，这就是钱柜。有一位红衣主教坐在钱柜旁边，在他面前放了很多羊皮文书，这就是"赎罪券"。这时的广场上已经聚集了很多人。红衣主教看到时机已到，于是站起来，开始了演讲："上帝的子民们！仁慈的上帝派我给你们赎罪来了。无论你们犯了多大的罪，只要你们拿出金币买下我手中的赎罪券，你们的罪行就会得到上帝的宽恕和赦免！"

大多数围观的人早就见惯了这种出售赎罪券的场面，只是站在一边看热闹。只有一些没见过世面的年轻人表现出兴趣。有个小伙子大声问道："真的可能吗？"

红衣主教露出"迷人"的笑容回答道："当然了，孩子！当你把金币投到这个柜子里的时候，你会听到'当啷'一声响，你的灵魂就可以升入天堂了！"

人群中发出一阵哄笑。正在这个年轻人犹豫不决的时候，一个三十多岁的男人走出人群，在教堂的正门上贴了一张写满了字的纸，然后迅速地离开了。人们纷纷围上去看，不觉大吃一惊。原来，这是一份公开反对教皇出售赎罪券的论纲，共有九十五条，其中第八十六条写道："教皇是一切富人中的最富有者，为什么他不用自己的钱来修建圣彼得教堂，而要花费可怜的信徒们的钱呢？"人们读了都觉得有道理，悄悄议论起来。

张贴这份《九十五条论纲》的，就是欧洲宗教改革的倡导者马丁·路德。马丁·路德于1483年出生在德意志东部一个矿主的家庭。18岁那年，他来到爱尔福特大学学习法律，在那里，他受到了人文主义的熏陶。后来，他又进入修道院学习神学。从1511年起，他开始担任威登堡大学的神学教授。他曾经到过罗马，耳闻目睹了教皇和天主教会的腐朽和黑暗，心中便萌发了对基督教进行改革的想法。

马丁·路德在张贴《九十五条论纲》

1512年到1513年间，路德经过研究，逐步确立了"因信称义"的宗教学说。他认为，人的获救只需要依靠个人的信仰，并不需要外在的善功和教会的权威。天主教会认为，人的灵魂要获得上帝的拯救，必须依靠教会的帮助。路德反对这种救赎的理论，也就否认了教会和僧侣对社会的

马丁·路德

统治权。他反对教会以各种名义敛财，要求建立没有级别和烦琐仪式的廉洁教会。当然，作为一名教士，路德改革之初并没有想和罗马教皇彻底决裂。但教皇怎么可能像路德希望的那样去进行改革呢？

路德的《九十五条论纲》发表后，人们的反应程度超出了他的预料。一个月内，这个论纲传遍了德意志及整个西欧，深受群众的欢迎。气急败坏的罗马教皇对路德发出了最后通牒：他必须马上公开撤回《九十五条论纲》，否则将会受到宗教法庭的惩罚。在社会各阶层的广泛同情和支持下，路德断然拒绝了教皇的最后通牒。为了安全起见，他投奔了当时德意志最大的诸侯萨克森选帝侯。此后，他接连发表了《致德意志基督教贵族书》《论教会的巴比伦之囚》《论基督徒的自由》等文章，进一步提出了自己的宗教改革主张。其中对教皇的权威提出挑战，认为人人都可以读《圣经》，用不着教皇的命令、通告和宗教会议的决议。

马丁·路德的主张惹恼了教皇。1520年12月，罗马教皇亲自发布文告，宣布路德的学说是"异端邪说"，路德本人是"魔鬼、猛兽"。路德也不示弱，他反过来说教皇是"作恶多端的异教徒"，所作所为都是"反基督教的"。当教皇的异端敕令到达德意志时，大批群众聚集在路德的住所门前，支持路德的正义行动，强烈反对罗马教皇的敕令。在群众的支持下，路德拿着教皇的敕令走到街头，大声疾呼："真理是永恒的。我相信真理，因信称义，永不妥协！永不妥协！"

群众在路德充满激情的呐喊声中沸腾了，高呼道："为真理而战，与罗马教皇决裂！"

在人们的高呼中，路德当众点燃了教皇的敕令，把它烧成灰烬。至此，路德走上了与罗马教廷彻底决裂的道路，成为德意志全民族的代言人。他创立的教派后来被称为"路德教"，是新教的一派。

罗马教皇闻讯后恼羞成怒，于1521年开除了路德的教籍。当时的德意志国在神圣罗马帝国皇帝查理五世的统治下。为了让路德屈服，教皇便要求查理出面镇压。查理刚当上皇帝不久，正与法兰西斯一世打得不可开交，很需要教皇的支持，但又不想得罪德意志的贵族，就要求路德出席在沃尔姆斯召开的帝国会议，并声明保证他的安全。开会那天，路德满怀信心，唱着赞美诗进入会场。他在会议上坚持自己的观点，说："我现在不会，将来也不会后退，因为我们决不违背我们的良心！"年轻的皇帝被路德的态度惹火了，原本还在观望、犹豫的查理当场宣布路德的主张非法，会后又下令逮捕他。在几个贵族的帮助下，路德在萨克森选帝侯的瓦德城堡中藏了起来。

◀ 路德在沃尔姆斯会议上 ▶

德意志贵族保护了路德，而路德也投桃报李，从此倒向了贵族阶层，逐渐成为贵族利益的代言人，脱离了人民群众。不久之后，因为宗教改革问题引发了德意志农民战争，农民起义军支持路德的主张，并进一步提出要推翻封建制度。这时的路德退缩了，公然站在人民的对立面，投入了封建诸侯的怀抱。路德的宗教改革只想限制诸侯和教会的特权，并不希望推翻封建制度。于是，他为诸侯出谋划策，镇压农民起义，还叫嚷："无论是谁，只要力所能及，无论是暗地里也好公开的也好，都应该把他们戳死、扼死、刺死，就像打死疯狗一样！"路德就这样成了世俗诸侯的工具。

路德在后半生基本脱离了当时的社会政治斗争，把主要精力用于组建新教教会的理论和实践。经过多年的努力，1534年，他翻译的德文《圣经》问世。路德所依据的是完全没有经过后人篡改的希伯来文和希腊文的《圣经》原本。为了选择一个适当而又准确的字眼，他常常会花去几个星期的时间。路德翻译的《圣经》语言优美流畅，客观上为德语的规范化作出了贡献。

马丁·路德是欧洲宗教改革的倡导者，他发起的宗教改革席卷了整个欧洲。他的宗教改革学说为新兴资产阶级提供了思想武器。

"恐怖的伊凡"

今天俄罗斯的首都莫斯科，最初只是一个贵族的庄园。一位绰号"长手尤利"的王公夺取了这个庄园，并在这里宴客。这一年是1147年。

后来，莫斯科逐渐发展成一个公园，在蒙古金帐汗国统治之下。1480年，伊凡三世才从金帐汗国手中赢得了独立。

1453年，"千年帝国"拜占庭（也称东罗马帝国）被奥斯曼帝国灭亡。有一位拜占庭公主逃离战火，嫁给了莫斯科大公伊凡三世，他们的儿子后来继承了大公位，称瓦西里三世。后来的俄罗斯人据此声称自己的国家为"第三罗马""东正教的保护者"。

⟨ 伊凡三世 ⟩

瓦西里三世在位期间颇有作为，完成了国家的基本统一。但是这位大公却高兴不起来，整天忧心忡忡。原来瓦西里三世与王后尤利耶夫娜结婚二十多年，还没有生一个王子。如果大公百年之后，国家岂不要陷入群龙无首的混乱局面？瓦西里三世经过再三思考，最后下决心与尤利耶夫娜离婚，然后宣布叶莲娜·格林斯卡娅为皇后。不久，在一个电闪雷鸣的日子里，新皇后产下一个男婴。这一天是1530年8月25日。这个男孩就是日后让无数俄国人望而生畏的沙皇伊凡四世。

伊凡三岁的时候，瓦西里三世去世，幼小的伊凡被人们扶上了大公的宝座。因为年纪太小，不能执掌朝政，就由他的母亲摄政。可伊凡的母亲生性多疑，并且心胸狭窄，对于那些敢于大胆谏言的大臣轻则罢官，重则处死，搞得整个宫廷里人人自危，大家敢怒不敢言。不料1538年4月，伊凡的母亲突然得暴病死去，有人推断她是被人下毒害死的。这样，伊凡在八岁时又失去了母亲，成为一名孤儿大公。国家的事他当然管不了，只能眼看着大贵族和各地领主们争权夺利，国家从此进入"领主统治"时期。

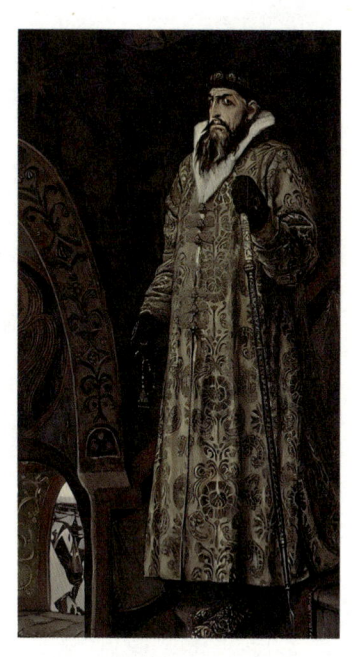

◀ 伊凡四世 ▶

伊凡则由他的奶妈阿格拉菲娜抚养。因为没有可依靠的亲人，伊凡将自己全部的感情都寄托在奶妈身上。只要有奶妈在身旁，他就感到安全和宽慰。但是，好景不长，奶妈不久就卷入到政治斗争的旋涡中，被当权者流放到偏远的地区。当奶妈被人带走离开的时候，伊凡抓住奶妈的衣裙痛哭不止，恳求士兵放过这个无辜的妇人。士兵不敢答应，一把将他推翻在地，押解奶妈远去了。伊凡失去了唯一的亲人之后，性格变得越发孤僻暴躁。他整天提心吊胆，害怕那些有权势的贵族领主有一天会杀了他这个徒有虚名的小大公。

少年伊凡是在恐怖的气氛中艰难地熬过一天又一天的。几乎每一天，在他的身边都会发生争权夺利的流血斗争。那些战胜者将失败者高高地吊在绞刑架上处死，场面之残酷令人发指。这些惨烈的场面在他的心灵中牢牢打上了"生活就是弱肉强食"的烙印。渐渐地，伊凡变得十分冷酷又极为空虚。

少年伊凡虽然喜欢残忍和恶作剧，但也有一个不同于花花公子的长处，那就是酷爱读书。每当夜深人静之时，伊凡就在烛光下贪婪地阅读各类书籍。这些书使他获得很多知识，了解历史和现实，充实了他空虚的内心世界，他这时才感到一种说不出的满足感。在他所了解的历史人物中，最佩服的是古罗马独裁者恺撒。他经常暗暗想：如果我有一天能够掌权，我就要做个恺撒大帝那样气魄非凡的人物。

1547年，伊凡17岁了，已经长成了一个青年，终于可以亲自管理朝政了。这一年1月，他当着满朝文武官员的面，郑重宣布将莫斯科最高首脑的称呼从"大公"改成"沙皇"，自己为伊凡四世，"沙"这个音就是从恺撒这个词转来的。俄历1月6日（公历1月16日），伊凡四世在莫斯科举行了隆重的沙皇加冕典礼。在万民的赞美声中，伊凡四世登上祭坛，然后庄严地坐在金丝缎面的沙皇宝座上。这时，大主教把一顶金光闪闪的皇冠戴在他的头上，并献上象征帝王权力的权杖和金球。此时，伊凡四世被尊称为"全俄罗斯君主、上帝加冕的神圣沙皇"。他是俄国历史上第一位沙皇。

沙皇伊凡四世从掌权那一天起，就意识到大权旁落将后患无穷，所以他进行了一系列的军事、政治和司法改革，加强中央集权，大胆起用中小贵族，打击那些闹分裂的大贵族和领主。军事改革是伊凡四世改革的核心内容。他下令：限制按出身门第高低来选任军官，提高中小贵族在军队中的地位；宣布每个封建主按150俄亩（1俄亩约合1.09公顷）土地出一名骑兵，这些举措使得沙皇大大加强了军事实力。为了从经济上打击大贵族的分裂势力，伊凡四世推行了特辖领地制。按这个制度，大贵族手中的大量肥沃土地被沙皇没收，只是在边远地区给大贵族一些不毛之地，象征性地给予补偿。

‹ 伊凡杀子 ›

这样一来，大贵族对伊凡四世极为不满，多次发动叛乱，但这些叛乱都被伊凡四世血腥地镇压了。同时，伊凡四世对地主任意奴役欺压农奴给予支持，农奴稍有不满或反抗，就会遭到严厉镇压。伊凡四世从小养成的冷酷残忍的性格，在这时展现无遗。他脾气暴躁，稍不顺心就抓人杀人，甚至在暴怒时亲手杀死了自己的长子。全国上下都知道他是个手段狠毒的沙皇，给他起了一个"伊凡雷帝"的绰号，即"恐怖的伊凡"之意。

伊丽莎白一世女王

伊丽莎白1533年9月出生。她的母亲本是一个宫女，叫安妮·博林，后来被亨利八世看中，成了国王的第二位王后。亨利八世的第一位王后叫凯瑟琳，是西班牙的公主，原是亨利八世的寡嫂。亨利八世后来强行与王后凯瑟琳离婚，并且娶了宫女安妮·博林为妻。不久，新王后就生下了女儿伊丽莎白。但由于他们的婚姻没有经过罗马教皇的批准，所以天主教会视之为非法，他们的女儿伊丽莎白也被天主教会视为私生女。这就注定了伊丽莎白长大之后，对天主教会十分厌恶，也使得她天生就是一个天主教的叛逆者和新教的支持者。

⟨ 安妮·博林 ⟩

伊丽莎白从童年起就失去了母爱，她的母亲是被她的父亲处死的。因为亨利八世确认王后在生活作风上不检点，盛怒之下，于1536年5月，也就是伊丽莎白三岁时，将王后安妮·博林处决。

伊丽莎白从小就聪明过人，外表也称得上是美人：修长的身材，淡黄的头发，碧蓝的眼睛，橄榄色的细嫩皮肤，因此父王很喜欢她。伊丽莎白自幼在宫廷中受到了良好的教育，当时许多著名的人文主义者都是她的老师，再加上她学习认真，所以在哲学、历史、数学、诗歌和语言各方面都有很深的造诣，并掌握了英语、法语、意大利语、西班牙语、拉丁语和希腊语。在老师的影响下，伊丽莎白成为一名新教教徒。

亨利八世去世的那一年，伊丽莎白才14岁。英国王位由她的弟弟爱德华六世继承。可爱德华六世没过几年就病死了，没有留下子女，王位就由伊丽莎白同父异母的姐姐玛丽继承。玛丽女王性情残暴，杀了很多的人，得了一个"血腥玛丽"的绰号。玛丽女王是名虔诚的天主教徒，对支持新教的妹妹伊丽莎白怀有戒心，总疑神疑鬼地认为伊丽莎白要篡夺王位，于是就把伊丽莎白关进了伦敦塔中。在当时，伦敦塔是关押重要犯人的地方。伊丽莎白的处境十分险恶，随时都有被处死的风险。幸亏她没有表现出任何不满的举动，才躲过一劫。玛丽女王与西班牙国王腓力二世结婚，但是也没有生育后代。1558年，玛丽女王在极度忧郁中死去。根据亨利八世的生前遗嘱，25岁的伊丽莎白顺理成章地当上了英国国王，她就是伊丽莎白一世。因为她在英国臣民中早就有很好的口碑，所以即位的时候，全国上下一片拥戴之声。

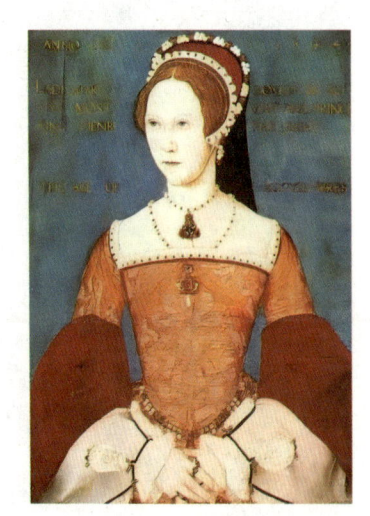

〈 玛丽一世 〉

伊丽莎白一世于1559年1月在威斯敏斯特教堂加冕为女王。她在英国历史上是

⟨ 伊丽莎白一世女王 ⟩

一位很有作为的君主。在她统治时期，英国的都铎王朝达到了鼎盛。在执政的近半个世纪中，她制定了许多政策，客观上有利于英国资本主义萌芽的发展，也使得英国一跃成为西欧强国。

在用人方面，由于和人文主义者有很多接触，她很看重那些不是大贵族出身但是又非常有能力的人，把他们中的很多人都提拔到重要的岗位上来，威廉·塞西尔就是典型的例子。威廉·塞西尔出身中等家庭，但很有才干，后来当上了首席大臣和财政大臣，可谓位高权重，成为当时英国一人之下万人之上的重臣。这样，那些新兴的资产者和新贵族都积极支持女王。

宗教问题一直是英国的敏感问题。当时英国国内的天主教和新教势不两立，矛盾极深。伊丽莎白一世刚即位时，为避免纠纷，采取调和宽容的方法，想让两派共存。可是由于她本人信奉新教，在即位后的第二年就重申她父亲亨利八世的说法，说国王是英国国教的最高领袖。这就激怒了罗马教皇，教皇庇护五世在1570年2月开除了伊丽莎白一世的教籍。这样一来，伊丽莎白一世干脆公开支持新教。1571年，她让国会通过了一个"三十九条信纲"的国教教义，正式宣布新教是英国的国教，与罗马教廷断绝来往。这件事成为欧洲宗教史上的一件大事。此后，欧洲许多国家都信奉了新教（在中国称基督教或耶稣教，以和天主教相区别）。

伊丽莎白一世虽然是女人，不能像男国王那样亲自带兵上阵打仗，可她对壮大国力争夺霸权同样野心勃勃。她即位之后，就把与西班牙争霸当作一件大事。当时的西班牙已是海上霸主、欧洲强国，还总想征服英国。伊丽莎白一世知道，要想让英国强大，就必须打败西班牙。为此她下令加强海军，派出得力的海军将领霍金斯和德雷克对西班牙运送金银财宝的船只进行袭击。德雷克在一次奇袭中，从西班牙人手中抢得了大批财宝，光金子就有五箱之多，还有大批的银子。这些财富使得英国的国库增加了两倍多，国力大大加强了。

英国的强大引起了西班牙的不安。当时的西班牙国王腓力二世就打算利用玛丽·斯图亚特，阴谋暗杀伊丽莎白一世。这个玛丽·斯图亚特是伊丽莎白一世的表侄女，曾经是苏格兰女王，后来被苏格兰人废黜，逃到了英格兰。她也是个野心家，总想推翻伊丽莎白一世取而代之。腓力二世派间谍打入英国，秘密与玛丽·斯图亚特联系，想刺杀伊丽莎白女王。但是，这一阴谋被英国人发现了。伊丽莎白一世在1587年将玛丽·斯图亚特送上了断头台。此后，英、西两国成为死敌。西班牙

◀ 即将被处死的玛丽·斯图亚特 ▶

试图入侵英国，结果失败了。

　　伊丽莎白一世从登基开始，就被婚姻和继承人这两件事搅得不得安生。因为女王的婚姻和后代问题直接关系到今后王位的归属，她的亲友和部下，甚至一些外国当权者，都希望她早些结婚生子，并为此出谋划策。但是，伊丽莎白一世对王室的矛盾看得很明白，一旦自己结婚，丈夫就会陷入到政治旋涡里，自己也会被牵连进去，这于国于己都不是好事。所以她始终没有结婚，直到1603年3月以70岁高龄去世。

尼德兰革命

随着新航路的开辟，最先吃螃蟹的两个国家——葡萄牙和西班牙——在亚洲和美洲抢占了大量殖民地，财富滚滚而来。在这些财富的刺激下，欧洲各国也不甘落后，纷纷到世界各地圈占殖民地。欧洲资本主义商业有了很大的发展。

由于濒临北海，靠近当时世界贸易要道，尼德兰成为国际商业的要冲，商贾云集，贸易发达。其中安特卫普的商业和信贷业在当时世界上首屈一指，可谓富甲天下。可这块美丽、富饶的土地却受到西班牙统治者的肆意压榨、搜刮和掠夺，数不清的财富流入了西班牙的贵族和王室手中。信奉天主教的西班牙还在尼德兰实行严厉的宗教政策，对当地的新教徒进行迫害。尼德兰人不愿忍受这样的压迫，于是他们秘密传播加尔文教（新教的一种），组织起来反对西班牙的极权统治。1550年，西班牙颁布严惩"异端"的血腥诏令，不仅用死刑严惩"异端"，而且对帮助异端者也进行残酷迫害。腓力二世还派他的姐姐玛格丽特亲自出马，坐镇

< 西班牙国王腓力二世 >

尼德兰，由宠臣红衣主教格兰维尔等人辅政，实行高压统治。一时间，尼德兰人民完全失去了自由，气氛十分紧张，但仇恨的怒火也越烧越旺了。

为了给新教徒一点儿颜色，西班牙统治者决定对一些新教徒实行火刑。

"为什么要处死他们？他们根本就没有犯罪。"

人们终于愤怒了，一些人围住行刑的宪兵质问，而另一些人则勇敢地冲上去，七手八脚拆除了火刑柱，救出被绑着的新教徒。宪兵们起初还想镇压，但看到从四面八方围上来的人群，只好灰溜溜地走了。

腓力二世恨得咬牙切齿，他说："堂堂大国竟然制服不了一个小小的尼德兰，这真是天大的笑话。"

于是，他连忙召集手下，秘密制订了镇压的计划。消息传来，群情激愤，尼德兰人三三两两凑在一起，商议着应该采取的对策。

"西班牙人凭什么压迫我们？难道尼德兰人和西班牙人是不平等的吗？"

"我们该怎么办？"

有人大声喊道："我们不能沉默了，我们要向国王请愿！"

"对，马上行动，向国王请愿！"

于是，愤怒的人们连夜起草了请愿书。许多人在请愿书上签上名字，表达自己愤怒的心情。请愿者们表示仍忠于国王，但强烈要求废除宗教裁判所，取消镇压异端的政策。很快，整个尼德兰人都在谈论请愿书的事，一场革命风暴即将来临了。

几天过后，请愿代表们来到了玛格丽特的总督府。他们穿着破烂肮脏的乞丐服，胸前系着讨饭袋，手里拿着专门的徽章，正面刻着菲力普亲王的雕像，反面刻有讨饭袋，表情严肃地向玛格丽特递交了请愿书。

"我们坚决要求停止迫害新教徒，立即召开代表各界人士的三级会议，共同讨论国家大事。"请愿代表高声说道。

玛格丽特是个既顽固又强硬的人，接过请愿书后，看也不看就把它扔进了垃圾桶，嘟嘟囔囔地说："乞丐！真是一群讨厌的乞丐！"

这可把请愿的人气坏了。因为他们都是有着良好教养的尼德兰贵族，只不过想用这种方式嘲讽西班牙统治者，不想却受到了严重侮辱。玛格丽特的蛮横态度大大激发了尼德兰人的反抗情绪。他们正式宣称自己是"乞丐"，并指出这是由于异族的压迫剥削造成的。

当贵族和资产阶级还在没完没了地大发议论时，下层人民已经开始行动了。1566年8月的一天，在斯廷沃德·圣劳伦斯修道院门外，一大群人正在听一个人演讲。只见演讲者愤怒地挥动着双手，慷慨激昂地说道："难道我们还要相信

◀ 尼德兰破坏圣像运动 ▶

这些对我们没有任何帮助的天主教圣像吗？"

这时，不知是谁喊了一声"砸掉它"，人们群起响应，冲进了教堂。他们手拿大棒、铁锹、锤子和绳索等各种工具，对着所谓圣像、圣骨等"圣物"一通乱砸。这场"破坏圣像运动"迅速波及各地。后来，组织起来的人们还采取了一些更重要的措施：没收教产，焚毁账簿，赶走官吏。破坏圣像运动使西班牙在尼德兰的统治完全陷于瘫痪。

◁ 阿尔瓦公爵 ▷

如火如荼的起义可把西班牙当局吓坏了，他们连忙假装答应起义者的条件，以便赢得喘息的时间。不久，腓力二世任命阿尔瓦公爵为新总督。阿尔瓦是个心狠手辣、十分狡猾的政客，他叫嚣"要留

◁ 西班牙军队袭击尼德兰村庄 ▷

一个穷死的尼德兰给上帝,也不留一个富庶的尼德兰给魔鬼"。阿尔瓦一上任就带领1.8万名士兵闯入尼德兰,占领了一些城镇,逮捕了许多反对派人士,并扬言要把异教徒斩尽杀绝。一时间,尼德兰变成了一个大屠场,绞刑架、火刑柱随处可见。革命者的鲜血在流淌,人民的财产被任意掠夺。城市和乡村到处是哭声和呻吟,恐怖笼罩着整个国家。

但阿尔瓦还是低估了尼德兰人的反抗意志。在他的高压之下,当地人的反抗逐渐升级演变为一场资产阶级革命,史称"尼德兰革命"。

尼德兰革命爆发后,在北方,尼德兰人组织了"海上乞丐",攻击西班牙船队;在南方,工人和农民组成了"森林乞丐",利用茂密的树林做掩护,神出鬼没、灵活机动,打得西班牙军队晕头转向,不知所措。这些"乞丐"得到了广大尼德兰民众的同情和支持,群众为他们提供食宿,传递消息,充当向导,有时还与他们一起作战。一时间,西班牙军队在尼德兰成了过街老鼠,人人喊打。此后,尼德兰革命者在北方不断取得胜利,北方形势一片大好。

北方的胜利极大地鼓舞了南方人民的斗志。南方许多城市相继爆发了起义,革命的火焰愈烧愈旺。这引起了南方贵族、大资产阶级和天主教僧侣的恐惧,他们和西班牙联合起来,组成联盟。西班牙总督利用优势兵力,采取各个击破的战术,对重要城市逐个进行包围,断水断粮,隔断城市间的相互联系。后来,这些城市相继陷落。布鲁塞尔被西班牙人攻陷,南方革命失败了。

在镇压了南方革命后,西班牙军队挥师北上。南方部分城市和北方各省为了保卫胜利果实,也成立了同盟。他们正式宣布废黜腓力二世,建立联省共和国,由威廉执政，建立了商业资产阶级和贵族寡头的统治。在联省共和国中，由于荷兰省实力最突出，所以联省共和国又被称为荷兰共和国。

1609年，西班牙国王腓力二世同联省共和国签订了休战协定，事实上承认了联省共和国。至此，尼德兰革命在北方取得了胜利，1648年，三十年战争结束后，欧洲各国签订了《威斯特伐利亚和约》，正式承认荷兰的独立，南方后来则形成了比利时、卢森堡两个国家。

◀ 奥兰治亲王威廉 ▶

尼德兰革命推翻了封建专制统治，建立了世界历史上第一个资产阶级共和国，为资本主义发展开辟了广阔的道路，从世界历史的角度来看具有划时代的意义。

"无敌舰队"的灭亡

失去北尼德兰之后没几年,西班牙人又遭受了另外一次沉重的打击,这次打击来自英国。这时的英国正处在伊丽莎白一世的统治之下,政局相对稳定,资本主义经济发展迅猛,海外贸易不断扩大,国力日强。同时英国人称霸世界的野心也日益膨胀。但在殖民扩张的道路上,它却遇到了当时的海上霸主西班牙强有力的阻拦。当时的西班牙已经取得了海上第一强国的地位,它的"无敌舰队"拥有数百艘战舰和数千门火炮,在地中海、大西洋上任意驰骋游弋,让英国人头痛不已。英国人认识到,要想获得更多的海外殖民利益,就必须击败西班牙海军,建立起自己的海上霸权。

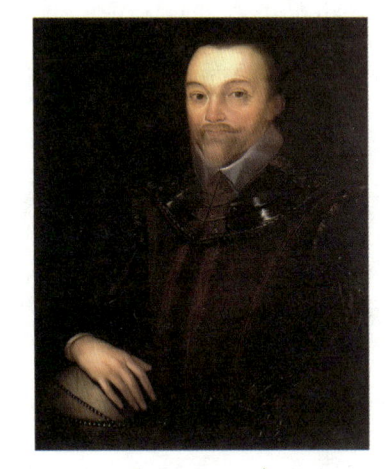

英国、西班牙两国的争霸斗争日趋激烈。当时,英国海军实力还难以与西班牙海上舰队正面抗衡,只能利用海盗船在海上拦截、袭击西班牙返回欧洲

〈 德雷克 〉　　　　〈 霍金斯 〉

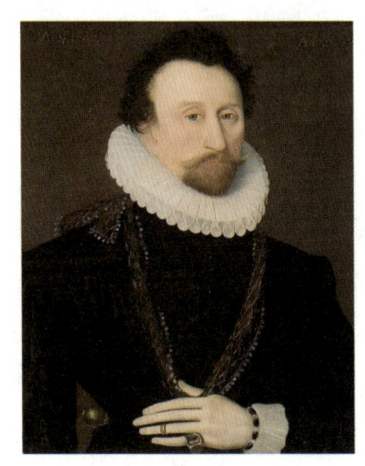

的船队。这些海盗中最有名气的是德雷克和霍金斯。他们常年横行海上，神出鬼没地袭扰西班牙船队，掠夺了无数金银财宝。西班牙政府无计可施，只好用外交手段进行交涉。伊丽莎白一世对西班牙的抗议虚与委蛇，暗地里却大力支持海盗们的行为，因为她本人及其政府都从中得到了不少好处。据说女王王冠上的宝石就是这些海盗进贡的。

〈 伊丽莎白一世女王 〉

两国间的矛盾终于发展为战争。1587年，英国女王伊丽莎白处死了信奉天主教的原苏格兰女王玛丽。罗马教皇颁布诏书，号召对英国进行圣战，西班牙对英宣战。1588年5月，西班牙政府下令派"无敌舰队"从里斯本扬帆出发，远征英国。此次出征的舰船共130多艘，携火炮3000多门，水手、船员和武装人员共计3万多人。西班牙人的计划是：摧毁英国的舰队，攻占英国首都伦敦，狠狠打击英国海上争霸的野心。西班牙国王腓力二世扬言："一定要溺死那个可恶的英国女王！"

面对来势汹汹的"无敌舰队"，英国上下一时风声鹤唳，一片混乱，不知该如何应对。后来在女王的领导下，人们很快镇定下来，举全国之力，一下子集中起两百多艘舰船。这些船只大部分是海盗船，船体虽小，却具有机动灵活、速度快的特点，而西班牙的船只由于体积庞大显得动作笨拙缓慢。伊丽莎白女王任命霍华德勋爵为舰队司令，海盗出身的德雷克和霍金斯为副司令，迎击"无敌舰队"。

西班牙"无敌舰队"浩浩荡荡地向英国驶来。不过劳师远征，西班牙人的处境也很糟糕。由于长途跋涉，船上的淡水已严重不足，粮食大量霉变，许多船员因晕船而无法正常工作。但是，"无敌舰队"的官兵们对于作战还是相当乐观的。在他们眼中，英军舰队根本就不堪一击。此时，只有舰队司令的头脑还算清醒。他紧锁双眉，眼睛呆呆地看着海水，心里却苦苦思索："那位智勇双全的英国海盗德雷克正在干什么呢？他可是个不容易对付的人啊！"

此时，英国的海盗将军德雷克既没有忙着操练人马，也没有开会商讨什么作战方略，更没有坐在办公室里，而是悠闲地与朋友玩木球呢。在听完了西班牙"无敌舰队"已经逼近的汇报后，他不慌不忙地与朋友打完了最后一局，披上外衣向司令部走去——他似乎已经胸有成竹了。

"无敌舰队"顺利进入英吉利海峡，一路上竟没有发现一艘英国军舰。西班牙人觉得很奇怪：英国人想要玩什么新花样？

突然，有人报告发现敌舰！舰队司令急忙来到甲板，发现舰队后面出现了许多船只。

"是英军的船只吗？"

正当舰队司令仔细观察时，这些船只突然对西班牙舰队发起了猛烈炮击。顿时，海面上硝烟弥漫，火光冲天。原来，根据德雷克的计划，英国舰队不与西班牙舰队正面接触，而是在敌人毫无觉察的情况下，发挥小舰快速机动和火力猛的特点，偷偷袭扰西班牙舰船。英国舰队采取打了就跑的战术，不与"无敌舰队"短兵相接，以防止西班牙战舰上的陆军登船作战。

几天后，被骚扰得精疲力竭的西班牙舰队到达法国加来，按计划，他们要在这里与西班牙陆军会合，但会师计划最终落空了。英国舰队尾随而至，西班牙人担心受到袭扰，只好拔锚起航。英国海军决定抓住这个机会，给西班牙舰队以致命的打击。在德雷克精心策划下，一场大海战开始了。

深夜，万籁俱寂，又惊又累的西班牙船员都已经进入了梦乡。英国人驾驶八艘装满干柴和火药的旧船，悄悄地向西班牙人的中央指挥舰驶去。快接近西班牙舰队时，英国人点燃了干柴，八条火龙顺风而下。顿时，海上升腾起一片火焰。被惊醒的西班牙人看到眼前的情景被吓得目瞪口呆，不知如何是好。在慌乱之中，有人命令砍断锚索，以躲避火船的进攻。谁知这一命令竟引发了更大的灾难——为了抢路逃命，整个舰队乱成了一锅粥，许多船只被撞沉，其余船只或者被烧毁，或者随波逐流向东北方向漂去。

◀ 英国海军击败西班牙"无敌舰队" ▶

英军指挥官见势，立即下达总攻命令。第二天早晨，两军在加来东北海域相遇，战斗打得异常激烈。西班牙的舰船吨位大，船上的设备完备，但运转不灵活，庞大的舰身成了英国战舰集中炮火轰击的靶子。英国战舰虽小，但行动轻快，灵活自如，可以远距离开炮，炮火又猛又狠，打得西班牙战舰纷纷中弹起火。激烈的炮战持续了一整天，直到双方弹药用尽，战场才平静下来。"无敌舰队"被打得七零八落，损失巨大。

不可一世的"无敌舰队"终于被击溃了。西班牙人失魂落魄，乘着风势向北逃走了。不想命运多舛，他们在返回西班牙的途中接连遇到两次大风暴，许多船只被风暴摧毁，另一些则触礁沉没。许多落海的船员被风浪冲到爱尔兰西海岸，被英军杀死。回到西班牙的时候，船只已经不到原来的三分之一了。

这场海战实质上是殖民帝国之间为争夺海上霸权而进行的战争，英国取得了辉煌的胜利，登上了海上霸主的宝座，从而大大加速了英国资本主义的发展。而西班牙虽然努力重建海军，但"无敌"的名声已被打破。几十年后，西班牙在三十年战争中再次受挫，衰落已不可避免。

丰臣秀吉统一日本

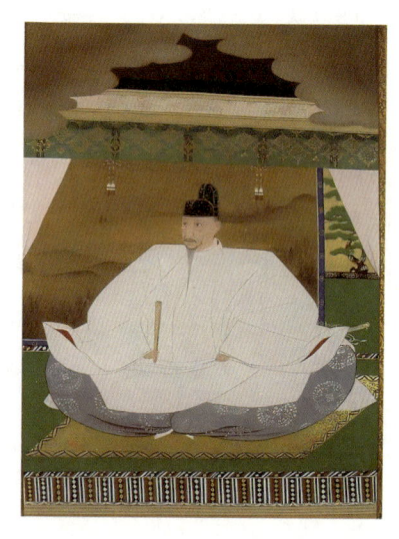

在西欧各国忙于对外殖民、争夺海上霸权时，东亚的日本崛起了一位强人——丰臣秀吉。1536年正月初一，他降生在日本尾张国一个普通的家庭里，他没有姓，只有一个名字，叫秀吉。

秀吉的父亲原本是火枪队的一名军人，因为在一次战斗中大腿伤残而闷闷不乐地返回家乡。秀吉的母亲笃信太阳神，经常向神祈祷能够生一个男孩。相传一天晚上，她梦见太阳入怀而得孕，后来生下了秀吉。其实这一类故事在古代世界各地广泛存在，是统治者为了证明自己身世和血统的高贵而编造的。可能是由于家境贫困，秀吉小时候有些发育不良，身材矮小而瘦削，得到了"猴子"的绰号。

〈 丰臣秀吉 〉

那时的日本几十个小国互相争斗，掌权的室町幕府没有能力统治全国，诸侯争雄，山河破碎，百姓生活在苦难之中。秀吉从小聪慧过人，机敏干练，而且崇拜英雄人物，经常缠着父亲给他讲战争故事。七岁时，他趁父亲外出时偷偷拿出他的战刀，指挥比他大的少年玩军事游戏。父亲去世后，秀吉衣食无着，只好在村子附近的一座寺庙里做了和尚。掌管寺院的僧人看他头脑灵活，讨人喜欢，对他很好。可时间长了，秀吉天生爱玩的本性就暴露出来了。有一次，他趁寺里的住持不在，把一直藏着的战刀拿了出来，召集小伙伴们在寺庙里玩起了打仗的游戏。几个孩子玩得高兴，一时间瓦片石子乱飞，尘土满天，把寺庙搞得一塌糊涂。几天之后，惹祸的秀吉被扫地出门了。

稍稍长大些以后，秀吉渐渐懂得了一些事理，英雄崇拜的情结也更浓厚了。一天，秀吉漫步到护城河边，仰望着高耸的城堡和宫殿暗暗地想："那里面住的是人，我也是人，只要努力，要是再有点儿好运气，我一定能做一城之主！"

尾张国位于京都与偏僻的东国之间，这里土壤肥沃，交通便利，人口众多，农耕和商业都很发达。尾张国的大名（地方诸侯）叫织田信长，少年时代曾是一个胡作非为的纨绔子弟，后来浪子回头，开始励精图治，运筹帷幄，想要统一日本。志向高远的秀吉就崇拜这样的人物，于是在20岁那年投奔到织田信长麾下，跟随他征战南北。

一天深夜，远处传来急促的马蹄声——织田信长收到密报，得知有人发动了叛乱。他匆忙起床向城门奔去，因为走得太急，一个家臣也没跟上。到城门口，信长发现有一个人正牵着马向他跑来，一边跑一边喊："主上，马来了！"

信长一看是秀吉，奇怪地问："你怎么知道

〈 织田信长 〉

我要出战?"

"我看报信的人焦虑万分,想必是有危急的事情发生。所以我想,主上马上就要出征了。"

来不及多说,秀吉和信长匆匆上马,来到出事的地点,很快就把叛乱平息了。因为在事件中表现出了极大的忠诚和勇气,信长把秀吉晋升为武士。

织田信长大军所向披靡,秀吉跟着信长南征北战,立下了汗马功劳,逐渐成为信长的左膀右臂。信长把大片土地封赏给了秀吉,秀吉也从一个农民一跃成为大名。

1582年,秀吉出征被围,织田信长率领部队前来救援,途中在京都本能寺休息。眼见援军将到,秀吉心中好不高兴。

"不好了!"突然,一位信使慌里慌张地跑来报告。

⟨ 本能寺之变 ⟩

"什么事情这样急迫？"一丝不祥的感觉从秀吉的心头升起。

"明智光秀突然发动叛变，将主上包围在寺中。主上毫无防备，既无援兵，又不甘心做俘虏，最后被迫自焚。"

明智光秀是信长的家臣，平日里对信长言听计从，表现得十分驯服，但暗藏反心。这一突发事件使秀吉痛苦万分。他立即和对手议和，调动军队围剿明智光秀。明智光秀听说后，立刻带兵前往战略要地山崎，准备凭借那里险要的地势阻击秀吉。没想到秀吉已经早他一步占领了这个地方。明智光秀被迫逃亡，后来被人杀死，他的军队也溃散了。

这个时候，织田信长的统一大业已经完成了一半——全日本共有66国，他已得到了半壁江山。织田信长死后，由谁继承他的位置呢？

"决不能再度成为乱世，决不能使信长公的伟业就此烟消云散。"秀吉决定扶植信长三岁的孙子织田秀信，没想到这引起了织田信长另一个部下柴田胜家的不满，双方最终刀兵相见。

由于准备不足，秀吉首战失利。但他没有气馁。通过认真分析，他认为，敌人虽然暂时获胜，但已经是强弩之末，并且放松了警惕。于是他制订了周密的计划，指挥军队连夜奔走几十里路，悄悄来到敌人行军的必经之地——大岩山附近埋伏了下来。晚上，刚刚取得了胜利的敌军大摇大摆地进入了埋伏圈。此时秀吉一声令下，等候多时的伏兵从四面八方冲杀过来，把敌军打得丢盔弃甲、七零八落。此后，秀吉率军乘胜追击，连战皆捷，运用灵活的政治和外交手段，纵横捭阖，最终统一了日本。

因为统一有功,秀吉想做日本的"万城之主"——"征夷大将军"。但天皇认为,他出身低微,不配此任。在众公卿的劝导下,秀吉只好退让一步,被封为"关白"(相当于中国古代的丞相),赐以丰臣的姓。

统一后,日本出现安定的局面,加之丰臣秀吉治国有方,多年战乱的日本暂时国泰民安,经济十分繁荣。按说,丰臣秀吉该满足了。但军事胜利刺激了他的野心,他决心向外扩张,建立自己的霸业。于是,他制订了一个雄心勃勃的计划,想以朝鲜为跳板,一举征服中国,称霸亚洲。

1592年,丰臣秀吉悍然发动了对朝鲜的侵略战争。朝鲜无力抵抗,只得向中国求救。当时的明朝皇帝朱翊钧决定出兵援朝。在中朝军民的同心协力下,经过六年的艰苦努力,终于打败了日本侵略者。丰臣秀吉忧郁成疾,于1598年去世。

丰臣秀吉去世后,日本政局再次陷入动荡,直到丰臣秀吉的部下德川家康统一了日本,建立了德川幕府(也称江户幕府)。

1868年,日本发生明治维新,德川幕府最后一位将军德川庆喜将大权还给明治天皇,德川幕府的统治宣告结束。

〈 德川家康 〉

查理一世上了断头台

英国女王伊丽莎白一世死后，因为没有子嗣继位，于是由亲戚苏格兰国王继承王位，这就是斯图亚特王国的詹姆士一世。

1625年，英国国王詹姆士一世去世，25岁的查理一世继位。查理一世长得仪表堂堂，风度优雅，爱好艺术和各种运动，据说还比较廉洁。但与他的父亲一样，查理一世骨子里是一个十分专制的人，喜欢独断专行，看问题缺乏远大的眼光，有时候还好大喜功——这明显表现在他的对外政策上。

查理一世上任后不久就遇到了财政困难。有一天，他正在思考财政问题时，恰巧白金汉公爵求见。

白金汉公爵是查理一世十分信赖的人，他见国王面带忧色，便问："陛下，有什么烦心的事？"

"还不是钱的事！"查理一世愁眉不展地看了他一眼。

白金汉公爵想了想，给国王献了一计：

⟨ 查理一世 ⟩

"远征西班牙，夺取西班牙从新大陆运回白银的船队。"

查理一世一听大喜，认为这是一个一箭双雕的好主意。因为如果远征成功的话，不仅可以打击英国海上争霸的对手，还可以缓解国家的财政困难。于是，英国派出了一支庞大的海军舰队，向西班牙海域驶去。

这次出征好像一场闹剧，没有经过训练的英国海军在海上吃尽了苦头：晕船、呕吐、生病，以致士气萎靡不振，还没跟西班牙海军照面就狼狈地撤回了。查理一世的轻率之举遭到了朝野的广泛责难，英国议会拒绝为他支付军费。

1625年6月，查理一世召集议会开会，目的只有一个：解决日益严重的财政问题。但谁都没想到，这次会议竟引发了英国国王与议会之间旷日持久的斗争。

议会开幕后，许多议员对战争的失利和国王滥用经费的行为进行了严厉的批评。一位名叫约翰·埃利奥特的议员大声疾呼："谁该对远征西班牙的失败负责？难道将士们的血白流了吗？国库的钱白白浪费了吗？"

"这些人是人民的公敌，失败是他们造成的！"立即有人响应。议会大厅里的气氛顿时紧张起来。

看到有人敢公开顶撞他，查理一世十分恼火。他站起身，气急败坏地说："告诉你们，我绝对不会容许任何人冒犯王室，也不容许任何人冒犯我的手下！"

但是，仍有许多议员坚持弹劾白金汉公爵，认为他该对战争的失利负责。

查理一世大怒，立即宣布逮捕埃利奥特。但是，查理一世虽能逮捕议员，却不能平息议员们的不满情绪。在第二年召开的议会上，此类事情又再次上演。这次，查理一世真的动怒了。

"散会！立即解散议会！"查理一世大吼道。

此后，英王与议会的矛盾日益激化，议会也开开停停。1629年3月，查理一世又一次将议会解散。从此，英国历史进入了一个奇怪的时期，史称"无议会统治时期"。这是英王专制横行的时期。

17世纪30年代，苏格兰地区爆发了反对英王专制统治的斗争。

斯图亚特王朝原本是从苏格兰起家的，后来又继承了英格兰的王位，但苏格兰仍有自己独立的政治和教会系统。查理一世对这种状况很不满意。他采纳了大主教劳德的建议，强迫苏格兰接受英格兰的祈祷书，并且打压抵制者。此事引起了苏格兰人民的激烈反抗，到1639年转变成了声势浩大的反英起义。起义军一举攻入英格兰境内。

这下，查理一世慌了手脚，他要组建军队进行镇压。为此，他不得不宣布召开议会——英国议会已经休会11年了。

1640年4月议会开幕后，皮姆等反对派议员对国王的专制暴行进行了抨击，要求革除这些弊端，甚至还主张邀请苏格兰代表前来协商。查理一世一听大怒，立即宣布议会解散。由于这次议会只存在了22天，故称"短期议会"。

但由于前方战事吃紧，查理一世不得不于1640年11月再次召开议会（即"长期议会"）。正是这次议会最终引发了一场震撼世界的革命。

◀ 大主教劳德 ▶

在资产阶级、新贵族的支持下,"长期议会"的议员们更加咄咄逼人:他们宣布逮捕长期为非作歹的查理一世的宠臣斯特拉福德伯爵和大主教劳德;撤销了一些专制机构和工商业独占专卖制度以及一些捐税,并力图确立议会的权威。他们的这些行为得到了民众的广泛支持。

查理一世为了得到财政支持,原本还想忍耐,可听说有人要逮捕他的左膀右臂时,顿时变得怒不可遏,像一头发疯的狮子冲进了议会,愤怒地对议会领导人皮姆和汉普顿说:"我要你们马上把他们放了!"

"他们涉嫌叛国,议会有权逮捕他们!"皮姆和汉普顿毫不客气地拒绝了。查理一世气得七窍生烟。

恰好这时从窗外传来震耳欲聋的吼声:"我们要公道!我们要公道!"

"坚决支持议会的行动!"

查理一世惊慌地向外看去,只见议会大厅外面已经挤满了愤怒的伦敦市民。他们怒吼着坚决支持议会,有些人手里还拿着武器。

查理一世又惊又怕,只好狼狈地离开了。但他并不死心,而是暗中调集军队,准备镇压议会。但由于广大伦敦市民的坚决反对,他的阴谋再一次破产了。在四面楚歌中,查理一世满怀仇恨地离开了伦敦,来到了王党势力盘踞的英格兰北部地区,聚集起效忠于他的军队,连续发动了两次镇压革命的内战。

‹ 克伦威尔 ›

第一次内战爆发于1642年8月，以查理一世为首的国王阵营向议会阵营发起了疯狂的进攻。最初，议会军遭受了一连串的军事失利，形势变得岌岌可危。

《"新模范军"》

关键时刻，资产阶级、新贵族的头面人物克伦威尔挺身而出，对军队进行了大刀阔斧的改革，动员广大民众参军，组建了"新模范军"。此后，战局迅速逆转，议会军连战连胜。在1645年的纳西比战役中，国王军被彻底击溃。查理一世逃往苏格兰，被苏格兰人扣留。英国议会以40万英镑的代价赎回查理一世，把他囚禁在赫姆比城堡。后来，代表大资产阶级与新贵族上层利益的长老派议会议员控制了议会，谋求与国王妥协，进行复位谈判。革命阵营出现裂痕，查理一世逃跑。王党势力在许多地方发动叛乱。

第二次内战爆发于1648年7月，国王军气势汹汹，卷土重来。但是，他们很快就被实力强大的议会军打得丢盔弃甲。两个月后，不可一世的查理一世再次成了议会阵营的阶下囚。

1649年初，议会正式对查理一世进行了审判。议会在历数了查理一世的罪

《查理一世在纳西比战役前》

行后,要求法庭以"暴君、叛徒、杀人犯、国家敌人"的罪名将查理一世处死。

听完判决后,查理一世还故作镇静,大声反问道:"有什么权威能审判一个国王?"

"有!"检察长庄严地宣告,"那就是英格兰人民!"

最终,法庭宣布,查理一世罪名成立。

1649年1月30日早晨,行刑的广场上人山人海。人们翘首以待,好像在庆祝一个盛大的节日。中午刚过,在万众瞩目下,查理一世被押上了断头台。只见刽子手手起斧落,查理一世的头掉在地上。

⟨ 审判查理一世 ⟩

这场内战的实质是斯图亚特王朝的封建统治阻碍了英国资本主义的发展,因而遭到资产阶级和新贵族的反对。查理一世死后,克伦威尔建立了扩国主政府。这个政府维持了十几年,在克伦威尔死后不久就解体了。经过一番斗争,英国议会把荷兰执政威廉夫妇请到英国继承王位,这就是"光荣革命"。英国从此成为君主立宪制国家。

"太阳王"路易十四

　　法兰西王国是由西法兰克王国演变而来的，1661年-1715年是波旁王朝的路易十四在位，他在位长达72年，是历史上在位时间最长的国王之一。1643年初，路易十四的父亲路易十三驾崩，年仅五岁的路易十四继承了王位。由于年幼，当时的政权掌握在王太后安娜和首相马扎然手中。当时正值三十年战争期间，为了筹集军费，马扎然政府不择手段地征收重税，再加上官吏贪污，惹得民怨沸腾。1648年，巴黎发生暴乱，民众用石块攻击马扎然支持者的住宅，这就是历史上著名的"投石党运动"。由于人民的

〈 路易十四 〉

反抗运动来势凶猛，王太后安娜只好带着路易十四离开了巴黎，过了一段缺衣少食、寄人篱下的流亡生活。这段生活给路易十四留下了深刻的印象。

在马扎然当政时期，路易十四对他独揽大权的行径早就不满，但却不动声色，而是把时间都放在了学业、社交和娱乐上。他除了学习之外，终日嬉戏游乐，并且特别愿意在脂粉堆里消磨时光。当时的政客们都围着马扎然转，很少有人会感觉到真正的国王是谁。

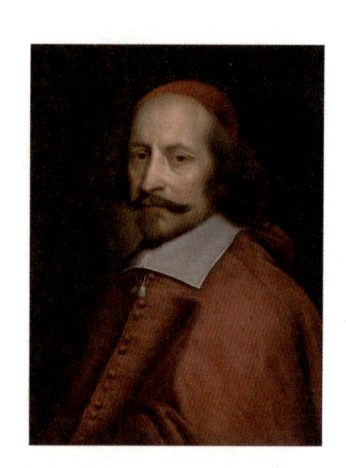

〈 马扎然 〉

这样的日子在1661年马扎然去世后终于走到了尽头。

马扎然一死，法国的大臣们都有一种群龙无首、惶惶不可终日的感觉。

"以后有了麻烦，我们去找谁请示呢？"大臣们都感到茫然不知所措。

"找我吧！今后，我不仅是你们的国王，而且是你们的首相！"路易十四用高傲而充满自信的声音告诉众人。

亲政后，路易十四果真没有任命首相。他把所有的大权都揽在手中，并过问宫廷中几乎所有的事情，他把这称为"国王的职业"。对此，他曾做过简洁明了的解释："只有国王才有权考虑和决策，其他人的职责就是执行。"

〈 柯尔柏 〉

路易十四亲政后，在经济领域大力贯彻重商主义政策，国家对经济生活进行了较多干预。例如，保护和扶植工业的发展，兴办了一些"王家"工场和"特权"工场，国家给予这些工场巨额资金资助；实行保护关税政策；在国内废除了许多关卡；加快了路政事业的建设；疏浚河道，开凿运河。值得一提的是，法国的财政改革成绩显著。路易十四任命的财政总监柯尔柏十分干练，他一上任就采取了许多改革措施，革除了不少积弊，重建了财政体系，开源节流，改革税收制度，使国家的财政状况迅速好转。

看到经济有了起色，路易十四对外扩张的野心便再也按捺不住了。凑巧的是，一水之隔的英国刚好是复辟王朝在掌权，急需法国的支持，甚至将敦刻尔克这座重要港口也卖给了法国。尝到甜头的路易十四欲望更加膨胀。接着，他把目光移向西班牙，因为西班牙国王菲利普四世是他的岳父，而这位老国王年事已高。

1665年，菲利普四世去世。路易十四趁机要求以继承遗产的名义得到一部分西班牙领土。在遭到拒绝后，法国便举兵进攻西班牙，夺取了几十个城镇。

后来，路易十四不知怎么听说有人在荷兰制作了一枚侮辱他的奖章，于是又派兵兴师问罪。其实，法国早就眼红荷兰的富庶，奖章问题不过是一个借口而已。荷兰国小兵少，打不过法军，可他们有一招撒手锏——掘堤放海水。荷兰是有名的"低地"国家，境内不少地方低于海平面。海堤掘开之后，洪水滔天，法军无法前进。这回，路易十四没能捞到便宜。

在政治上，路易十四是个绝对的专制主义者。他自称"太阳王"，主张王权高于一切，臣民们只能绝对服从国王的意志，不能有任何一点儿不满情绪。在各个部门和地方，他都安插亲信作为"耳目"，监督官员的一举一动。他还让人做了一种"密札"，发给他的一些亲信。如果认为哪个人对政府不满，只要在"密札"上写上他

‹ 凡尔赛宫 ›

的名字，此人便会被逮捕，关进监狱。当时的巴士底狱中就关了不少政治犯，其中一些人到死都不知道自己犯了什么罪。

为了便于监视和笼络法国贵族，也为了自己享乐，路易十四在巴黎附近的凡尔赛建造了豪华奢靡的宫殿，里面全是娱乐、享受的场所和设施，天天灯红酒绿。他让法国的贵族们住在里面，过着纸醉金迷、荒淫无度的糜烂生活。路易十四也时常光顾这里。后来，他还把王宫也迁到了凡尔赛。

1700年，西班牙国王卡洛斯二世死去，没有留下子女，西班牙王位再一次虚悬。路易十四又一次跳出来，把自己的孙子安茹公爵腓力扶上王位，称腓力五世。可是欧洲各大国害怕法、西联合，坚决反对，双方在多个战场交战，这就是"西班牙王位继承战争"。

战争一直拖到1714年，法军一直不能取得决定性胜利，而法国经济已濒临崩溃，路易十四不得不同意和谈。法国在海外的多处殖民地被英国夺走，合并西班牙的目标也成为泡影。唯一值得安慰的是，他的孙子腓力五世坐稳了西班牙国王的位子，腓力五世建立的西班牙波旁王朝断断续续延续至今。

路易十四统治时期是法国历史上最辉煌的时期，但奢靡之风盛行，战事频繁，加重了民众的负担。等到"太阳王"日落西山时，法国民怨四起，社会矛盾激化，曾经是欧洲最强国的法国已是外强中干、江河日下了。

《"五月花"号公约》

1607年的一天,几艘来自英国的海船载着一百多位成人和小孩来到了北美的一个海岸,他们看到这里土地广袤肥沃、水草丰茂,非常适合居住和耕作,便在这里定居下来,并且给这个地方起了个名字——詹姆斯敦,后来发展为弗吉尼亚州,这是英国在北美建立的第一个永久性的殖民据点。此后,英国人向北美移民的速度愈来愈快。

1620年,又有一艘名为"五月花"号的船从英国向北美驶来。船上共有102人,大部分是清教徒。除了一些贫民外,还有一些是有远大宗教理想和政治抱负的中上层领袖人物,可以说,他们是"五月花"号的灵魂。

这是一艘不大的木制渔船,人们在波浪滔天的大西洋上颠簸了六十多天,受尽风浪、饥渴、晕船和病痛的折磨。终于,他们看到了新大陆绿色的海岸。这时,船悄然停了下来,人们开始思考并讨论一个重大的问

"五月花"号

题："在新大陆上，我们将怎么管理新的生活？"

所有的成年男子都参加了讨论。争论进行得十分激烈，但最终还是达成了一致，并共同签署了一份文件，这就是著名的《"五月花"号公约》。该公约本着契约精神和平等、自治的原则，决定在新的土地上建立民众自治的政治团体和公正平等的法律。该公约体现出来的精神内涵与后来北美社会的政治传统有着密切的联系。

◀ 签署《"五月花"号公约》▶

船靠岸了，历经千难万险的人们怀着欣喜而又不安的心情踏上了新大陆的土地。他们长跪不起，感谢上苍，并祈求它赐福于这些旧大陆的弃儿。此时，他们已经骨瘦如柴，衣衫褴褛，于是决定在这里定居下来，尽管他们知道，这并不是他们打算去的弗吉尼亚。这就是英国在北美的第二个殖民地——马萨诸塞。

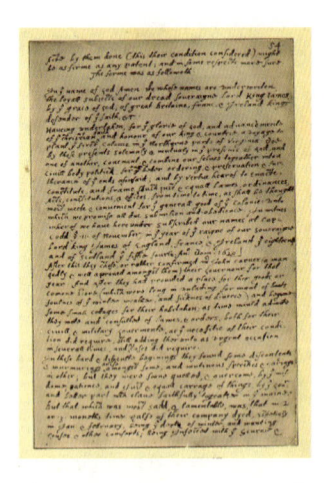

◀《"五月花"号公约》▶

在来之前，人们只知道新大陆土地肥沃，资源极其丰富；但来之后，他们才发现：现实与理想之间的差距竟是那么大。此时的北美还是一片未经开垦的处女地，遍地荆棘，一片荒芜，一切事物对于他们来说都是陌生的：何时可以耕耘播种？什么动植物可以食用？用什么来治疗疾病？北美的第一个冬天充满了严寒和恐惧，风雪、饥饿、疾病使许多人客死异乡。

就在人们绝望的时候，心地纯朴的印第安人来看望他们了。印第安人了解到他们的困难后，立即向他们伸出了援手：给他们带来了食物和各种生活、生产用具；教他们去采集、狩猎和饲养火鸡。在天气暖和起来之后，还帮助他们开垦了农田，播种下了第一批农作物。

天公作美，再加上印第安人的倾力帮助，移民第一年就获得了好收成。移民们有了足够的食物，并且掌握了在新大陆进行生产劳动的技能，这意味着他们已经解决了维持基本生存的迫切问题。为了感谢上帝的眷顾，11月底的一天，移民们邀请

⟨ 第一个感恩节 ⟩

印第安人前来共同开展庆祝活动。他们摆上了自己生产的农畜产品和打来的野味，共同举杯庆贺、狂欢。晚上，他们在熊熊的篝火旁一起唱歌、跳舞、角力，每一个人都兴奋欢呼。这一传统一代代流传下来，并扩散到北美各地，称为"感恩节"。后来，美国第16任总统亚伯拉罕·林肯正式宣布它为国家的法定假日。

从詹姆斯敦的建立开始，欧洲各国（特别是英国）向北美移民的规模越来越大。据不完全统计，到17世纪末，英属北美殖民地的人口已达到30万人；到18世纪上半期，则超过了百万。到18世纪30年代，英国在北美东部海岸先后建立了13个殖民地。

在英属北美殖民地建立的早期（17世纪），由于北美还处于自然经济状态，各个地区间的经济交往较少，再加上文化上的落后和地广人稀等因素，所以英属北美殖民地的人们并没有形成一个紧密的民族整体。

1688年，英国"光荣革命"的发生对北美人民民族意识的觉醒起了巨大的推动作用。而且这一时期，英国人为了利用北美殖民地与法国人争夺世界霸权，放松了对北美的经济压榨，北美各地的经济发展十分迅速，科学文化教育事业大发展，人口也急剧增加，大大加快了英属北美各殖民地民族融合的速度。此后，英属北美的民族融合进入了一个迅速发展的关键时期。

彼得一世改革

1672年5月30日，莫斯科克里姆林宫传来喜讯——沙皇阿列克谢·米哈伊洛维奇喜添贵子，取名为彼得。他就是俄国历史上赫赫有名的彼得一世，也称彼得大帝。

4岁那年，彼得的父亲老沙皇去世了，由他的哥哥费多尔继位。彼得10岁那年，费多尔也死了。由于宫廷内部的钩心斗角，彼得和他同父异母的哥哥伊万被并立为沙皇。由于伊万智力迟钝，彼得年龄太小，彼得的异母姐姐索菲亚趁机控制了权力。彼得和母亲被迫来到莫斯科郊外的一个小山村居住。

彼得是一个爱想、爱动的男孩，不仅有抱负，而且颇有心计。彼得热爱学习，但他的学习方式与众不同。由于宫廷委派的老师很平庸，远远满足不了彼得强烈的求知欲，因此他一方面坚持自学，另一方面广泛结交饱学多才和有思想、有作为的人士，向他们求

‹ 彼得大帝 ›

‹ 索菲亚 ›

教。这使得彼得在文史、地理、军事以及自然科学等方面的知识十分丰富。彼得的另一个特点是喜欢做手艺活，例如木工、铁匠等方面的技能，他都掌握得很好。据说，他先后精通的手艺共有十多种。

彼得的另一个特点是热爱军事游戏。从很小的时候开始，彼得就经常与小伙伴们一起做军事游戏，进行陆战和海战，谁打得好，他就封给谁官，而他则以"炮长""船长"等头衔自居。后来，彼得还把小伙伴们分成两个军团，军事游戏玩得更精彩、逼真了。

日子一年年过去了，彼得逐渐长大了。他身高两米多，仪表堂堂，思想深邃、头脑清晰，行为果敢，目光远大。他的身旁逐渐形成了一个人才济济的政治集团。而当年一块儿玩军事游戏的童子军团，已经锻炼成了一支具有战斗力的军事武装。

这样，掌握大权的索菲亚坐不住了。她苦心设计，想用军事手段废黜彼得。不料，这个消息传到了彼得耳朵里。彼得带着几个心腹逃到一个修道院里，在那里召集自己的支持者。索菲亚不得人心，这时候已经众叛亲离。彼得抓住了索菲亚，把她关进修道院，自己掌握了大权。

彼得一世亲政时，沙皇俄国还是一个政治、经济、文化上都很落后的国家，没有通往西欧的出海口，在欧洲和世界上都没

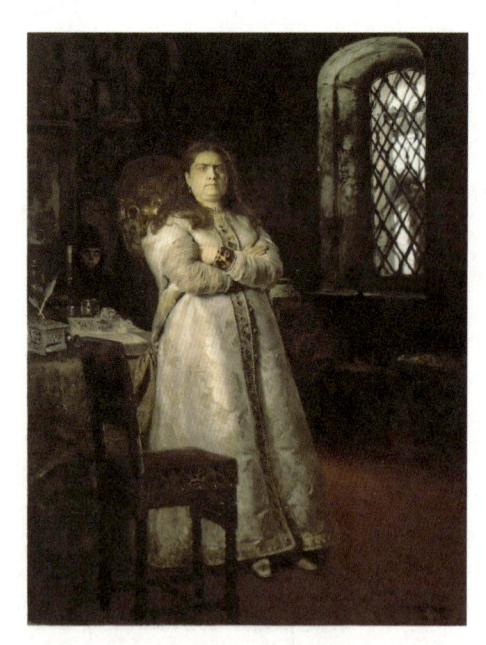

﹤ 下台后被禁闭在修道院的索菲亚 ﹥

有地位。心高气傲的彼得一世怎会甘心做一个无足轻重的小角色？他决心改变这种局面。

为了夺取出海口，打开通往西欧的海路，彼得上台之后就开始发动对外战争。

从世界历史上看，沙俄是最富有侵略性的国家之一，而彼得一世在这方面被认为是"为后世沙皇下指令"的俄国君主，他当时的军事目标主要集中于三个方向：南下，打败土耳其，夺取黑海出海口；北上，打击瑞典，夺取波罗的海出海口；在西南方向，夺取波兰控制的广大地区。

1695年初，彼得率大军亲征土耳其。此时，俄国国力有限，而且没有海军协同作战；而土耳其虽然已经衰落了，但其军队并没有衰落到不堪一击的程度，况且土耳其陆军有海军提供支援。这场战争打得十分艰苦，俄军士兵非常勇敢，彼得一世也经常亲临前线参加战斗。俄军虽然打了一些胜仗，但最终还是失败了。

1696年，俄军在彼得的率领下卷土重来。这回彼得一世做了比较充分的准备，不仅陆军的战斗力有所增强，而且一支新建立的海军也投入了战斗，这使得彼得一世增加了胜算。彼得没有再让国人失望，在陆海军的协同攻击下，土耳其战败求和，俄国夺得了亚速地区，虽然还是没能夺取黑海的出海口，但已经向着这一目标前进了一大步。

征战的艰难促使彼得一世反省，他认识到了俄国在经济、军事等方面的落后，决心向世界上的先进国家学习，进行改革，使俄罗斯成为一个真正强大的帝国。

1697年，彼得一世组建了一支庞大的考察团，赴西欧、中欧等国家进行实地考察，他本人则化装成一个水手，随团前往。代表团认真考察了各国的政治、经济状

彼得一世改革

况，其中英国和普鲁士两国是彼得考察的重点。因为在他眼中，英国的政治体制和普鲁士的军事制度都是值得去研究的。考察期间，彼得一世不仅参观了博物馆、科研机构、学校，而且深入工厂、车间进行实地考察。这次考察历经一年半，彼得一世开阔了眼界，受益匪浅。

⟨ 彼得一世训诫皇太子 ⟩

回到俄国后，他着手进行改革。

彼得一世改革在国内曾遇到强有力的抵制和反对。抵制者主要是那些比较顽固的旧势力和政治上的反对派，其中还有一部分皇亲国戚，甚至皇太子也站出来反对他。彼得一世对阻挠改革的势力进行了镇压，处死了其中的一些死硬分子。

彼得一世改革取得的成就是十分显著的。俄国的经济和军事力量都空前地增强了，社会面貌也发生了巨大的变化，国家的综合实力大大提高。可以说，通过改革，俄国初步摘掉了贫困落后的帽子，为俄国资本主义的发展奠定了物质基础。

七年战争

西班牙衰落之后，让出了海上霸主的位置。有资格争夺这一位置的国家有两个，一个是英国，一个是荷兰。英国曾击败西班牙"无敌舰队"，而荷兰则是在独立后大力发展工商业，得到"海上马车夫"的美名。两国经过激烈战争，荷兰落败，英国获得了海上霸权，同时成为最大的殖民国家。这时候，法国成了欧洲大陆上举足轻重的国家，时刻不忘争夺欧洲大陆的霸权；同时在殖民扩张方面也不甘落后。因此，七年战争既是世界殖民霸权之争，也是欧洲大陆霸权之争。

以英国、法国为核心，逐渐形成了两大军事集团：一方的主要成员有英国、普鲁士、葡萄牙，另一方则由法国、奥地利和俄国组成。

1756年8月，在英国的支持下，腓特烈二世命令普鲁士军队对奥地利的盟友萨克森发动了先发制人的战争。虽然萨克森得到了奥地利的火速增援，但仍在战斗中败北。此后，欧洲各强国先后卷入战争，战火迅速燃烧到许多国家和地区。

从军事指挥的角度看，腓特烈二世确实是一位杰出的将领，指挥有方，敢于决断，就连后来的一代军事天才拿破仑都对他有几分敬畏。在他的指挥下，普军在战争初期连战连胜，给奥军以重创。

在法、俄的支持下，奥地利重新集结了军队，与普军展开激烈的争夺，双方互有胜负。1756年10月,双方在罗布西茨进行了一场会战,普军获胜后,兵锋直指奥地利的波希米亚。1757年,双方先后进行了布拉格、科林、罗斯巴赫、洛伊滕会战,腓特烈二世的指挥能力显露无遗,但奥军的顽强抵抗也打破了普军速胜的计划。此后,法国和俄国参战,战争形势变得更为复杂,但普军仍有一定的优势。

‹ 腓特烈二世 ›

法、俄的援军开到后,反普联盟实力明显占了上风。俄军攻占了东普鲁士后,与奥军会合,准备与普军进行正面决战。

1759年8月,双方在库勒斯道夫相遇,展开了一场激战。

战斗开始前,腓特烈二世做了周密的部署,把主力部队安排在东、南两个方面,令另一支部队向俄军的左翼发动佯攻,打算趁俄军调动时,由普军主力发动猛烈攻击。

但人算不如天算,普鲁士人忽略了几个细节:第一,它主攻的正面恰巧是敌军设防最严密的地带;第二,那里有一片湿地和谷地,不仅不利于发动强

‹ 奥军统帅劳东在库勒斯道夫战场 ›

攻，反而有利于敌军施展火力进行防御。正是这些疏忽决定了战役的成败，最后普军在这里损兵折将，遭到了惨败。在溃退中，腓特烈二世成了敌军射击的活靶子，他骑的两匹马被打死，自己的胸部也中了一枪。他之所以能活着撤出战场，只是因为贴身携带的鼻烟盒挡住了一颗致命的子弹。

在这次战役中，普军的主力部队死伤惨重，从此元气大伤。而反普联盟的军队则乘胜追击，很快便大军压境，准备一举攻克柏林。此时，腓特烈二世认为大势已去，退回柏林，准备以死相拼。

但就在这时，反普联盟内部却产生了严重的分歧，奥、俄两军各自为战，未能有效地实现对柏林的合围。普鲁士人大难不死，逃过了一劫。

此后，普军进行了顽强的战斗，有胜有负，但局势仍然十分危急，俄、奥、法等国的军队从三个方面对它施加了巨大的压力。但就在这时，发生了一件谁也想不到的事情，使战局出现了戏剧性的变化——俄国女沙皇叶丽萨维塔（彼得一世的女儿）因病去世，皇位由其外甥继承，称彼得三世。彼得三世有普鲁士血统，是腓特烈二世的崇拜者。他继位之后便下令退出战争，使胜利的天平发生了明显的倾斜。

俄国退出之后，七年战争进入了收尾阶

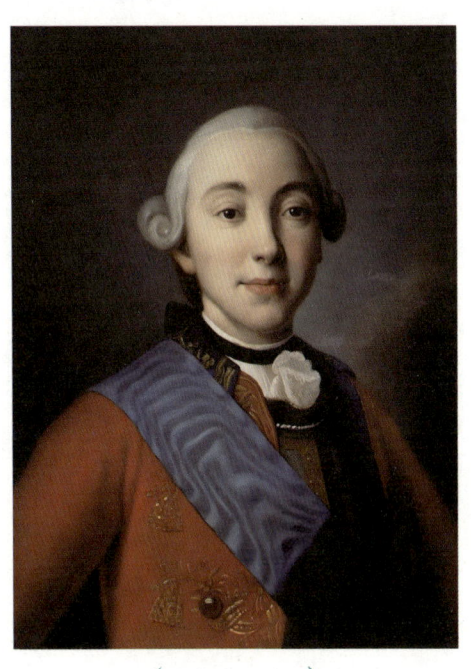

〈 彼得三世 〉

段。英、法两国在海外战场进行了激烈的交锋。英国逐渐取得了优势，先后夺取了古巴、法属加拿大和加勒比海部分岛屿，并控制了南亚次大陆等地区。

战争打到1763年时已基本定局，而且交战各国也被战争拖垮了。于是，这些打累了的巨人们终于坐了下来，通过谈判签订和约。在这场战争中，获益最大的是英国，它得到了北美洲的加拿大、密西西比河以东的广大地域、佛罗里达的一部分、非洲的塞内加尔，并控制了南亚次大陆。战争中损失最大的是法国，因为英国夺取的殖民地大部分是从法国手里得到的。至此，世界殖民霸权已经牢牢地掌握在了英国的手中。

女沙皇叶卡捷琳娜二世

伙同普鲁士、奥地利瓜分波兰的俄国沙皇是叶卡捷琳娜二世,她原本是沙皇彼得三世的妻子。前面说过,在七年战争中,俄军与普鲁士作战,普军大败,眼看胜利唾手可得,俄国却突然撤军了,让普鲁士死里逃生。这是因为俄国新立了一位德意志血统的沙皇——彼得三世。

原来彼得一世死后,皇位传来传去,传给了他的女儿叶丽萨维塔。这位女沙皇因膝下无嗣,就把她姐姐安娜与其丈夫卡尔·弗里德里希(一位德意志亲王)的儿子指定为皇位继承人,改名为彼得·费奥多罗维奇,于是彼得和他的未婚妻索菲娅一道来到了俄国。叶丽萨维塔为索菲娅起了一个新名,即叶卡捷琳娜。

⟨ 彼得三世与叶卡捷琳娜二世 ⟩

叶卡捷琳娜受过良好的教育,聪颖机敏,政治野心很大,且颇有城府。刚来到

彼得三世

俄国时，她受到女皇的严格压制和贵族集团的排挤，且婚姻生活很不美满。为了实现其政治野心，叶卡捷琳娜处处小心谨慎，夹着尾巴做人，暗中广散钱财，收买人心，取信于俄国贵族。渐渐地，围绕着她形成了一股强大的政治势力。

彼得三世是个缺乏政治才华而又不思进取的人。他不善于处理政务和人际关系，只知道为自己的母国——德意志谋取利益，因此在俄国贵族和政界中引起了广泛的怨恨。叶卡捷琳娜敏锐地察觉到了这一点，于是与亲信们进行了密谋策划。

"你们放心吧，现在彼得已经是孤家寡人了。只要把我们的人动员起来，再借助于外力，事情会一举成功的！"

密谋者的行动很有效率，他们取得了有势力的贵族集团和一部分宫廷近卫军的支持，在国际上则与几个大国打好了招呼。

1762年，俄国突然发生了一场宫廷政变。政变者逮捕了彼得三世，拥立叶卡捷琳娜为新沙皇，称叶卡捷琳娜二世。

"你饶了我吧，看在夫妻一场的分儿上！"彼得三世悲悲切切地向叶卡捷琳娜二世求告。

"唉,天无二日,国无二主。我们只有下辈子再做夫妻了!"新上台的女皇装腔作势地说道。

"饶了我吧,我向你发誓,我会永远放弃皇位!"彼得三世吓得面无人色,泪流满面,给叶卡捷琳娜二世跪了下来。

但泪水和哀求都无济于事,叶卡捷琳娜二世仍然下令将彼得三世秘密处决了。

继位之初,叶卡捷琳娜二世的皇位并不稳固:一些贵族集团试图推翻她;农奴制使俄国的经济、文化落后,社会矛盾激化;在国际上,俄国面临着其他强国的威胁。在这种形势下,叶卡捷琳娜二世显示出坚忍、残酷、狡诈的性格,运用手中的权力,冷静地加以应对。

叶卡捷琳娜二世

对俄国的贵族阶层,她一方面残酷镇压了反对她的贵族集团,谋害了潜在的王位争夺者伊凡;另一方面,她竭尽全力维护贵族的利益和特权,争取他们的信任和支持。虽然自己有德意志血统,她却把俄国的利益放在首位,因而赢得不少支持。

对于俄国国内的政治和经济,叶卡捷琳娜二世的做法具有两面性:一方面,她摆出了一副开明君主的架势,公开向欧洲的启蒙思想家表示友好,在文化、教育等方面实行了一些开明的改革,推行休养生息的政策,鼓励发展工商业和农业。另一方面,她加强了俄国的农奴制度和封建专制统治,扩大了贵族特权,加重了对广大农奴的政治压迫和经济剥削。当广大农民举行起义,反抗封建压迫和剥削时,她又采取极端野蛮的方式给予严厉镇压。

例如，叶卡捷琳娜二世曾把近百万农奴赏赐给了她的亲信和近臣；她发布公告，保护地主对农奴的压迫，禁止农奴有任何反抗的言行；当普加乔夫农民起义爆发后，她动员了全国的军力予以镇压，终于把农民的反抗淹没在血泊之中。

众所周知，沙皇俄国是世界历史中最具有侵略性的国家之一，而叶卡捷琳娜二世则是俄国历史上最有扩张欲望的沙皇。叶卡捷琳娜二世曾经疯狂地说："彼得大帝为俄罗斯打开了通往西欧的窗户，而我则要为俄罗斯打开一扇门！"

‹ 普加乔夫 ›

1763年，波兰国王驾崩。叶卡捷琳娜二世认为这是天赐良机，于是派重兵威胁波兰，干涉其内政，企图兼并它。土耳其反对沙俄侵占波兰，俄土之间发生了战争，土军被击溃。后来在欧洲列强的干预之下，俄、普、奥三国对波兰进行了瓜分。

有了第一次，就会有第二、第三次，因为沙俄的领土欲望是永远不会满足的。此后，俄国勾结普鲁士和奥地利，又连续两次瓜分了波兰，最终灭亡了波兰。在三个参与瓜分波兰的国家中，要数俄国分赃最多，它霸占了波兰国土的大部分。

不过叶卡捷琳娜二世最大的愿望还是夺取黑海出海口。因为在她看来，这是俄国称霸整个欧洲的关键一步。为了达到这个目的，叶卡捷琳娜二世动用国库中的资金，不惜血本建立了黑海舰队。当军事准备完成后，她就开始玩弄政治手腕了。

在叶卡捷琳娜二世的蓄意挑衅下，土耳其忍无可忍，对俄国宣战，俄土战争爆发。在战争中，俄国不断取得胜利，土军则节节败退。

1792年，俄土签订了《雅西和约》，这一和约把黑海沿岸的大片土地划入了俄国的版图，叶卡捷琳娜二世终于得到了历代沙皇梦寐以求的黑海出海口。

莱克星顿的枪声

七年战争中,英国从法国手中夺取了大片殖民地,确立了世界第一殖民强国的地位,但是这一胜利也带来了隐患。英国建立殖民地的目的是使其成为自己的商品市场和原料产地,因此不希望殖民地经济发展繁荣起来。特别是七年战争后,英国政府调整了政策,更加严厉地执行对北美殖民地的限制和榨取政策,结果激化了宗主国与殖民地的矛盾。北美的民族独立斗争逐渐高涨起来,出现了两次斗争高潮。

第一次高潮是围绕反对印花税展开的。

英国当局榨取北美财富的主要手段是滥征赋税。1765年,英国议会宣布,凡殖民地的报刊、票据、债券等一律要纳税,这就是《印花税法》。英国与北美殖民地的关系本来就已经很紧张了,这么做等于是火上浇油,点燃了北美人民心中积蓄已久的怒火。各界民众纷纷行动起来,开展反印花税运动。他们的口号是"要自由,不要印花税",采取的斗争方式是游行集会,抵制和阻挠印花税的征收,惩罚税务局和收税

◀ 反印花税运动 ▶

人等。这一运动大大推动了美利坚民族的团结和民族意识的觉醒。

第二次高潮是由英国当局颁布《波士顿港口法》等强制性法令引起的。

波士顿倾茶事件

北美人民取得了反印花税斗争的胜利。但英国当局为了维护宗主国的权威，仍然保留了"茶税"。于是，北美人民又开始了反对茶税的斗争。1773年12月16日，波士顿八千市民集会，要求东印度公司运载茶叶的货船离港。遭拒后，市民们化装混上货船，将东印度公司的大量茶叶倒入大海。为了报复波士顿人民，打击北美的反英运动，从1774年初开始，英国当局连续颁布了《波士顿港口法》等一系列强制性法令，企图将波士顿人民的反抗压制下去。

但事与愿违，英国当局的专制和高压政策不仅没有吓倒北美人民，反而激起了更强烈的反抗。这一时期，北美各殖民地进一步团结起来。1774年9月，各殖民地代表在费城开会（史称"大陆会议"），共

第一届大陆会议

同商讨对英国进行经济抵制和政治斗争的问题，但当时代表们仍然希望通过和平的手段解决与英国的矛盾。

但是，英国当局却决定用武力来进行镇压。

这一时期，英国当局一直密切注视着波士顿一带形势的发展。波士顿民众早已成了他们的眼中钉、肉中刺。

1775年4月18日，英国驻马萨诸塞总督盖奇接到了一份密报称：在康科德发现了北美民兵的秘密军火库。接到密报后，盖奇未加思考，立即派遣一支精锐的英军前去镇压。

"秘密急行军，直捣民兵的老巢，抓住他们的首领！我一定要教训一下这些不安分的土匪！"盖奇声色俱厉地下达了作战命令。

英军的行动很快被当地的爱国者获悉了。他们派一位名叫勒威尔的手工工匠骑上一匹快马，抄了一条近路，赶在英军之前把消息送到了康科德。得到情报后，康科德的民兵和居民们立即行动起来，他们决心好好教训一下这些"龙虾兵"（当时英军军服是红色的，颜色像龙虾，故称"龙虾兵"）。

4月19日凌晨，英军来到了康科德附

‹ 勒威尔唤醒康科德居民 ›

近的莱克星顿。此时，他们已走得人困马乏。突然，他们发现不远处有一群手持武器的人。

"他们是谁？难道是民兵吗？"

英军指挥官史密斯少校不禁心中一惊。但当他发现民兵的人数并不多的时候，立即下达了战斗命令："开火，打死这些不怕死的家伙！"

激烈的枪战持续了十几分钟，双方各有伤亡。北美民兵没有恋战，不久就消失在夜色之中。

"我们胜利了！立即追击！"

史密斯少校声嘶力竭地咆哮着。

天亮的时候，英军来到了康科德。奇怪得很，这里的街道上竟然看不见一个人，家家户户大门紧闭。英军立即挨家挨户地进行搜查，结果是一无所获，连个民兵的影子也没看到。正当他们感到纳闷的时候，忽听得不远处传来了密集的枪声和喊杀声。

"不好了，我们被包围了！赶快撤退！"

不知是谁大喊了起来，众英军立刻慌作一团，边打边撤。

原来，听到消息后，附近的民兵和居民立即从各处赶来，向英军发起了猛烈的进攻。北美民兵的武器虽然简陋，但他们熟悉当地的地形地物，实行灵活机动的散兵作战，从各种建筑物、掩蔽物的后面向敌人射击，直打得英军死伤累累，抱头鼠窜，而英军却很难找到向他们射击的人。这场战斗最终以北美民兵的胜利而结束。

莱克星顿的枪声响彻了北美，它向世界宣布：北美反英独立战争已经打响了！

美国独立战争

大陆会议通过《独立宣言》

莱克星顿的枪声传遍了北美，各地民众义愤填膺，纷纷起来反抗英军的暴行——战争爆发了。

1776年7月4日，大陆会议正式通过了由托马斯·杰斐逊起草的《独立宣言》，它标志着一个新的国家——美利坚合众国诞生了。

在独立战争初期，双方的力量对比十分悬殊。特别是在军事方面，英国是当时世界一流军事强国，英国驻北美的军队无论是在数量上还是武器装备和军事素质上，都占有绝对的优势。而北美的"大陆军"才刚刚组建，只有2万人，其装备和人员素质都很差。这种情况决定了独立战争的长期性和复杂性。

在战争的前半段，大陆军在战略上处于防御阶段，战场形势一度十分被动。

英军步步进逼，先后攻占了纽约、费城等政治、经济中心。在乔治·华盛顿的率领下，大陆军且战且退，尽量避免与敌军主力正面交锋。大陆军虽然处于劣势，但他们熟悉北美的地理环境，作战机动灵活，为独立而战的信念使他们勇气倍增，在逆境中屡败屡战，且不时寻找战机，打击骄横的英军。

1776年12月25日，圣诞节的夜晚，华盛顿率领一支精锐部队在风雪交加中偷渡特拉华河。次日清晨，他们悄悄地抵达了特伦顿，在当地居民的引导下突然杀入城中。正在睡梦中的英军听到猛烈的枪炮声顿时乱作一团，许多人被打死，损失千余人，而大陆军方面只伤亡五人。

〈 奇袭特伦顿 〉

英军闻讯后恼羞成怒，派康沃利斯和豪将军分别率领重兵前来围剿，大陆军处在危机之中。为了避其主力、克敌制胜，华盛顿率军来了一个明修栈道、暗度陈仓，先陈兵于英军正面做出迎击姿态，然后借助夜色长途奔袭普林斯顿城。入城后，双方杀成一团，大陆军一度处境危急。此时，华盛顿率领一支精锐部队赶到，向敌人发起猛烈攻击，只用了20分钟就结束了战斗，共击毙和俘虏英军400人，伤者

〈 萨拉托加大捷 〉

众多。

此后大陆军士气日益高涨，双方互有胜负，战局逐渐好转。

为了速战速决，英军重新布置了战略计划，伯戈因率部从加拿大出发，与豪将军率领的英军会合。华盛顿指挥大陆军竭力阻击英军会师。豪将军只好放弃这一计划，率主力南下攻占费城。结果伯戈因的英军陷入了处处挨打、孤立无援的境地，只好退守萨拉托加，很快便被数倍于己的大陆军和民兵围困住了。由于弹尽粮绝，又迟迟见不到援军，驻萨拉托加的英军于1777年10月17日正式投降。

萨拉托加大捷是一个转折点，此后大陆军在战略上逐渐转入反攻。与此同时，国际形势也对美国越来越有利，法国等欧洲强国开始认真考虑介入战争的问题。后来，法国、西班牙、荷兰等国先后对英国宣战，英国在国际上日益被孤立。

为了摆脱困境，1778年初，英国对驻北美英军上层进行了大调整，调豪将军回国，由克林顿取而代之。

克林顿执掌帅印后改变了战术，他以纽约为基地，在南部对大陆军穷追猛打，一口气攻占了包括查尔斯顿在内的许多城市和战略要地。在他认为已经荡平了南部之后便返回了纽约，将一支主力部队留下来交由康沃利斯将军指挥。

康沃利斯是个有勇无谋的将领。他率领部队攻入弗吉尼亚，大肆烧杀抢掠，然后攻占了军事重镇约克镇，在这里驻扎了下来。在康沃利斯看来，约克镇濒临大海，是一个可进可退的好地方。

乔治·华盛顿

⟨ 康沃利斯将军投降 ⟩

但是，康沃利斯这一次想错了。

华盛顿一直在思考在什么地方与英军决战的问题，权衡再三，他发现约克镇是最理想的场所：美国和法国军队可以联合行动，将约克镇围困起来，再由法国舰队封锁英军从海上撤退的通道（英军的主力舰队不在北美）。这样一来，英军就是插上翅膀也难以逃脱。

为了迷惑英军，美法军队扬言要攻打纽约，这样一方面使克林顿不敢轻举妄动，另一方面也麻痹了驻守约克镇的康沃利斯。与此同时，美法部队日夜兼程，向约克镇运动。1781年9月初，美法军队在预定地点胜利会师，法国舰队也冲破了一支英国分舰队的封锁，开到约克镇附近水域。10月初，美法军队已经把小小的约克镇围了个水泄不通。

10月9日，总攻开始了。总司令华盛顿亲临战场，打响了第一炮。霎时间，美法联军枪炮齐发，把约克镇淹没在一片火海之中。战斗只打了几天，英军就失去了战斗意志。10月17日，康沃利斯致信华盛顿要求停战。10月19日，英军在约克镇中心广场举行了投降仪式。

约克镇战役是美国独立战争史上具有决定意义的战役，美法联军共俘敌八千多人，基本上摧毁了英军主力。此后，英军再也组织不起重大军事行动。又过了一年多——1783年，英国与美国签署了和平协议，正式承认美国独立。至此，美国独立战争宣告结束。美国历史进入了建设新国家的时代，美国的资本主义经济开始阔步前进。

攻克巴士底狱

美国独立战争后不久,又一次伟大的资产阶级革命在法国发生了。法国在路易十四统治时期曾强盛一时,可后来就渐渐衰落下去,政治腐败、财政混乱、经济衰退,国家出现了全面危机。1789年,法国国王路易十六("太阳王"路易十四的曾孙)突然宣布召开三级会议。

三级会议已经停开175年了,路易十六为什么要恢复它呢?

主要目的还是搜刮民财,解决国库空虚的困难,好继续过吃喝玩乐、醉生梦死的生活。会议开幕时,路易十六宣布:三级会议按三个等级(第一等级为教士,第二等级为贵族,第三等级为资产阶级、平民和农民)的划分分头开会,每个等级只

‹ 路易十六 ›

‹ 三级会议会场 ›

算一票。他的意图很明显：这样可以使特权等级（即第一、第二等级）保持对第三等级的优势，从而使会议做出有利于特权等级的决定。

这种情况引起了第三等级的强烈愤怒。

在启蒙思想的影响下，第三等级已经开始批判封建专制主义，他们希望借助开三级会议的机会，对法国的旧制度进行彻底改造。会议开始后，第三等级与特权等级之间立即就上述问题展开了激烈的斗争，第三等级的代表要求

《讽刺法国大革命前三个等级的漫画》

三个等级在一起开会，共同投票表决重大问题。第三等级代表的意图也很明确，第三等级的代表人数多于特权等级，在表决问题时可以把三级会议控制在第三等级手中。而且，三个等级共同开会，至少在形式上取消了三个等级的划分，这是对封建等级制度的一个否定。

第三等级代表的态度越来越强硬，他们甚至宣布，他们代表了法国全体人民，并组织了国民议会。面对第三等级的"犯上作乱"，国王和特权等级采取了强硬立场，他们派人封闭了国民议会的会场，这使得矛盾更加激化。

6月20日是个阴雨天，人们的心情如同天气一样沉闷。当第三等级代表发现国王封闭了会场时，立即被激怒了。

"国王怎么能封闭我们的会场呢？"

"是啊！如果我们退让，国民议会就要完蛋，我们必须开会。"

网球场宣誓

"对！他们不让我们在这里开会，那我们就另外找一个地方。"

"我们到网球场去！"一位代表大声地说。

他的建议很快就被采纳了。

于是第三等级的代表们重新上路，三五成群地向网球场进发。

在网球场上，代表们慷慨陈词，猛烈抨击特权等级的腐败和王权的专制，主张对法国进行彻底的改造。这时，一位政治领袖站了起来，大声疾呼道："当务之急是制定一部新宪法，否则一切都无从谈起。不制定出一部新宪法，我们就绝不解散！"

为了实现这一目标，国民议会被改为制宪议会。这一次，路易十六慌了手脚，他感到帝国的末日似乎就要到了。在特权等级的支持下，国王调来了重兵，企图镇压第三等级的反叛。

消息传来，制宪议会愤怒了，巴黎的广大民众愤怒了，他们纷纷拥上街头，向当局表示抗议。这时，又有人站了出来，向民众高声呼吁："同胞们，国王的士兵就要杀到了，无数人将会人头落地。为了生存和自由，我们只能起来反抗。"

"起来，让我们拿起武器吧！"

顷刻间，愤怒的呼声传遍了巴黎的大街小巷。成千上万的人拥上街头和广场，举行了大规模的示威游行。很快，当局就失去了对局势的控制，和平的抗议变成了武装冲突。到7月13日，民众已经控制了大半个城区。

7月14日，巴黎上空突然响起了一个声音，这是巴黎全体民众共同的呼声："到巴士底狱去！"

〈 攻克巴士底狱 〉

巴士底狱原是一座军事城堡，始建于中世纪，后来成为关押政治犯的监狱。它的城池高大坚固，有厚厚的高墙和雄视四方的碉堡塔楼，一个个黑洞洞的炮口对准巴黎市区。其实，此时的巴士底狱中已经没有政治犯了，只关着几个刑事犯和精神病人。但是在巴黎民众眼中，它是法国封建压迫的象征，是专制主义的象征，因此为人们所痛恨。

当时驻守巴士底狱的是一个忠于王室的反动军官，他拒不接受广大民众向他发出的投降要求，反而命令守军凭借坚固的工事负隅顽抗，向民众开枪开炮。此举激怒了巴黎的革命群众。

"立即把大炮调来，我们要彻底摧毁这座封建堡垒！"许多人义愤填膺地喊道。

不久，几门大炮被拉来了，起义者们七手八脚地把它们支了起来，对准巴士底狱就是几炮。在惊天动地的炮火中，城堡的吊桥被打断了，城墙也被打得弹痕累累。"轰隆！轰隆！"又是几声炮响，巴士底狱的城墙终于被打开了一个巨大的缺口。此时，巴士底狱守军的精神防线彻底崩溃了，被迫举起了白旗，而那位顽固不化的军官也被起义者活捉了。

"自由万岁！"

巴士底狱被攻克后，人民群众的口号声响彻了全城。为了表示彻底埋葬旧制度的决心，巴黎人民把巴士底狱彻底摧毁了。至此，法国人民在与特权等级的斗争中取得了第一个回合的胜利，震撼世界的法国大革命从此拉开了序幕。7月14日后来被定为法国的国庆日。

科西嘉的"小个子"

法国大革命吓坏了资产阶级和保王党,经过反复的斗争和妥协,1795年建立了督政府,掌握了法国最高权力。督政府虽然名义上是中央政府,却没有得力的将军来领导军队。这时,拿破仑·波拿巴开始崭露头角。

1769年8月15日,拿破仑·波拿巴生于科西嘉岛的阿雅克肖城。拿破仑姓波拿巴,是当地的贵族。但当他出生时,家境已经破落了,他与兄妹七人过着清贫的生活。他继承了科西嘉人的特点——吃苦耐劳,勇敢无畏,同时野心勃勃,好猜忌人。这些都决定了他日后的成功与失败。

九岁那年,拿破仑被送到法国布里埃纳军校读书。由于个头较小,讲一口科西嘉土话,他经常被同学们嘲弄,说他是"土佬""科西嘉的小个子"。对此,拿破仑用冷静、坚韧的态度予以回敬,并且更加勤奋地学习。很快,他就以优异的成绩令人刮目相看。他不仅地理、数学成绩很好,历史学得尤其出色,成绩

〈 拿破仑在布里埃纳军校学习 〉

⟨ 伏尔泰  ⟩　　　　⟨ 卢梭  ⟩　　　　⟨ 孟德斯鸠 ⟩

优异，他还特别喜欢读有关历史伟人业绩的书籍。15岁时，他考入巴黎陆军学院。在这里，拿破仑大量阅读了伏尔泰、卢梭、孟德斯鸠这些资产阶级启蒙思想家的著作，对封建等级制度和封建君主制度的腐败产生了强烈的不满。他还熟读了《英雄传》这种英雄传奇和军事著作，这不仅使他掌握了大量军事史和军事学方面的知识，而且懵懵懂懂地产生了一种幻觉：自己必将成为一位恺撒大帝那样的军事统帅，在历史大舞台上成就一番伟业。

毕业后，拿破仑当了一名少尉军官。他是一位对政治有着浓厚兴趣和高度热情的军人。在1789年法国大革命期间，他积极参加了镇压保王党的战斗，不仅表现卓越，立下了战功，而且在战斗中积累了军事经验。

1793年，青年拿破仑获得了一个展示他军事天才的绝好机会。当时法国的军事重镇土伦发生了王党叛乱，形势岌岌可危，当局派拿破仑去收拾局面。此时的拿破仑只有24岁，他血气方刚，充满自信，踌躇满志地来到了土伦。土伦是法国南方的门户，保王党凭借坚固的防御工事守在这里。拿破仑充分掌握了敌人的情况，脑子里不停地思考着作战方案："敌人的城池固若金汤，如果我们的军队强行进攻，必定会伤亡惨重。我要用什么办法攻克土伦呢？有了——大炮！"拿破仑在军校主修的是炮兵，因此很快就建立起了一支极具战斗力的炮兵部队。

"进入阵地！"拿破仑站在队伍的最前方，高声地命令着部下。

突然"砰砰"数声枪响，他身后的炮兵倒下好几个，他自己也受伤倒在血泊里。原来是敌人躲在暗处，先下手为强了。拿破仑手下的许多士兵是第一次上战场，看到这阵势吓得手足无措。拿破仑看到这情景，不顾伤口的剧痛，挣扎着站起身来，高呼道："炮兵们，别害怕。你们个个都是英雄，用大炮回敬敌人吧！"

说着，他以身作则，操炮向敌人轰击。士兵们这下子来了劲，炮弹一颗接一颗地射向敌人。随着"轰轰"的巨响，敌人的堡垒被炸得粉碎。与此同时，敌人的心理防线也被这隆隆的炮声彻底摧毁了。拿破仑立即率领步兵不失时机地掩杀过去，以摧枯拉朽之势夺回了土伦。

此时的法国是雅各宾派当权，拿破仑因战功被升为准将。但不久后，雅各宾派政权被颠覆，拿破仑也跟着倒了霉，甚至还蹲了几天监狱。出狱后，他意志消沉地在巴黎街头闲逛，正在长吁短叹时，意外地接到了平定叛乱的任务。他牢牢抓住了这次机会，漂亮地完成了任务。

1796年，拿破仑被任命为征伐意大利的法军总司令。他在短时间内把一支懒散、士气不高的军队整顿起来，越过阿尔卑斯山，攻进米兰，接连击败奥地利军队。至此，拿破仑的英名开始越出了法国国界，传向整个欧洲。

担任征伐意大利的法军总司令的拿破仑

横扫了意大利后，法国把打击的目标又指向了英国。为了夺取英国的海外殖民地，法国派拿破仑远征埃及。

当时的埃及名义上是奥斯曼土耳其的属地，但实际上由马木路克军事贵族统治。1798年，拿破仑率军乘船抵达埃及。埃及人的装备、战术都落后于法军，拿破仑顺利地占领了大片土地。经过一番休整，拿破仑又进军叙利亚。这次远征，法军遭到当地人的激烈反抗，加之法国舰队被英国海军击溃，拿破仑孤军奋战，苦苦支撑。

正在这时，国内传来消息：大批保王党分子混入国会，准备发动暴乱；政局动荡不安，巴黎缺少一个能镇得住场面的铁腕人物……听到这些消息，拿破仑突然意识到，夺取政权的机会到了。他决定，立即从眼前这场打不赢的战争中抽出身来，回国去干一番大事业。

1799年8月的一个深夜，拿破仑把陷于困境的军队丢在埃及，从亚历山大港乘船出发，冲破了英军的海上封锁，只身一人回到了巴黎。巴黎的大资产阶级和许多普通百姓盼星星盼月亮一样欢迎他的归来，希望他能为法兰西带来秩序和安宁。拿破仑得到了社会各界人士的支持，又从大资产阶级那里获得了大量金钱资助。有了这些，拿破仑如虎添翼，开始精心策划一场军事政变。

有人说，拿破仑一生中共有过三次不合常理的重大行动，出逃埃及是其中的第一次，它使年轻的拿破仑获得了掌握法国最高统治权的机会。

1799年11月9日（法国共和历雾月18日），拿破仑派军队控制了国民政府，接管了政府的一切事务。第二天他又突然出现在法国议会的会场上，狂妄地宣布要由他来统治法国。此举顿时激怒了在场的议员们，他们冲到拿破仑面前，对他拳脚相加，甚至有人掏出短刀向他刺来。在士兵的拼死保护下，他冲出重围。

走出会场，拿破仑立即恢复了他的冷静和果敢，就地向军队进行宣传和鼓动："士兵们，这里已经变成了阴谋家聚会的场所。他们是共和和自由的敌人，你们能允许他们的阴谋得逞吗？"拿破仑口若悬河地讲道，脸上充满了杀气。

"不能！"士兵们被激怒了，呐喊着冲进了议会会场。

俗话说：秀才遇到兵，有理说不清。刚才还慷慨陈词的议员们此时已被寒光闪闪的利刃吓得面无人色，很快就作鸟兽散了。

就这样，拿破仑建立了以他为首的政府，走上了法国最

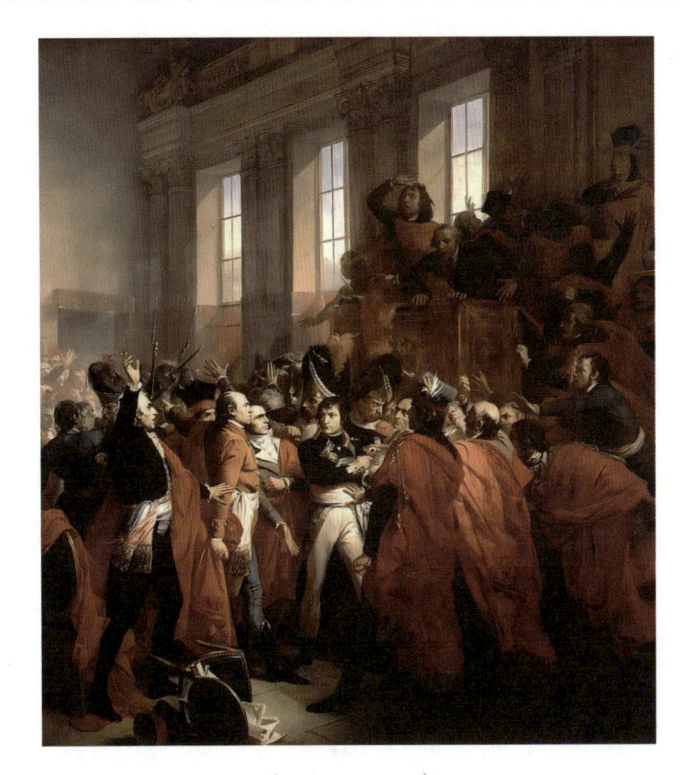

‹ 雾月政变 ›

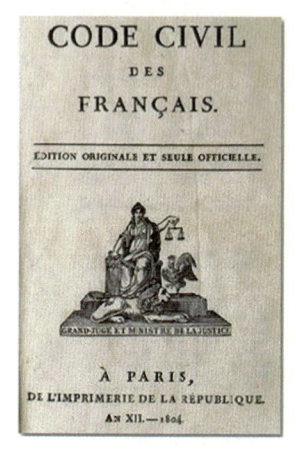

《拿破仑法典》

高统治者的宝座。由于这件事发生在法国共和历的雾月，所以史称"雾月政变"。

但是拿破仑并不满足，他想要当法国的真正独裁者——皇帝。为了实现这一目的，上台以后，拿破仑就开始施展政治手腕，一步一步地实现自己的皇帝梦。拿破仑认识到，要想把国家的各项事业做好，首先要做的是招揽人才。在这方面，拿破仑有自己的一套原则和做法。他从来不依据出身、门第和财产来选择人才，而是不拘一格，量才录用。

正是由于拿破仑尊重人才，善用人才，在他统治初期出现的一些困难都顺利地解决了。1804年法国《民法典》（即《拿破仑法典》）颁布，规定私有财产不可侵犯，法律面前人人平等。《民法典》受到了人们的拥护，促进了法国资本主义经济的迅猛发展，大大增强了法国的综合实力，为拿破仑的对外战争提供了坚实的物质基础。

"欧洲战神"的荣辱

拿破仑上台后,面临着严峻的国际形势。

欧洲各国本来就憎恶革命的法国,此时更加惧怕拿破仑掀起的法国风暴横扫欧洲。因此他们再次聚集在一起,组成反法联盟,决心除掉这个"科西嘉暴发户"。

1800年,反法联盟兵分几路,大举进攻法国。拿破仑运筹帷幄,采取各个击破的战术巧妙迎击。他派出一支小部队来到法意边界地区大造声势,自己则亲率4万精兵,抄近路横跨欧洲天险阿尔卑斯山,如天兵天将般出现在意大利的皮埃蒙特平原,夜行昼宿,悄无声息地进抵奥军总部,来了个"中间开花"。战斗刚刚打响,奥军就被拿破仑的火炮打得乱成一团,结果兵败如山倒,损失近万人。

此刻快马传来消息,说法军在马伦哥受挫。拿破仑立即打点行装,率部驰援马伦哥。拿破仑发现将士们个个疲惫不堪,士气低落。

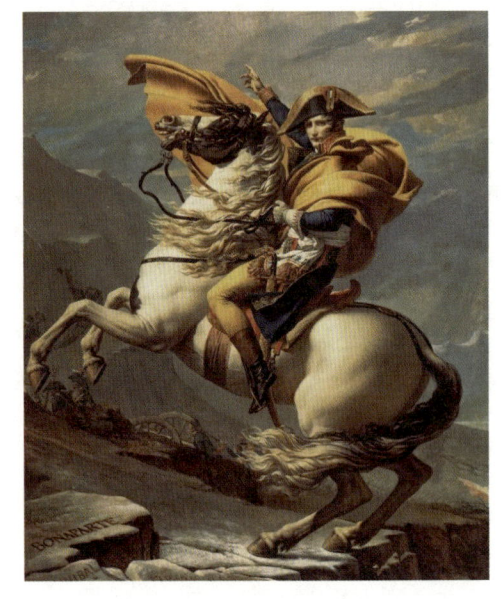

〈 拿破仑越过阿尔卑斯山 〉

"你们是高卢勇士的后人,法兰西勇敢的战士,难道会在挫折面前低头叹气吗?"拿破仑的表情异常坚定,话语铿锵、掷地有声。

"我们不是懦夫,给我们一次机会吧!"

"你就在这里坐镇,看我们的表现吧!"

士兵们都被拿破仑的话语所激励,都想在他面前好好表现一番。

战斗又打响了,士兵们就像换了一个人一样,如猛虎扑食般向前冲去。企图顽抗的敌人尚未打上几个回合,就被法军潮水般的攻势彻底摧毁了。最终,法军转败为胜——这就是著名的马伦哥之战。

几次大捷之后,拿破仑稳定了国内局势,也得到了大部分法国人的拥戴。他认为时机成熟,急不可耐地想要当皇帝了。

1804年12月2日,拿破仑在巴黎圣母院举行皇帝加冕仪式。这一天,阳光灿烂,巴黎圣母院的钟声响彻云霄,许多市民从各地赶来看热闹。只见拿破仑神采奕奕,容光焕发,身披一件珠光宝气的紫色天鹅绒长袍来到巴黎圣母院。应拿破仑的邀请,罗马教皇特意赶来为他行加冕礼。但当教皇郑重其事地准备把金光灿灿的皇冠给拿破仑戴上时,戏剧性的一幕发生了:拿破仑竟然一把夺过皇冠,自己戴在了头上——他是觉得教皇的动作太慢了?还是认为这个皇冠是自己挣来的?后人曾对此做了种种猜想。

"科西嘉的小个子"终于登上了皇帝的宝座,建立了法兰西第一帝国。这一年,拿破仑刚刚35岁。

一年后,俄奥联军9万人与拿破仑统帅的法军5万余人会战于奥斯特里茨。这场

《 拿破仑加冕 》

战役充分体现了拿破仑的作战风格和军事思想——机动灵活，以少胜多。面对占据绝对优势的敌军，拿破仑用兵极为灵活，先采取欲擒故纵、诱敌分兵的战术，在交战中令法军一翼后撤，引诱敌人进攻，而拿破仑则趁机集中优势兵力猛攻敌军的中心腹地，给敌军以决定性的打击，最后取得了整个战役的胜利。

此后，拿破仑又打了许多漂亮的胜仗，相继粉碎了第二、第三、第四次反法联盟的武装进攻。1807年，法军又打败了沙皇俄国的军队，迫使沙皇亚历山大一世在提尔西特与拿破仑进行了面对面的会谈。

⟨ 奥斯特里茨战役 ⟩

"什么是欧洲？"作为战败者，亚历山大一世显得十分谦恭，首先向对方提出了一个试探性的问题。

"欧洲就是我们。"显然，拿破仑十分明了这个问题所包含的重大意义，因此他的回答简洁而明确。

这就是提尔西特会谈最核心的内容，它表明了法俄两国统治者的共识：欧洲就是法国和俄国两家的天下，欧洲理应处在法俄两国的控制之下。接下来，两国的外交家们根据"欧洲就是我们"的原则划分了各自的势力范围，缔结了《提尔西特和约》。这个和约使法国控制了大半个欧洲，拿破仑成了名副其实的欧洲霸主，这是拿破仑帝国的巅峰时期。

1812年6月，拿破仑亲率近60万大军向遥远的俄国进发了。

拿破仑原计划进行速决战，一举击溃俄军主力，迫使俄国求和。但俄军统帅库图佐夫却非等闲之辈，他采取诱敌深入的战略和焦土战术，避开法军的锋芒，在不断后撤的过程中，从侧翼袭扰法军。因此，除了在鲍罗基诺进行了一场会战外，双方再未发生过正面交锋。

9月14日，法军占领了莫斯科，可这时的莫斯科已变成了一座空城。夜里，一场神秘的大火突然烧了起来，火势凶猛，映红了半边天。三天之后，莫斯科化为一片灰烬，法军开始遭受缺乏粮草和给养的巨大痛苦。

这一年的严冬来得特别早，11月初就下起了大雪。缺衣少穿的法国军人在暴风雪中苦苦地挣扎着，大批士兵和战马死于寒流。拿破仑一直坚持着与普通士兵一起吃，一起住，却无法阻止士兵的绝望与死亡。迫不得已，拿破仑下令全线撤退。一

〈 库图佐夫 〉

〈 鲍罗基诺战役 〉

路上，俄国军队不断追击和袭扰法军，再加上冻、饿和疾病，最后只有2万多人撤过了俄国边境。

在撤退途中，从巴黎传来消息说，国内局势不稳，这引起了拿破仑更大的不安。于是，在一个雪雾迷茫的傍晚，拿破仑实施了他人生中第二次不合乎常理的行为：置多灾多难的军队于不顾，只身一人返回了巴黎。

法军兵败俄国后，欧洲各国立即组织了第六次反法联盟，全面围攻法国。拿破仑迅速重组军队，进行了殊死的抵抗。1813年10月，双方在莱比锡进行了会战，以法军的失败而告终。次年3月，联军攻入巴黎，拿破仑宣布退位，被放逐到地中海的厄尔巴岛。

路易十六的弟弟普罗旺斯伯爵即位，称路易十八（路易十六的次子被称为路易十七，但没有真正即位），波旁王朝复辟。

但是，拿破仑不甘心失败，他趁欧洲各国在维也纳开会时，率领一支几乎赤手空拳的队伍渡过地中海，在法国登陆，直奔巴黎而去。拿破仑登陆后，受到了沿路百姓的热烈欢迎，仅用了几天就来到巴黎，重登皇位。

拿破仑的卷土重来，震惊了正在开会的欧洲各国君主。他们放下争吵，组织了第七次反法同盟。面对来势汹汹的反法同盟，拿破仑迅速组织了30万大军迎战。1815年6月18日，双方在比利时的滑铁卢相遇。这次，好运没有眷顾拿破仑。法军战败，拿破仑被迫再次退位。拿破仑这次复辟只有一百多天的时间，史称"百日王朝"。拿破仑被流放到大西洋深处的圣赫勒拿岛，在那里，拿破仑度过了五年多的时光。1821年5月5日，拿破仑在病痛中离开了人世，一代战神就此落幕。

《共产党宣言》的发表

资本主义的发展造成了无产阶级的空前壮大。"资本主义来到世间,从头到脚每个毛孔都滴着血和肮脏的东西。"资产阶级的压迫,必然引起无产阶级的反抗,无产阶级革命导师卡尔·马克思和弗里德里希·恩格斯挺身而出,为无产阶级革命事业提供理论上的指导。

1845年2月,马克思迁居到比利时首都布鲁塞尔。他的住房是同盟街5号,住在6号的邻居不是别人,正是他最亲密的朋友恩格斯。原来,恩格斯听说马克思迁居的消息后,立即告别故乡,搬到比利时。两位伟人在这里相会,为创立无产阶级革命的科学理论和创建无产阶级革命组织而共同努力。

〈 魏特林 〉

早在1833年,在巴黎的德意志流亡者中就成立了一个政治组织。1836年,这个组织发生了分裂,以魏特林为代表的部分成员分裂出来,成立了"正义者同盟"。魏特林赞同用暴力革命推翻资本主义制度,建立一个自由、平等的共产主义社会。但是他主张的"暴力革命"实际上是少数人的密谋暴动。正义者同盟的口号是"人人皆兄弟",带有浓厚的宗派和密谋色彩。由于在密谋起事中失败,这个组织迁移到了伦敦。

< 马克思 >

马克思、恩格斯很早就同正义者同盟有着密切的联系。他们原打算说服魏特林放弃他的错误思想，接受科学的革命学说。但魏特林固执己见，与马克思等人发生了激烈的争论。通过论战，魏特林在同盟中的影响力逐渐消失了，同盟的主要领导人莫尔、沙佩尔等人开始接受马克思、恩格斯的主张，并希望马克思、恩格斯能参加他们的组织和会议。1847年春季的一天，正义者同盟的领导人莫尔叩响了马克思家的大门。

莫尔诚恳地对马克思说："几年前，我们邀请过您与恩格斯先生加入，但被拒绝了。现在看来，当初您二位的做法是对的。所以，我们再次邀请你们加入同盟。"

"您能为此事专程来到布鲁塞尔，我十分感动。只要是有利于无产阶级事业的事情，我和恩格斯都会去做。从今天起，我们就是同盟的会员了。"马克思说着，郑重地上前与莫尔握手。

"太好了，我们正在进行改组工作，非常需要您二位的指导。"

莫尔边说，边从包里拿出一封信，交给马克思："这是同盟全体领导成员签名的委托书，请您和恩格斯先生为我们起草一个章程。"

"好吧，我们一定尽快把章程写出来。"

马克思脸上露出自信的微笑。

夏天到了,正是百花盛开的季节,正义者同盟在伦敦召开改组大会。经济困难的马克思因凑不齐路费不能出席会议,恩格斯代表马克思亲自前往伦敦,指导改组工作。大会批判了以往形形色色的假社会主义理论,接受了马克思、恩格斯的建议,将正义者同盟正式改名为"共产主义者同盟"。会议还接受了恩格斯起草的章程,把它作为同盟的新章程。这个章程明确规定了推翻资产阶级统治、建立无产阶级专政的共产主义行动目标。

一个崭新的、最先进的无产阶级政党——共产主义者同盟从此诞生了。它放弃了"人人皆兄弟"这样含糊不清的口号,发出了"全世界无产者,联合起来!"的响亮呼声。

1847年11月,共产主义者同盟在伦敦召开第二次代表大会,中心议题是制定同盟的纲领。马克思、恩格斯都出席了这次会议。会议对无产阶级的任务与使命、共产主义者的理想与作用等展开了激烈的争论。在马克思和恩格斯的耐心疏导和解释下,与会的绝大多数人都接受了马克思、恩格斯的观点。会议还正式授权马克思、恩格斯二人为共产主义者同盟起草一个纲领——这是一项重大而神圣的历史使命。

1848年2月,马克思、恩格斯通力合作写成的《共产党宣言》(以下简称《宣言》)在伦敦正式发表,无产阶级的解放事业终于有了一个科学的革命纲领。

⟨ 恩格斯 ⟩

它以优美典雅的语言、深邃永恒的思想内涵发出了振聋发聩的声音，构成了一部震撼世界、惊天动地的红色宣言：

　　一个幽灵，共产主义的幽灵，在欧洲游荡……现在是共产党人向全世界公开说明自己的观点、自己的目的、自己的意图并且拿党自己的宣言来反驳关于共产主义幽灵的神话的时候了……

在科学社会主义形成的历程中，《宣言》的发表具有里程碑式的意义，它标志着这一艰难历程的完结。人类历史掀开了崭新的一页，无产阶级从此有了科学的战斗武器，国际无产阶级有了共同的战斗纲领。《宣言》揭示了资本主义灭亡和社会主义胜利是人类社会的发展规律，明确阐释了无产阶级的伟大历史使命，提出了无产阶级革命的正确政策和策略，实现了社会主义由空想变为科学的质的飞跃。

《宣言》气势磅礴地向全世界宣告：

　　让统治阶级在共产主义革命面前发抖吧。无产者在这个革命中失去的只是锁链。他们获得的将是整个世界。

在《共产党宣言》中，马克思告诉世人，只有消灭资本主义，建立共产主义社会，人类才能争取到真正的幸福。由于马克思为人类指出了一条通向自由幸福的正确道路，所以《共产党宣言》一发表，便传到了世界各地。如今，它仍指引着人类为创造自由幸福的新生活而英勇斗争。

达尔文提出进化论

1809年，查理·罗伯特·达尔文出生于英国施鲁斯伯里的一个名医世家。父亲医术高明，知识渊博，母亲是位收藏家的女儿。达尔文的祖父与外祖父都是英国科学团体成员。受到家庭的影响，达尔文从小就喜欢大自然，喜欢钓鱼、打猎、爬树、摸鸟蛋，酷爱各种花鸟鱼虫，甚至还喜欢捉老鼠。尽管一直在名牌学校读书，但他的学习成绩并不好，因为他的兴趣都集中在搜集动植物标本上面了。他雇用工人在冬季去刮老树上的苔藓，

⟨ 达尔文 ⟩

还搜集船底的垃圾，然后不厌其烦地整理、检查，想要从中找到罕见的物种。他的小卧室里摆满了昆虫、贝壳、植物等各种标本。他还积累了不少收集标本的方法和经验。

达尔文16岁时被送到爱丁堡大学学医，后又到剑桥大学学习神学。但他对医学和神学都感到厌倦，反而更加喜欢研究生物，成为著名植物学家亨斯洛先生的得意弟子。父亲看到他的爱子既不愿当医生，又不甘心做神父，感到十分失望。

谁能想到，一次险些夭折的远洋考察竟成为达尔文一生的重大转折。

"贝格尔"号

1831年12月，经过亨斯洛先生的全力推荐，达尔文以"博物学家"的身份登上了"贝格尔"号海军勘探舰，开始了历时五年的科学考察之旅。

"贝格尔"号在广阔无际的大海中颠簸，与惊涛骇浪搏斗着。风餐露宿、栉风沐雨使达尔文感到无比的惬意，因为他感到自己已经真正地融入大自然的怀抱。每到一处，他都要进行认真的考察研究，采访居民，采集标本，挖掘化石，然后详细地记录所见所闻，并且给每个标本贴上标签，建立档案。

"贝格尔"号穿过大西洋，顺着南美洲沿岸航行，再横渡太平洋驶向大洋洲，然后从印度洋经过好望角，穿越大西洋返回英国。在这危险而漫长的考察途中，达尔文看到了各种各样珍稀的植物和动物，真可谓千姿百态、千变万化。他原本相信万事万物都是上帝创造的，所有的物种都是一成不变的。可在如此异彩纷呈、鬼斧神工的大自然面前，他对上帝创造万物和物种不变的理论开始产生怀疑了。

"是迷信上帝还是尊重客观事实呢？"在考察的整个过程中，达尔文一直在苦苦思索着这个问题。

在南美洲的巴西，达尔文走进荒无人烟的热带雨林，时刻有遇到响尾蛇、美洲豹的危险，但他还是仔细观察着热带雨林孕育出的独特生物，决不放过任何一点儿有价值的线索。在树林里，他发现几只黄蜂包围了一只蜘蛛，它们先把蜘蛛蜇得半死，然后把卵产在蜘蛛的身体里。达尔文恍然大悟："呀！这样小黄蜂孵化出来后就不会被饿死了。蜂妈妈多会想办法啊！"

⟨ 加拉帕戈斯象龟 ⟩

有一次，达尔文在热带沙漠里，听说这里的鸵鸟都是集体下蛋、由一只雄鸟孵蛋的新鲜事儿，这激起了他的好奇心。他带着助手走进沙漠中，一天又一天地观察记录鸵鸟下蛋的情况，终于找出了答案。原来这些雌鸵鸟三天才下一个蛋，而雄鸵鸟一次能孵十几个蛋。等一只雌鸵鸟下齐十几个蛋需要一个多月的时间，沙漠里气温特别高，过不了几天蛋就会变臭了，所以它们就集体下蛋，叫雄鸟负责孵蛋。

"动物适应环境的生存能力可真强啊！"达尔文不禁赞叹道。

"热病"是南美洲一种非常可怕的传染病。得了这种病之后，几天就会死去。不到半年，船上就有三名水手染上热病不治身亡。船长忧心忡忡地劝告达尔文别再四处乱走了，没想到达尔文又有了新的计划："船长，我要攀登安第斯山脉！"

"我的天哪！"船长听了大惊失色，"安第斯山是世界天险，有些地方根本无路可走。你真的要冒这个险吗？"

"对！科学就是一座山峰，从事科学研究就必须敢于承担风险！"

"贝格尔"号船长

达尔文终于说服了船长。

在这次爬山中，达尔文又有了一些重大发现。例如，他在半山腰发现了贝壳的化石，通过分析研究，他明白了沧海桑田、地壳变化的道理；又如，他发现安第斯山脉的两侧，处在同样气候和土壤条件下的生物种类却各不相同，即使同一种类生物的外形也各不相同，它们为了适应环境而发生了不同的变化。达尔文兴奋极了，他感慨地说道："看来物种是处在变化之中的，因为它们只有适应环境才能够生存下来。"

在上帝与真理之间，达尔文最终选择了真理。

1836年10月，达尔文回到了阔别五年之久的祖国。这次环球考察的收获太大了，他不仅收集了大量的标本，开阔了视野，丰富了知识，而且还锻炼了意志和能力，为后来从事艰苦的科学研究创造了条件。他的考察日记出版后，人们争相传阅，他也成了有名望的博物学家。

在结束了航海生涯后，达尔文并没有满足于已经取得的成就。他时刻都会记得自己的座右铭："一个懂得生命价值的人，绝不会把一小时的光阴白白浪费掉。"

达尔文马上就投入到了新的科学探讨和理论研究之中。1859年11月，他的代表作《物种起源》一书公开出版了。书中鲜明地提出了"进化论"的思想，以丰富多彩的物证说明物种处在不断变化之中，适者生存，不适者淘汰，不断地产生新的物种；生物进化是由低级到高级、由简单到复杂的演变过程。

达尔文的进化论直接向神创论和物种不变的神学观念提出了挑战，代表了当时科学发展的最高水平，在生物界引起了一场革命。《物种起源》第一版问世的当天就被人们抢购一空。这本书后来被译成了各种文字，在世界各国广为流传，成为人类共同拥有的宝贵财富。

达尔文的妻子是与他青梅竹马的表姐艾玛。他们相亲相爱，只是由于近亲结婚的原因，致使他们的儿女出现了生理缺陷，为他平添了许多不幸，也更加促使他对人类的进化做更深入的探讨。晚年的达尔文体弱多病，但他仍以惊人的毅力，先后写出了《人类起源和性选择》等论著。就在他病逝的前两天，他还挣扎着走到实验室去做记录。

1882年4月19日，73岁的达尔文离开了人世。他被安葬在伦敦威斯敏斯特大教堂中，安息在另一位科学巨匠牛顿的墓旁边。

⟨ 达尔文妻子艾玛 ⟩

俄国废除农奴制

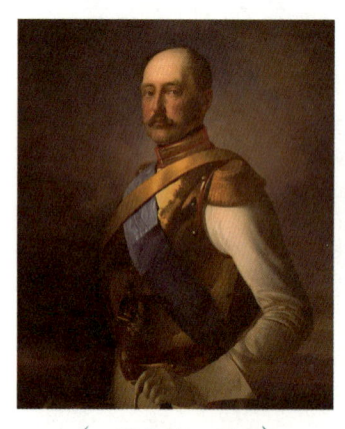

尼古拉一世

1848年，欧洲爆发了革命，几个主要国家都卷入其中，只有专制的俄国免于革命的危机。于是，俄国以"欧洲宪兵"自居，派兵到欧洲各国镇压民众起义。沙皇尼古拉一世对各国指手画脚，狂妄不可一世。

在俄国的南方，奥斯曼土耳其一天比一天衰弱，似乎只要轻轻一推，这个老朽的帝国就会应声而倒。于是，尼古拉一世毫不犹豫地伸出了"手"——派兵进入东南欧，占领了原属于土耳其的几个公国，把它们划到俄国版图之内。

尼古拉一世没想到，他的举动竟遭到欧洲各大国的联合抵制。英国、法国、奥地利、普鲁士都不愿意让俄国的势力进入地中海，因而一致支持土耳其。土耳其军队也没有一触即溃，居然打出颇为漂亮的反击。等到俄军气喘吁吁地把土军打倒在地后，英国、法国就亲自上阵了。

和英军、法军一交手，俄军的落后就一览无余了：俄军的贵族军官们军事素质极其低下，士兵的战斗精神受到压抑，几乎没有作战积极性。与英法联军相比，俄军的军事装备和后勤补给状况极差。英法联军已经使用了当时最先进的来复枪，俄军仍在使用老式的滑膛枪，火炮和弹药也比英法联军少得多。英法联军方面有强大的海军做支援，而俄海军的舰艇数量还不到英法联军的十分之一。英法联军的后勤补给和运输能力当时在全世界首屈一指，为了打赢这场战争，他们甚至突击修筑了一条专用铁路线。而俄军不仅军用物资匮乏，而且运输能力极差，仍然是老牛拉破车。战争的结局毫无悬念，俄军一败再败，就连克里米亚半岛上的塞瓦斯托波尔军港也没能保住。羞愧之余，尼古拉一世自杀了。

可笑的尼古拉一世只看到了土耳其的腐朽，却没看到自己的国家同样腐朽。当时，俄国实行的是农奴制，占人口大多数的农奴没有人身自由，只能世世代代为地主当牛做马。有的地主为了防止农奴在干活的时候偷睡，给农奴戴上木枷。

‹ 克里米亚战争 ›

农奴一贫如洗，当然没有什么消费能力，造成了国内市场的狭小；农奴没有人身自由，又使得资本主义工厂招不到廉价劳动力。农奴制已经成了俄国资本主义经济发展的最大障碍。

俄国人民开始觉醒。1858年至1860年，俄国的农民起义、工人暴动风起云涌。据统计，全俄的农民起义发生了三百多次，沉重打击了沙皇专制制度。刚刚继位的新沙皇亚历山大二世早已认识到岌岌可危的形势，知道不能照老样子进行统治了。

由于各自的利益不同，统治者内部在如何进行改革的具体问题上存在着严重的分歧。长时间的争论使改革方案迟迟不能出台，这使得亚历山大二世心急如焚。他在1861年初的一次国务会议上说："如果继续无休止地讨论下去的话，遭受损失最大的只能是国家和各地的地主们。"

此后不久，正式的改革方案终于出台了。沙皇安慰地主代表们说："请你们相信，凡是能为你们做的，我们都已经考虑到了。"

1861年俄历2月19日（公历3月3日），亚历山大二世正式批准了改革法令，并签署了废除农奴制的特别文告。该法令的大致内容是：农民获得人身自由，可以自由处理自己及其家庭的私人事务；获得自由的农民可以获得一块份地和宅旁园地，但同时规定：份地仍属地主所有，农民享有永久使用权；经地主同意，农民可以赎买份地，其赎金相当高，农民应在49年内加利息偿清；改革后的农民归村社管理，而村社则处在沙皇政府的管理之下，等等。

此后，沙皇政府还进行了更为广泛的改革，如在农村建立地方自治局，该机构由选举产生，以管理农村的地方事务；在城市里实行了杜马制度（杜马是俄语"议会"的音译）；在教育、司法等领域也采取了一些改革措施。

1861年的改革使农民在人身上获得了自由，但他们也为此付出了巨大的代价，受到了一次残酷的掠夺，主要体现在赎买份地和割地上。为了赎买份地，农民要付出高额赎金。有人做过一个统计，农民最后付出的赎金加上利息，要比原来的实际地价至少高出两倍以上。在这一过程中，地主还采取"割地"的方式，把份地中最

◀ 亚历山大二世 ▶

描绘俄国农奴生活的油画《伏尔加河上的纤夫》

肥沃的土地留给自己，而把最差的土地卖给农民。因此，改革之后的俄国农民，一方面获得了最差的份地，其数量不足以养家糊口；另一方面，他们已被高额的赎金剥夺得一干二净了，因而仍然是俄国最贫穷、最苦难的社会阶层。

总的来看，1861年改革是在沙皇和贵族地主领导下进行的一次自上而下的进步改革，是带有资产阶级性质的。经由这次改革，数千万农民摆脱了农奴制的束缚，成为自由劳动力；农民为赎买份地所缴纳的巨额赎金，也有一部分转化为资本。资本与大量自由劳动力的结合，为资本主义的发展提供了最基本的条件，从而使俄国从封建生产方式过渡到了资本主义生产方式。

由于改革是在沙皇和贵族地主主导下进行的，所以极不彻底：沙皇专制制度保留下来了；农村则保留了贵族地主的统治和地主土地所有制；文化方面也保留了大量的封建主义残余，这些都对俄国以后的发展产生了深远的影响。

美国南北战争

在北美，资本主义经济的大发展也改变了国内各派力量的平衡。1861年，美国爆发了内战，战争双方为资产阶级执政的北方美利坚合众国和农场主主导的南方"美利坚诸州同盟"，又称"南北战争"。

战争的起源是奴隶制的存废问题。美国的奴隶制历史悠久，早在"五月花"号抵达北美之前的1619年，荷兰人就用船运来第一批黑人，让他们在种植园里做奴隶。此后，大批黑人被奴隶贩子像牲口一样运往北美大陆。到19世纪中期，美国的黑奴已有400多万人，绝大多数集中在南方，几乎占了当地人口的一半。

〈 被押送的黑奴 〉

美国独立以后，南方各州和北方各州走上了不同的发展道路：北方大力发展资本主义工商业；南方则建立起了大量种植园，种植烟草、棉花，向欧洲出口。这样，独立后的美国就同时存在两种对立的经济制度：北方的资本主义工商业，工厂主们需要大量的自由劳动力；南方的种植园奴隶制，种植园主们需要黑奴从事繁重的劳动。这样，在对待黑奴的态度上，北方各州和南方各州截然相反：北方很快就废除了奴隶制；而南方则坚持维护奴隶制。

1854年，北方资产阶级成立共和党，主张废除奴隶制，南北矛盾进一步激化。

1860年总统选举的日期日益临近，反对奴隶制的亚伯拉罕·林肯做了共和党的总统候选人。结果，林肯当选为总统。

‹ 林肯 ›

这下子南方的奴隶主们可受不了了。他们认为，林肯是反对奴隶制的，上台后一定会在全国范围内废除奴隶制，奴隶制的末日就要到了。没有了黑奴们拼死拼活的劳动，奴隶主们的庄园就经营不下去，他们就过不上衣来伸手饭来张口的舒坦日子了。为了保全奴隶制，南方各州开始闹分裂。南卡罗来纳等州先后宣布退出联邦，成立了一个"美利坚诸州同盟"，也叫"南部联盟"，以里士满为"首都"，"总统"是杰斐逊·戴维斯。联邦政府设在南方的兵营、要塞纷纷落到"南部联盟"手里。

‹ 杰斐逊·戴维斯 ›

在位于南方的查尔斯顿港，海边有一小块沙洲，沙洲上有一个不大的要塞，这里由忠于联邦政府的军队驻守。4月12日凌晨，大炮的轰鸣声响起，一条条火舌从岸上飞向这个小小的要塞。要塞里的守军人数不多，他们奋力还击，在坚守了三十多小时后，不得不退出了要塞。内战就这样爆发了。

面对战争，林肯政府开始调兵遣将。可是，北方并没有做好战争准备，没有可靠的将领，也没有像样的作战方案。不少人盲目乐观，认为南军不堪一击，战争很快就可以结束。

◁ 南北战争爆发 ▷

很快，3万多北军集结起来，准备去进攻南方"首都"里士满。

2万多南军在马那萨斯迎战，他们顽强地守住了几个战略要点。北军的攻势一再受挫，士气渐渐低落下来。有一位谢尔曼旅长，他的旅奉命驻守一个山头，南军调来了大炮，远远地轰击他的阵地。他想要下山反击，上司不准；想要转移阵地，还是不准，只能眼睁睁看着自己的士兵伤亡。

随后，南军援军赶到，发起反攻。已经没有斗志的北军全线崩溃，大家唯恐跑得慢，谁也不愿意停下来阻击敌人。谢尔曼旅长也在溃逃的人群中。他觉得这仗打得窝囊极了，那些死不瞑目的士兵们的面孔总在他眼前晃来晃去。天上下起了大雨，北军在雨里没命地逃。因为道路太泥泞，南军追了一阵就撤回去了。

◁ 谢尔曼 ▷

这次战败给了那些盲目乐观的人当头一棒。林肯政府也清醒过来，下令扩充军队，储备军火，还命令海军封锁南方海岸，打算困死南方。在接下来的几场战役中，南方的罗伯特·李将军总能用较少的兵力战胜人数较多的北军。林肯接连换了几个指挥官，可还是拿李将军没办法。好在李将军兵少，也没有办法攻下华盛顿，战争就这样一天天地拖下去。

〈 罗伯特·李 〉

在支持林肯政府的伊利诺伊州，有一个爱喝酒的商店老板叫格兰特。他以前在军队里打过不少仗，可是因为爱喝酒，经常违反军纪，只好退役回家，开了一家杂货店。政府的征兵令下来，他又重新入伍。格兰特是个豪爽的人，打仗也勇猛，人们都愿意在他手下当兵，那位在马那萨斯打了败仗的谢尔曼旅长也到了他的手下。因为头上顶着个"酒鬼"的绰号，很多人都认为格兰特只能冲锋陷阵，不能指挥大部队。可是在谢尔曼的参谋下，格兰特接连打了几个胜仗，攻下了密西西比河上的两座南军要塞。

格兰特的胜利大大鼓舞了北军的士气。林肯总统立即提拔格兰特为少将，命令他组建田纳西军团，希望他再打几个胜仗。格兰特是个急性子，没等军队训练好就率军南下，在夏伊洛碰见了南军大部队。

一开始，格兰特做出了错误判断，他认为双方势均力敌，南军将领会谨慎行事，不可能马上发起进攻。可就

〈 南北战争时期的格兰特 〉

夏伊洛之战

在这天一大早,北军士兵正在吃着早饭时,南军士兵就高喊着冲上来了。北军的警戒线被冲破,重要阵地一个接一个失守,军队被分割成几块,只好各自为战。眼看就退到了田纳西河边上,正在退无可退的时候,北军士兵端起刺刀发起反冲锋,和冲上来的南军士兵激烈地厮杀在一起。枪声、喊杀声响成一片。眼看即将到手的胜利就要飞走了,南军主将约翰斯顿着了急,亲自上阵鼓舞士气。结果,一颗子弹飞来击中了他。

混战到天黑,双方都累得打不动了,战场渐渐平静下来。格兰特趁这个机会调整了作战方案,下令趁着黑夜反攻。双方又混战到天亮,格兰特的援军到了。约翰斯顿死后,南军无心恋战,退走了。

这一仗,双方损失都很大。可不管怎么说,格兰特还是笑到了最后。他补充了兵力之后,信心百倍地继续进攻密西西比河上的另一座南军堡垒——维克斯堡。

为了争取民心,1863年1月1日,林肯总统正式签署了《解放黑奴宣言》,宣布从1863年1月1日起,叛乱各州的黑奴全部获得自由。工人、农民、黑人踊跃参军。大批黑奴也冲破了锁链的束缚,拿起武器同奴役他们的奴隶主作战。黑奴的反抗不仅使南方奴隶制经济面临破产,而且大大牵制了南军的兵力。

林肯提出《解放黑奴宣言》

1863年6月底，李将军率7万多士兵北上，在葛底斯堡遇到了北军的顽强阻击。北军层层设防，占据了有利地形。在三天的时间里，双方有几万人伤亡。最后，李将军被迫撤退。这以后，南军再也没有能力主动进攻北方了。

葛底斯堡战役后几天，格兰特那边也攻克了维克斯堡。攻克维克斯堡之后，北军就可以从西面夹攻南方了。这时候，格兰特被调到了东部战场，谢尔曼接替格兰特负责西部战场。离开之前，格兰特对谢尔曼说，要不惜一切代

葛底斯堡战役

价摧毁南方的战争资源，谢尔曼心领神会。

在东部战场，格兰特打起了消耗战，每一仗都用优势兵力对付人数较少的南军。李将军还像以前一样经常打胜仗，可每一仗都要付出沉重代价，部下越打越少，渐渐打不动了。在西线，谢尔曼率军向南方腹地大规模进军。他采取的是穷追猛打、彻底破坏南方战争资源的战术，目标直指南方叛军的老巢里士满。

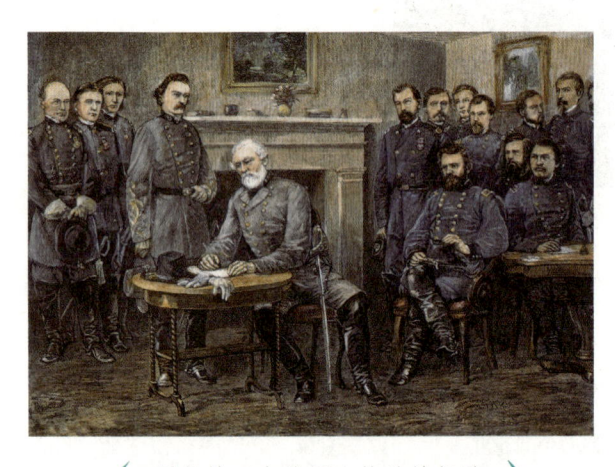

〈 罗伯特·李将军向格兰特投降 〉

就这样，联邦军队不断向前挺进着——向着里士满！向着海洋！向着胜利！

1865年4月3日，里士满重新回到了联邦军队的怀抱。眼看败局已定，罗伯特·李将军率残部向格兰特投降。内战结束了，联邦政府赢得了这场战争的胜利。

内战结束后，战败的南方种植园主和叛乱分子对林肯总统恨得咬牙切齿，迫不及待地对他下毒手。战争结束后仅仅五天，4月14日，林肯总统就被叛乱分子刺杀身亡，年仅56岁。

明治维新

　　德川幕府在二百多年的时间里实行锁国政策。锁国政策严重阻碍了正常的贸易和文化交流，使得知识阶层思想僵化，统治者目光短浅。1853年，美国海军准将马修·佩里率领舰队进入江户湾，以武力威胁，幕府签订了不平等条约。日本国内出现了倒幕思潮。

　　自从西方列强的炮舰打开日本国门之后，日本的对外贸易迅速增长。日本输出的主要是各种原材料和食品，而进口的则是廉价的工业产品，如棉、毛纺织品等等，这使得民族工商业几乎破产，而手工业的发展也受到了严重的压制和摧残。

　　与此同时，欧美列强还在日本领土上寻衅滋事，不断破坏日本的主权和领土完整。1861年，英、法两国打着保护侨民的旗号出兵萨摩藩（鹿儿岛藩），强行在横滨等地驻军。1864年，英、法、美、荷四国舰队强行攻占了下关炮台，向幕府勒索赔款。殖民者还干涉日本内政，在朝野培植亲信，拉拢军政官员，甚至把手伸到了日本军队内部。

❮ 英法美荷四国舰队攻占下关炮台 ❯

明治维新

< 美国军舰在横滨登陆 >

面对欧美列强的瓜分企图,开明人士呼吁通过改革来挽救危机。但是握有实权的德川幕府却极力维护旧秩序,成为改革的最大障碍。主张维新的改革派达成共识,只有推翻幕府统治,资产阶级改革才能顺利进行。

就在这时,日本的统治集团内部也发生了微妙的变化,处于京都宫廷、长期无所事事的天皇被改革派人士推到了政治舞台的中心。主张改革的朝臣、中下级武士和一些大名们聚集在天皇的旗帜之下,打出了"尊王攘夷"的大旗。他们希望推翻幕府的统治,推进日本的政治变革。这样,逐步形成了江户幕府和京都朝廷两大权力中心,德川幕府的统治处于风雨飘摇之中。

19世纪60年代是日本历史上的多事之秋。先是在江户(今东京)、大阪及名古屋等各大城市，民众纷纷起来暴动。人们抗议米价上涨，捣毁高利贷者的住宅，袭击米店，把大米分给快要饿死的穷人。而德川幕府却不顾民意，接受法国公使罗什的建议，进行军事和财政改革，改编幕府军队。法国得到了垄断蚕丝贸易、修筑铁路等经济特权。幕府卖身投靠法国，引起了全国人民的公愤。

就在倒幕派准备发兵的关键时刻，1867年1月突然传来消息：老天皇驾崩了，由只有15岁的睦仁继承皇位。幕府的"征夷大将军"德川庆喜看到天皇如此年幼，以为这下子可以依靠法国重振幕府军威了，就像捞到了一根救命稻草那么高兴。而倒幕派中的许多志士却忧心忡忡，唯恐小天皇年幼无知，万一被幕府挟制，则倒幕大业将会失去精神支柱。

不过他们的担心是多余的。睦仁天皇年纪虽小，但城府极深，对天下大势和日本的实际情况了如指掌，早就不愿再做幕府的傀儡了。在西乡隆盛、木户孝允等倒幕派人士的积极策划下，1867年11月8日，天皇下达了讨幕密诏。

〈 德川庆喜 〉

〈 西乡隆盛 〉

西南各藩诸侯武士们看到讨幕密诏，大喜过望，终于可以名正言顺地推翻幕府的统治了。狡猾的德川庆喜见势不妙，决定以退为进，主动辞去将军职务，以便积蓄力量，东山再起。木户孝允等讨幕派领袖们一眼就看出这是个骗局，决定马上行动，给幕府军一个措手不及。

1868年1月3日，西南各藩倒幕派发动了一场政变。事后，在倒幕派人士的支持下，天皇召开御前会议，颁布了事先就拟好的《王政复古诏书》，宣布剥夺将军的权力，勒令德川庆喜交还土地。会议还宣布废除幕府制度，成立新的中央政府，新政府的实权掌握在大久保利通、木户孝允等人手中。

‹ 大久保利通 ›

德川庆喜及其家臣不甘心失败，他们在大阪把自己所有的主力部队集中起来，以"清君侧"为名，杀气腾腾地向京都扑来，倒幕战争进入决定性阶段。1868年是农历戊辰年，所以在日本进行的推翻幕府的国内统一战争被称为"戊辰战争"。

在幕府军冲向京都的途中，倒幕军已经做好了迎战准备。双方在京都附近的伏见、鸟羽两地相遇，立即厮杀起来。幕府军虽然人数众多，但军官腐败无能，士兵没有作战积极性。而倒幕军则有天皇亲自到阵前督战，虽然人数只有幕府军的三分之一，但士气高昂。经过三天的激烈厮杀，倒幕军以少胜多，战胜了幕府军，德川庆喜狼狈退走。眼看幕府大势已去，各地诸侯纷纷向天皇表示效忠，各路军队也归附到天皇的旗帜下，参加

‹ 戊辰战争 ›

到讨幕大军之中。德川庆喜知道气数已尽，只好投降了。倒幕军占领江户城后，改江户为东京。从此以后，这里就一直是日本的都城。

倒幕军乘胜追击，先后平定了各地的武装叛乱，消灭了幕府的残余势力，清除了割据势力。

1868年8月，睦仁天皇举行了即位仪式，引用中国古籍《易经》中"圣人南面而听天下，向明而治"一句，将年号改为"明治"。明治政府面临的是百废待兴的国内形势和迫在眉睫的民族危机，必须寻求一条新的出路。新政府认识到：要想摆脱困局，振兴日本，只有进行改革。于是，在明治年间，新政府在政治、经济、文化等方面进行了一系列改革，史称"明治维新"。

〈 东京皇居 〉

〈 明治天皇 〉

明治维新使日本从封建社会过渡到资本主义社会，化解了半殖民地危机，统一的中央集权国家得以确立，大大提高了日本的经济和军事实力，从而跻身于资本主义强国之列。但天皇制和大量封建残余的存在，又使日本在近代化道路上步履维艰，成为一个好战的军事封建帝国主义国家。

"铁血宰相"

1815年4月，俾斯麦出生在普鲁士的一个容克世家。容克是享有爵位封号的中世纪骑士的后裔，他们多数是贵族庄园主，有尚武传统。俾斯麦继承了祖先的气质，粗野专横，手段狠辣，有一种为达到目标不择手段的霸气。他的政治、外交和军事才能也同样突出，而且忠于普鲁士王室，以领导普鲁士统一德意志（包括奥地利、巴伐利亚、汉诺威、萨克森等邦国，奥地利是其中最强的一个）作为自己人生的最大抱负。据说，年轻时他曾与一位好友打过一个赌，说德意志将在25年内统一。

俾斯麦在青年时代曾想做个优秀的农场主，由于采取了资本主义的经营方式，农场经营得很好。但他恶习不改，经常骑着一匹又黑又壮的矮马横冲直撞，以吓唬周围的邻居为乐，所以又得到了个"野小子"的恶名。

后来俾斯麦当过外交官和议员，出使过俄国、法国等国。从政的经历开阔了他的眼界，增长了他的才干，也更加坚定了他采用武力统一德意志的信念。

为了达到用武力统一德意志的目的，普鲁士国王威廉一世向议会提出军事改革法案，但遭到议会的一再否决。正当进退两难之际，1862年9月22日，威廉一世召见

‹ 俾斯麦 ›

了俾斯麦。

俾斯麦一眼就看出国王情绪忧郁，于是上前深施一礼，语气坚定地说："陛下，您不必这样忧心忡忡。我作为一个看到主人在危急中的臣仆，一定无条件为您效劳。"

"这么说，您愿意在这个紧张混乱的时候担任首相，出来组阁了？"威廉一世问。

"是的，陛下。我的责任就是同您一起斗争，设法渡过难关。"

就这样，俾斯麦得到国王信任，出任普鲁士首相兼外交大臣。

俾斯麦就职后没几天，就在议会大厅里宣布："德意志的未来在于它的强权和实力。当前种种重大问题的解决，不能靠演说和多数决议，而是要靠铁和血！"

这就是"铁血宰相"的"铁血宣言"。此言一出，全国一片哗然。许多人指责俾斯麦是在煽动战争，提出撤掉他的职务。但俾斯麦毫不让步，声称："国王才是我的主子。而你们和我一样，都是国王的奴仆！"

俾斯麦态度强硬，言出必行。他不顾议会的反对，放手推行军事改革。后来索性将议会踢开，以国王的名义宣布议会休会。其实俾斯麦是一个外粗内细的人。他十分明白，只要能实现德意志的统一，届时大部分人和社会舆论都会站到他这一边的。因此他放手大干起来，一步一步地推行他的统一计划。

俾斯麦知道，欧洲大国不会允许德意志统一——谁会高兴自己的家门口出现一个强悍的邻居呢？因此必须设法避免外国的干涉。而在德意志内部，还有一个奥地利。当时，奥地利才是德意志各邦国的真正"盟主"，大多数德意志人还是盼望着由奥地利来统一德意志，所以必须搬掉奥地利这块绊脚石。于是，俾斯麦开始算计

《 普丹战争 》

起奥地利了。

　　恰好，德意志东北部有两个小公国被丹麦吞并了。俾斯麦立即联络奥地利，两家一起出兵攻打丹麦。丹麦很快战败求和。打完这一仗，普鲁士在德意志人中的威望又提高了。夺回来的两个小公国，普、奥两家平分，普鲁士得到了石勒苏益格，奥地利得到了荷尔斯泰因。

　　荷尔斯泰因因为离奥地利太远，奥地利人觉得管理起来很不方便，于是向普鲁士提出：用荷尔斯泰因交换普鲁士的西里西亚。西里西亚是普鲁士的重要工业区，怎么可能让给奥地利呢？俾斯麦理所当然地拒绝了。奥地利丢了面子，不依不饶。两国关系急剧恶化，眼看就要兵戎相见。

俾斯麦不断示弱，不仅麻痹了奥地利，也麻痹了欧洲各国的君主。他先是利用奥地利与俄国之间的历史恩怨，说服了俄国不干涉普鲁士对奥地利采取行动。然后，俾斯麦赶赴法国，游说当时的法国皇帝拿破仑三世。针对拿破仑三世高傲自大的特点，俾斯麦故意低三下四，非常肉麻地吹捧讨好他，并且不惜拿土地做交易，以换取法国保持中立。

"皇帝陛下，如果普奥之间真的打起来，真不知谁胜谁负呢，那将是一场漫长艰苦的恶仗。"俾斯麦一边说，一边看拿破仑三世的脸色。

⟨ 拿破仑三世 ⟩

"如果法国保持中立的话，"俾斯麦看拿破仑三世没说话，接着说道，"我们将同意把卢森堡划入法国的版图。"

拿破仑三世没有明确答复，只是口头承诺：法国将保持中立。

在俾斯麦的策划下，普鲁士还和刚统一不久的意大利结盟，让意大利在南面牵制奥军。

在一切准备就绪之后，俾斯麦于1866年6月发动了对奥战争。普军总参谋长毛奇充分利用了境内铁路的便利来运送军队，并使用新发明的电报加强指挥。另外，普军的武器也比奥军精良。他们使用的是从后膛装弹、以撞针击发的最新式步枪，而奥军仍在使用老式步枪。

毛奇派出一支军队扫平了支持奥地利的德意志各邦国，主力则向南开进。奥军也很快击败了普鲁士的盟国意大利，集结主力迎战普军。双方在萨多瓦村展开激战。俾斯麦意识到这场战役至关重要，于是随身携带了一包毒药，决定一旦失败就服毒自杀。结果，只用三小时，普鲁士便取得了萨多瓦战役的胜利。

〈 毛奇 〉

萨多瓦战役大大激发了普军上下的斗志。他们都希望乘胜追击，一举拿下奥地利首都维也纳。但此时的俾斯麦却做出了一个惊人的决定，要求立即停战议和，并以辞去首相要挟，逼迫威廉一世同意。因为俾斯麦清醒地意识到，如果再打下去，外国就要开始干涉了。普鲁士没有能力抵挡几个大国的夹攻，因此必须尽快与奥地利签订一个停战协议，然后腾出手来，收拾最后一个阻碍德意志统一的敌人——法国。

此后的历史进程完全是按照这一思路发展的。

普、奥达成了停战协议之后，奥地利声明退出了德意志，普鲁士统一了德意志的大部分地区，只剩下南部四邦尚处在法国的影响之下。

〈 萨多瓦战役 〉

普法战争

在结束了对丹麦和奥地利的战争之后,俾斯麦完成了他统一计划中的两大步骤,只剩下最后一个步骤,即排除法国对德意志统一的干扰。

但法国可不同于丹麦和奥地利,它是欧洲大陆上最强大的国家,其皇帝拿破仑三世以"小拿破仑"自居,不可一世。为了拔掉这颗硬钉子,俾斯麦耐心地等待时机。

在普奥战争前,因为得到过俾斯麦的在领土问题上做出让步的允诺,法国在战时保持了中立。所以普奥战争结束后,拿破仑三世立即与普鲁士交涉,要求俾斯麦兑现他的诺言。

< 拿破仑三世 >

面对咄咄逼人的法国人,一向脾气暴躁的俾斯麦却显得十分绅士。他不着急、不上火,而是做出一副很好说话的样子,要求法国提供一个书面文件,以便与国王商议。

法国人高兴地照办了,以书面文件的形式提出:将卢森堡和德国的兰道省划归法国。这下子白纸黑字,被俾斯麦抓到了把柄。俾斯麦立刻将这个文件公之于世。法国的领土野心很快传遍欧洲各国,引起了巨大的公愤。特别是那些欧洲大国,都对法国疑心重重。法国在外交上陷入了空前的孤立。

这样一来，法国人当然恼羞成怒，而俾斯麦也有条不紊地进行着战争准备。俾斯麦确定了对法战争的目标：最后统一德国，同时夺取法国两大重要的矿业和工业区阿尔萨斯和洛林。

到1868年，俾斯麦在军事上做好了充分的准备，但没有立即动手，因为他希望法国先挑起战端。

不久后，机会终于来了。

这一年，西班牙爆发了一场政变，推翻了不得人心的女王伊莎贝拉二世。西班牙人决定请一位普鲁士贵族利奥波德亲王前来继承王位。拿破仑三世得知此事后，火冒三丈，认为这是西、普两国试图联合起来夹击法国，于是提出了强烈抗议。利奥波德本人对西班牙王位不太感兴趣，于是公开声明放弃王位。拿破仑三世听后十分欣喜，认为这回捏了一个软柿子，于是得寸进尺，要求普鲁士国王向他提出书面保证，永不再发生此类事件。对于这种无理要求，普王虽然不高兴，但出于外交礼节，仍以平和的口气从他的休养地埃姆斯发给柏林一份电报。

接到"埃姆斯急电"后，俾斯麦又开始谋划起来。"这真是一个千载难逢的好机会。机不可失，失不再来！"他对德军参谋总长毛奇将军说。

"为什么？如今可是谣言满天飞。人们都在问，以为又要打仗了呢！"毛奇将军颇有些困惑不解。

◀ 俾斯麦 ▶

"那就去告诉将士们，做好准备吧！这是一场决定德意志命运的大战。它将会永载史册。"

"这确实令人鼓舞，"毛奇将军说，"但我们有何理由开战呢？难道让我们背负发动战争的罪名吗？"

俾斯麦诡谲地一笑，拿起笔篡改了那封电报。电文的本来大意是：如果以后法国人再无理取闹，普王将拒绝就此事再接见法国大使。俾斯麦拿起一支笔，随手在电报上改动几个字，使电文成为"普王以后拒绝接见法国大使"。了解外交礼仪的人都清楚，这样的表达意味着对法国的粗暴无礼以及挑衅。

"你说说看，小拿破仑如果看到了这封电报，他会有什么反应呢？"俾斯麦问毛奇。

"他一定会暴跳如雷的，那可是个既狂妄又高傲的家伙！"毛奇回答道。

"好！这封电报将会起到红布对'高卢公牛'的作用。"

果然，"红布"把"高卢公牛"激怒了。盛怒之下的拿破仑三世正式对普鲁士宣战。拿破仑三世非常自大，他轻松地对下属说："不久我就会凯旋。我的普鲁士之行是一场军事散步。"

可事实上呢，法国虽说是首先宣战，但并没有做好战争准备，军队的武器、装备、给养以及军事训练都要比普鲁士差得多。由于军队已多年未经战事了，军事编制混乱，指挥不灵，调度无方。甚至发生过这样一件荒唐事：一列军用列车把一支军队送到了一座已被普军占领的车站，结果法军士兵一下车，就全部当了俘虏。

而普军的情况则完全不同。他们刚刚经历了两次大战洗礼，将士们具有丰富的作战经验，装备精良，许多武器都是当时一流的新式装备。更为重要的是，官兵们都相信自己是为国家统一大业而战，因此个个求战心切，士气高涨。

普法战争

1870年8月2日，法军打响了第一枪，但两天后就被击溃，死伤惨重。此后法军到处挨打，被人牵着鼻子走。法军先是在阿尔萨斯会战和洛林会战中被打得丢盔弃甲。接下来，法军的两大主力分别被包围在麦茨和色当，普军占据了周围的有利地势，架起火炮准备围歼他们。法军已经成了瓮中之鳖。

从9月1日开始，普军的数百门大炮发出惊天动地的怒吼，色当决战打响了，小小的色当变成了一片火海。战斗刚打了半天，法军的伤亡就已超过2万人。

"这个仗还能打下去吗？"拿破仑三世问总指挥麦克马洪将军。

麦克马洪沉吟了半天，才慢吞吞地回答说："打倒是还可以打上一阵子，其结果只能是死更多的人。陛下，您觉得还有希望吗？"

拿破仑三世知道已经山穷水尽了，于是连忙向普王请降。

9月2日，8万多法军向普军投降，拿破仑三世与自己的将军和士兵们全部做了俘虏。第二年，普法两国签订了正式的停战和约，法国被迫割地赔款，俾斯麦如愿获得了阿尔萨斯和洛林，外加50亿法郎的赔款。

普法战争扫除了阻碍德意志统一的最后障碍，德意志终于成为一个强大的统一国家。

"发明大王"爱迪生

托马斯·阿尔瓦·爱迪生出生于1847年,从小就是个充满好奇心的孩子,满脑子里都是为什么:"草木为什么会吐绿?枫叶为什么会变红?小鸟为什么会飞?小鱼为什么会游水?"

五岁时的一天,天都黑了,他还没有回家,父母急得到处找他,最后发现他正蹲在鸡窝里"孵小鸡"呢,屁股下面放着几个鸡蛋。父母好说歹说把他拽回了家,但他却觉得十分委屈,对着父母大喊大叫:"我不回家!只要再坚持一会儿,小鸡就会从蛋壳里面跑出来了!"

爱迪生八岁了才去上学。老师上课,他总爱没完没了地提问,弄得老师既尴尬又烦恼。由于经常受到老师的批评指责,所以小爱迪生只上了三个月的学就离开了学校。当过小学教师的母亲发现他具有动手操作和创造发明的潜质,就指导他在家里自学,培养他钻研科学的兴趣。

有一次过节,爱迪生看到天空中飘着许多五颜六色的气球,漂亮极了。他忽然产生了一个念头:"如果人的肚子里充满了足够的气体,那不是也会像气球一样飞上天呢?"

于是,他找来了柠檬酸和苏打,把它们调和在一起,制出了一种能产生气体的

"药"。他叫来了邻居家的小伙伴,那孩子听说能飞上天,非常痛快地把"药"喝了下去,结果肚子疼得直打滚。

小爱迪生从此懂得了,任何实验都要讲科学,不能凭想当然办事。

16岁那年,由于爱迪生救了火车站站长爱肯基克儿子的性命,出于感激之情,站长手把手地教会了他发电报技术。从此,他结束了长达四年的报童生涯,进入了新的科学研究和创造领域。

爱迪生以他的聪明才智和敏锐的观察力、异想天开的大胆假设、精益求精的实验论证,取得了一个又一个成功。爱迪生一生的发明有两千多项,平均每十几天就有一个新贡献,难怪人们赞誉他为"发明大王""科学界的拿破仑"。爱迪生一生都在孜孜不倦地学习和实验。他在实验室里度过了六十多个春秋,每天的工作时间是常人的一倍。他通过自己创造性的劳动,给人类带来了文明和发展:电车方便了城市居民的工作和出行,留声机播放着美妙的音乐,电影机使人们的业余生活和精神世界变得更加丰富充实。直到今天,我们的生活都离不开它们。这些都是爱迪生的功劳。

在爱迪生众多的发明中,对广大民众生活影响最大的要算实用电灯的发明了。

在电灯发明以前,人们用油灯、蜡烛等来照明。虽然这些灯具帮助人们冲破了黑夜的限制,但是昏暗的烛光还没有把人类

< 爱迪生与留声机 >

从黑暗中彻底解放出来。当发电机发明以后，人们开始研究用电来点灯，于是各式各样的电弧灯相继出现了。但它们有的耗电量过大，亮度过强，很刺眼，有的寿命太短，都不适用于家庭，很不实用。爱迪生接受了别人的教训，决定制造出一种可以投入民用的电灯，以造福大众。他面临着两个难题，一是选用什么材料做灯丝，二是解决灯泡真空的问题。选择材料使爱迪生吃了不少苦头，他先后试验了一千多次，无一成功。在用硼、钡、钛等各种耐热金属都做了实验后，他又找来了各种植物纤维做实验，甚至把胡子也拔下来做了实验品。

为什么灯丝很快就会被烧坏呢？在经过认真的观察和思考之后，他终于恍然大悟："我明白了，原来是灯泡里的空气在起助燃作用！"

当爱迪生解决了把玻璃泡里的空气尽量抽出来的难题后，通了电的实验灯延续的时间慢慢延长了。就这样，第一盏可以在日常生活中实用的电灯诞生了。

电灯将会取代煤气灯！消息传遍了美国，波及欧洲。它使得世界各地的煤气股票狂跌，而新的电灯公司相继建立了起来。

第一盏实用电灯使用了炭化后的棉线作为灯丝，可以亮数十小时。爱迪生的助手们都沉浸在成功的喜悦中，可爱迪生却并不满足。

在一个仲夏夜，爱迪生在实验室

⟨ 爱迪生与灯泡 ⟩

中一边扇着竹扇，一边工作。突然，他的眼神凝聚在竹扇上不动了，原来他又打起了用竹丝做灯丝材料的主意。在经历了无数次失败后，他终于找到了产自日本的一种竹子，用这种竹丝做灯丝的灯泡，使用寿命延长了三十多倍。

爱迪生发明电灯，不仅在美国，在全世界都产生了巨大的影响。美国以爱迪生为骄傲，国会颁发给他荣誉奖章。当时的美国国会曾这样评价他："爱迪生是真正的普罗米修斯。他带来的天火驱走了黑暗，给我们带来了光明。"

在爱迪生的众多发明中，电灯是与普通民众日常生活关系最密切的发明之一，因此备受社会各界人士的关注。在这一发明诞生50周年之际，包括爱因斯坦、居里夫人等在内的科学界名人共同聚会，庆贺这一重大的日子。由于过于激动，这位82岁的老人在致辞时突然昏倒了。至此，他的生命之舟进入了最后航程。爱迪生病逝于1931年10月18日。

爱迪生由一个报童成为世界著名的大发明家，他成功的秘诀是什么呢？

首先，作为一名科学家，爱迪生深知时间的宝贵。

在他的晚年，有一次，他曾告诉一位来访者："我已经是135岁的人了。"

"是吗？！"来访者深感惊诧，"那您长寿的秘诀是什么呢？"

"勤奋！"爱迪生的回答十分简明。

原来，爱迪生一生勤奋工作，从不浪费一分一秒的时间，而且他的工作是高效率的，这两样加在一起，他的日工作量相当于其他科学家的两倍。这样算起来，爱迪生自称135岁并不是夸张。

现代奥林匹克运动会

现代奥林匹克运动会起始于1896年，它是在古代奥运会沉睡了一千多年之后复生的。奥运会获得新生的第一功臣是法国人勒巴龙·皮埃尔·德·顾拜旦。

1863年1月1日，顾拜旦出生于法国的一个贵族家庭，是家中最小的孩子。受父母亲的影响，顾拜旦从小就是一个喜欢想象、热爱钻研、过无拘无束自由生活的孩子，十分崇尚古希腊人那种充满浪漫色彩的文化精神。从那时起，充满活力的顾拜旦就成了一个体育迷，拳击、划艇、击剑、网球都是他比较擅长的项目。此外，他还喜欢读历史书籍，对画画和音乐也相当感兴趣。他的大学生活主要是在巴黎政治学院和巴黎大学度过的，涉猎相当广泛，在文学、法学以及自然科学方面都取得了不错的成绩。

〈 顾拜旦 〉

顾拜旦年轻的时候正好赶上普法战争，目睹了法国失利、割地赔款的历史悲剧。这对他的刺激相当大，决心通过发展教育和体育事业，使自己的国家再度振兴起来。为此，顾拜旦亲赴西欧考察，回国后在法国教育部任职，目的是实现他的上述理想。

上任之后，顾拜旦采取的第一个重大举措是：成立"全法学校体育协会"，设"顾拜旦奖"，以鼓励杰出运动员和体育事业的发展。为此，顾拜旦自己花费了大量的金钱。在此期间，他专门去希腊做了一次工作考察，探访了古代奥运会的宏大遗址，留下了深刻的印象，这使他萌发了"复兴奥林匹克运动会"的想法。后来他发现，自己并非孤军奋战，在欧洲各国，一批有识之士也在为此做着努力。这使他大喜过望，工作热情越发高涨。就在这时，顾拜旦遇到了法国田径协会的创建人圣克荣。两人一拍即合，决心为在法国重建奥运盛会而合作。

1892年12月，法国田径协会在巴黎开会。顾拜旦在大会发言中首次提出了"复兴奥运"的呼吁，宣布要恢复以"团结、和平与友谊"为宗旨的奥林匹克运动会。这次会议召开的时期正是欧洲两大军事集团斗争日甚、战争危机四伏的年代，因此反映了广大民众反战和要求和平的愿望。在顾拜旦等人的不懈努力下，1894年6月在巴黎召开的一次十二国代表会议上，通过了复兴奥运、举办现代奥林匹克运动会的决议。顾拜旦出任国际奥林匹克委员会的首任秘书长。

1894年的巴黎会议还做出了一项具有历史意义的决定：于1896年在希腊举行第一届现代奥林匹克运动会。

为了实现这个伟大的目标，顾拜旦做了大量艰苦而有效的工作。他四处奔波，与各国政府和相关官员打交道，与各国五花八门的体育组织和协会协商。此外，他还要与新闻界交往，目的只有一个：组织好人类第一次现代奥运会。

1896年4月5日，第一届现代奥运会在古代奥运会的故乡希腊雅典举行。论规模，它无法与当今的奥运会相比，但在当时的历史条件下，其规模已算相当可观了：参赛国共有13个，参赛运动员三百多名，共设有九个大项目。根据古代奥运会的规矩，奥运会由希腊国王宣布开幕。现代奥运会的第一场决赛发生在三级跳远的赛场上，一位名叫詹姆斯·康诺利的美国选手夺得

◀ 1896年第一届现代奥林匹克运动会开幕式 ▶

了桂冠，他也作为现代奥运会史上的第一个冠军而被载入史册。

受历史条件所限，当时运动员的技术动作可以说是五花八门。例如赛跑运动员们采取了各式各样的起跑姿势，有直立式、弯腰式、后仰式等，只有一位美国运动员采取了蹲踞式，他荣获了第一名。获得冠军的运动员得到的最高荣誉是演奏该运动员国家的国歌，升国旗，这些仪式后来沿袭下来。

在这次奥运赛事中，最令人激动的场面出现在马拉松赛场上。

◀ 詹姆斯·康诺利 ▶

马拉松这一项目源自公元前490年的马拉松之战。当时古希腊勇士菲迪皮茨为了把胜利的喜讯快速传至雅典，以尽可能快的速度从马拉松跑到了雅典的中央广场，完成使命后倒地身亡。由于马拉松精神是希腊民族精神的一种体现，所以希腊人对于这个项目情有独钟，他们聚集在中央运动场，等待着胜利归来的运动员。当他们看到第一个

冲入赛场的是希腊运动员斯皮里东·鲁易斯时，都激动万分，欢呼跳跃。希腊国王也亲自走进运动场，表彰了这位新诞生的民族英雄。

在雅典奥运会后，顾拜旦当选为第二任国际奥委会主席，并一直连任至1925年。

斯皮里东·鲁易斯

顾拜旦不仅是现代奥运会的实际创建者，而且在精神层面给奥林匹克运动指明了正确的方向。他认为：奥林匹克运动不仅仅是一项体育赛事，还是增强体质、意志和精神并使之全面发展的一种生活哲学。它要为人和社会的和谐发展服务，使体育运动与文化、教育、生活等真正融合为一体。通过现代奥运会走过的一百多年的历史来看，它确实体现了顾拜旦先生为奥运会所制定的指导思想。它已经成为全世界青年和所有爱好和平的人欢聚一堂的盛大节日。

顾拜旦的个人生活并不算美满。由于长年为奥林匹克运动事业操劳，他牺牲了自己的健康和大量私人生活的时间，家产大半奉献给了奥运事业，夫人也因此事而与他不和。但顾拜旦振兴奥运的决心和意志从未因此动摇。1937年9月2日，顾拜旦因病突然去世于日内瓦，享年74岁。

顾拜旦

2008年，第29届夏季奥运会在北京举行，中国运动员获得的金牌总数名列榜首。这对于曾被诋毁为"东亚病夫"的中国人民来说，具有里程碑式的意义。它是中华民族繁荣富强，屹立于世界民族之林的体现。它最终完成了中国人参加奥运会、夺取奥运会金牌和举办奥运会的三大飞跃。2022年，北

⟨ 2008年北京奥运会开幕式 ⟩　　　　　⟨ 2022年北京冬奥会开幕式 ⟩

京又成功举办了第24届冬季奥运会，北京也成为全球第一座"双奥之城"。

"诺贝尔奖"的设立

诺贝尔奖章

1901年，位于欧洲北部的瑞典王国政府决定，今后每年在发明家诺贝尔去世的日子——12月10日，颁发以他的名字命名的奖项，由瑞典国王亲自授予，这就是著名的"诺贝尔奖"。

1833年，阿尔弗雷德·贝恩哈德·诺贝尔出生于瑞典首都斯德哥尔摩的一位机械师兼建筑师的家里，生活还算富裕。不幸的是，诺贝尔出生后不久，家里着了一场大火，弄得倾家荡产，只好靠借债来维持生活。为了谋生，诺贝尔的父亲去了芬兰，后来又辗转到了俄国，在那里建立了工厂。1842年，他们全家迁居到圣彼得堡。

1848年，诺贝尔15岁时，便在父亲开办的工厂里料理一些日常事务。不久，父亲送他去美国学习。两年后，他又回到了俄国，在父亲的工厂里任职。他一边工作，一边搞气量计的研制，常常废寝忘食。1859年，气量计的研制终于取得了成功，并获得了瑞典政府发给的专利证。诺贝尔的父母非常高兴，希望他将来能成为一名机械师。但因几年来，诺贝尔一直帮父亲研制鱼雷和炸药的缘故，他的研究兴趣仍然在化学方面。一天，父子两人一起在餐桌上吃饭时，诺贝尔向父亲说出了自己的想法。

"爸爸，我们现在使用的炸药性能太差，我想在这方面进行深入研究。"

"我看你还是放弃吧！"父亲阻止说。

"为什么？"诺贝尔反问道。

"因为研制炸药太危险。稍一疏忽，后果就不堪设想。听说法国已发明了一种性能优良的炸药，没有必要做重复的劳动。"父亲解释说。

诺贝尔说："实际上法国陆军部的研究只是刚刚开始，还没有研制出来。如果能研制出一种新的性能优良的炸药，对于开采矿山、修铁路、开凿隧道都会有很大的帮助，可以造福整个社会。"

⟨ 诺贝尔在实验室 ⟩

父亲被说服了。诺贝尔回到瑞典开设了一家化工厂，开始研究把硝化甘油和炸药混合在一起制作新型炸药。1862年夏，诺贝尔开始进行引爆试验。

他先把硝化甘油封装在玻璃管里，再把玻璃管放进装满炸药的锡管内，最后再装上导火线。装好后，诺贝尔邀请他的两个哥哥一起来到河边进行实验。当他把导火线

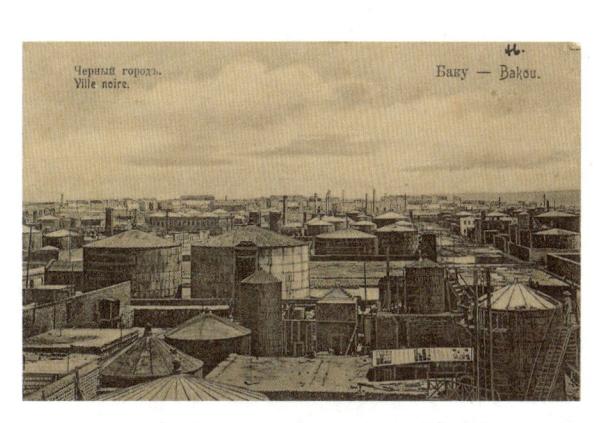

⟨ 诺贝尔兄弟石油公司 ⟩

〈 诺贝尔 〉

点燃，投到河里后，只听"轰"的一声，水花四溅，大地都在震动，效果果然大大强于一般炸药。这次实验使诺贝尔初步弄清了引爆硝化甘油的原理，他高兴极了。但他知道，这只是成功的第一步。后来，他又经过反复试验，终于研制成功了，并获得了专利证。

然而，用炸药做引爆物还不够理想，诺贝尔便继续寻找代替炸药的引爆物。就在这时，不幸的事发生了。1864年9月3日这一天，诺贝尔的弟弟埃米尔在实验室做实验，由于操作不慎，引起硝化甘油炸药爆炸。随着"轰"的一声巨响，浓烟滚滚。诺贝尔闻声赶来时，实验室已被炸毁。诺贝尔不顾一切地冲了进去，用手扒着废墟，双手流出了鲜血。当他把弟弟抱出来时，浑身是血的埃米尔已经停止了呼吸，诺贝尔伤心极了。

第二天，瑞典各大报纸都刊登了这一消息，指责诺贝尔是杀人凶手，害死了自己的弟弟和四个助手，父亲也因受到严重打击悲伤过度而得了半身不遂症。周围群众对这次爆炸十分恐惧，纷纷向政府反映，要求禁止在市内进行炸药实验。

不幸的遭遇并没有动摇诺贝尔的决心，他将实验室搬到了离斯德哥尔摩三公里远的马拉湖的一只平底船上。经过近百次的实验，终于成功地解决了用雷酸汞引爆硝化甘油炸药的问题，于是，雷管诞生了。雷管的发明是爆炸学中的一次重大突破。

1865年，诺贝尔在斯德哥尔摩附近的温特维根建立了第一座硝化甘油炸药工厂，并在德国汉堡等地建立了炸药公司。一时间，汉堡成了销售炸药的中心，英国、美国、葡萄牙以及澳大利亚的商人接踵而来，争相购买。

一天清晨，诺贝尔正在散步，一位朋友走过来对他说："你还不快去看看，报上有你的新闻。"诺贝尔急忙来到报摊儿前，买了一份报纸，"杀人凶手"四个醒目的大字映入眼帘。他仔细往下看，报上列举了他所发明的硝化甘油炸药引起的各种爆炸事件及其所造成的人员伤亡和财产损失。法国一家工厂在搬运硝化甘油炸药时，因发生冲撞引起爆炸，整个工厂和附近民房变成了一片废墟；还有旧金山爆炸案、"欧罗巴"号轮船爆炸案等。针对这些由硝化甘油炸药引发的事故，瑞典政府和其他国家都下令禁止运输诺贝尔的硝化甘油炸药，并声称，若有违反禁令者，就要追究法律责任。

诺贝尔面临着又一次严峻的考验，但困难和挫折没有把他吓倒。诺贝尔不分昼夜地继续研究，终于用硅藻

◁ 诺贝尔的炸药工厂 ▷

土做吸附剂，制成了更为安全方便的"达纳炸药"。经过申请，瑞典政府批准，"达纳炸药"正式生产和经销。此后，诺贝尔在美国和欧洲设立了许多公司，专门生产和销售"达纳炸药"。

诺贝尔万万没有料到，他所发明的炸药后来被许多国家用于战争，受到了世界人民的谴责，这使诺贝尔非常痛苦。当诺贝尔的哥哥去世时，报界误以为是诺贝尔死了，便在报纸上大加宣传和评论："不断发明新炸药，借此大发横财的军火商终于死了，整个世界将会因为他的死亡而变得太平！"诺贝尔看了评论以后，流下了愧疚的眼泪。从那以后，他的身体一天不如一天。1895年11月27日一大早，躺在病床上的诺贝尔对大夫说："请您帮个忙，把我的律师叫来。"

不久，律师匆匆忙忙地赶来说："诺贝尔先生，您找我有事吗？"

"请您把我的遗嘱修改一下，把我920万美元的遗产作为基金存入银行，每年用利息奖给对物理、化学、生理或医学、文学、和平事业有贡献的人。因为我研制的炸药造成了世界上很多人的伤亡，我要以此来补偿。"诺贝尔心情沉重地说。

1896年12月10日，这位炸药发明家与世长辞了。

按照他的遗嘱，他的920万美元遗产作为基金存入银行，每年用利息奖给对物理、化学、生理或医学、文

◀ 诺贝尔遗嘱手稿 ▶

< 莫言获得诺贝尔文学奖 >　　　　　　　< 屠呦呦获得诺贝尔奖后发言 >

学、和平事业有贡献的人。2012年，我国作家莫言获得诺贝尔文学奖；2015年，我国著名药学家屠呦呦获得诺贝尔生理学或医学奖。

爱因斯坦创立相对论

小学时的爱因斯坦

20世纪最伟大的科学家阿尔伯特·爱因斯坦于1879年出生在德国乌尔姆的一个犹太人家里。一年后，全家迁往慕尼黑。爱因斯坦就是在这里接受了初级和中级教育。1894年，他父亲开的一家小工厂因效益不好而倒闭，全家又被迫迁到意大利的米兰。1896年10月，爱因斯坦考入了瑞士苏黎世工业大学，学习数学和物理学。1902年6月，经朋友介绍，他到瑞士伯尔尼专利局担任技术员。

1905年，26岁的爱因斯坦在物理学方面已经取得了突出的成绩，提出了光量子的概念，证明了热的分子运动论。尤为突出的是他创立了狭义相对论，狭义相对论包含两条基本原理：一是相对性原理，即在所有惯性系里的物理定律都相同；二是光速不变原理，即在任何惯性系里测量的真空中的光速都相同，不依赖于地点和方向。根据狭义相对论，他还推导出了著名的质能方程式，即$E=mc^2$，这个方程式就是制造原子弹的理论基础。狭义相对论对牛顿的力学体系和绝对时空观进行了根本性的变革。

1912年，爱因斯坦回到母校苏黎世工业大学任教。1914年，爱因斯坦当选为普鲁士科学院正式院士，并任德国威廉皇帝物理研究所所长兼柏林洪堡大学教授。

在此期间，爱因斯坦更加夜以继日地钻研，不断丰富和充实关于广义相对论的思想。经过不懈努力，他终于在1915年10月完成了创建广义相对论的工作。广义相对论含两条基本原理：一是等效原理，即引力与惯性力等效；二是广义相对性原理，即所有非惯性系和有引力场存在的惯性系对于描述物理现象都是等价的。对此，著名物理学家玻恩就曾高度赞扬说："对广义相对论的提出，我过去和现在都认为是人类认识大自然的最伟大的成果。它把哲学的深奥、物理学的直观和数学的技艺令人惊叹地结合在一起。"

⟨ 1905年的爱因斯坦 ⟩

⟨ 玻恩 ⟩

爱因斯坦作为一位伟大的科学家，并没有把自己关在科学的象牙塔内，他认为："人只有献身于社会，才能找出那实际上是短暂而又有风险的生命的意义。作为一名科学家，应当有勇气同时作为教育者和政论家。"因而他才能满腔热情地投入到进步事业中去。

当普鲁士科学院表示准备选举爱因斯坦为正式院士的时候，他的好朋友、普鲁士科学院常任书记普朗克为他的荣誉感到高兴，并与普鲁士科学院的能斯特专程赶到瑞士的苏黎世向他报告这一喜讯。

普朗克激动而又隆重地对爱因斯坦说:"您的出生之地,您所说的语言的祖国在等待您!"

"不错,我爱祖国,爱它的语言,爱它的人民。不过,我不爱战争,爱和平。我是一个和平主义者。多一个和平主义者,一个爱因斯坦先生,对德国来说,会不会不舒服?"爱因斯坦调侃地说。

⟨ 普朗克 ⟩

1914年8月,第一次世界大战爆发了。在德国国内,到处是战争的狂热。甚至一辈子为科学孜孜不倦耕耘的院士们,每天也在高喊"义务""祖国"和"神圣的天职"之类失去理智的话。

9月底的一天,普朗克来到了爱因斯坦家中,拿出了一份有93个人签名的宣言,普朗克的名字也在其中。这是一份由20所德国大学的代表出面起草的《告文明诸民族》的呼吁书,声称德国高于一切,全世界都应接受"真正的德国精神"原则。

普朗克递给爱因斯坦说:"您签名吗?"

爱因斯坦坚定地答道:"不,我不能签这个名!"

普朗克没有勉强他,拿着宣言书悄悄地走了。

又过了几天,爱因斯坦的朋友丽莉·杨那希给他送来了一份由物理学实验家尼可拉草拟的宣言书。

"这是一份呼吁欧洲人起来谴责战争的宣言书,目前只征集到三个人的签名。"杨那希说。

⟨ 晚年的爱因斯坦 ⟩

"那我就是第四个!"爱因斯坦回答说。

"我们被组织在'新祖国'同盟里了,我们要秘密印刷一些反对战争的文章和小册子。"杨那希接着说。

"把我也算作你们的人好吗?"爱因斯坦诚恳地请求。

杨那希高兴地说:"那太好啦!"

20世纪20年代后,爱因斯坦已成为世界公认的伟大科学家,深受人们的爱戴和崇敬。在美国纽约河滨教堂所摆设的世界最伟大的科学家塑像中,他是唯一一位活着的人。对于声誉和崇拜,爱因斯坦感到是一种额外的负担。他始终保持着谦虚和俭朴的品质,从不把安逸和享受看作是生活的目的。

1955年4月18日,爱因斯坦在普林斯顿与世长辞,享年76岁。第二天中午,只有12个最亲近的人为他送葬。

⟨ 爱因斯坦在普林斯顿的住宅 ⟩

日俄战争

日俄战争是一场日本与俄国为了争夺我国东北而在我国东北进行的一场战争。由于清政府的腐败无能，俄国先后通过《瑷珲条约》《北京条约》等一系列不平等条约，割走了中国东北一百多万平方公里的土地，还强租旅顺（今属大连市）作为军港。

1904年2月8日夜，一支日本舰队偷偷驶进中国的旅顺港水域，幽灵般靠近停泊在旅顺港外的俄国太平洋舰队。俄国舰队危在旦夕。

对此，俄国太平洋舰队竟毫无察觉。舰队的军官和家属们正聚集在岸上斯达尔克司令的官邸，伴随着悠扬的乐曲声翩翩起舞，为舰队司令夫人的命名日举行盛大庆典，热闹非凡。直到深夜，参加庆典的俄国军官们仍兴致浓浓，沉浸在温馨浪漫

〈 日俄战争前的旅顺港 〉

的气氛中，没有一点儿倦意。船上的水兵早已进入了梦乡，只有几个值勤的水兵无精打采地守在岗位上。

这时已悄悄接近俄舰队的日本联合舰队发射了鱼雷。"轰！""轰！""轰！"立时，俄舰"列特维赞"号、"太子"号和"帕拉达"号爆炸起火。司令官邸的军官们都被这突如其来、震耳欲聋的爆炸声吓得惊慌失措、呆若木鸡，乐曲声也戛然而止。片刻，便是一片混乱和嘈杂。正在人们准备夺路而逃的时候，一名军官高喊道："女士们，先生们，请不必惊慌。这也许是我们的舰队为司令夫人阁下命名而施放的礼炮吧！让我们借助这喜庆的礼炮，继续为夫人庆贺吧！"

惊魂未定的人们用怀疑的目光看着这位军官，交头接耳地议论着。正在这时，一位副官急匆匆地跑进大厅，来到斯达尔克将军身边，低声说道："将军，不好了！日本舰队偷袭了旅顺港，炸毁了我们两艘战列舰和一艘巡洋舰。"斯达尔克将军听到这一消息，如同巨雷轰顶一般，立刻面色苍白。他摇晃着身子从座位上站了起来，用颤抖的声音说道："各位军官，请立即回到军舰上去！"顿时，全场乱作一团，像炸了营似的四处奔逃。一场庆典就在这样的"礼炮"声中结束了。

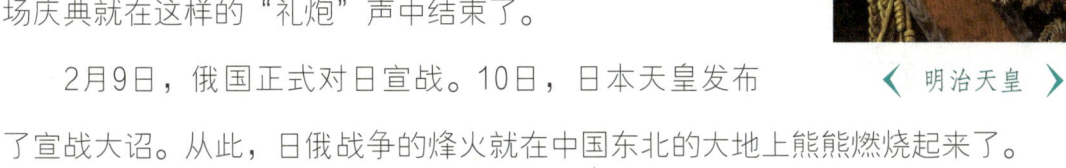

2月9日，俄国正式对日宣战。10日，日本天皇发布了宣战大诏。从此，日俄战争的烽火就在中国东北的大地上熊熊燃烧起来了。

⟨ 明治天皇 ⟩

那么，日俄双方为什么要兵戎相见？又为什么要跑到中国的领土和领海上来打仗呢？

中日甲午战争

早在第二次鸦片战争期间，俄国就强迫清政府割让了中国东北的大片土地。但俄国仍不满足，企图占领整个东北，进而实现称霸世界的"远东计划"。而后起的日本也早有夺取中国东北的野心，并在1894年发动了侵略中国的甲午战争，强迫清政府割让了辽东半岛，实现了"大陆政策"的初步计划。日本的"大陆政策"和俄国的"远东计划"发生了不可调和的矛盾。于是，俄国便联合德国和法国，迫使日本将辽东半岛退还给中国。战后已精疲力竭的日本面对强大的三国，只好将叼在口中的肥肉吐了出来。对此，俄国以"还辽"有功为由，在中国东北谋取了修筑铁路、租借旅大等权益。1900年，俄国又趁义和团运动之机，以保护铁路为名，出动军队占领了整个东北。

日本对俄国的干涉耿耿于怀，于是卧薪尝胆，积蓄力量，伺机卷土重来，以报一箭之仇。1902年8月，日本在取得了英国和美国的支持之后，向俄国提出谈判，条件是日本承认俄国在中国东北的最高权益和俄国承认日本在朝鲜的最高权益。其实，谈判只不过是日俄争霸的继续和战争的先声，双方都以谈判为掩护，加紧战争的准备。因此，在谈判过程中，日俄双方都各持己见，互不相让。1904年2月6日谈判破裂，战争一触即发。日本终于按捺不住侵略的野心，首先挑起战争，在2月8日深夜偷袭了俄国停泊在旅顺港的太平洋舰队。

战争打响以后，双方各自调兵遣将。一时间，日俄军队如飞蝗入境一般，铺天盖地涌入中国东北。从5月1日日军突破俄军鸭绿江防线开始，战争帷幕正式拉开。战斗异常激烈、残酷。9月4日，日军攻陷辽阳。1905年1月2日，俄军旅顺要塞司令开城向日军投降。3月10日，日军占领沈阳。至此，日俄陆战以俄国惨败而告终。

正当日军围攻旅顺之际，俄国为了改变接连失利的状况，组建了第二太平洋舰队，罗日杰斯特文斯基中将为司令官。

◁ 罗日杰斯特文斯基 ▷

由于俄国政府部门的拖沓，再加上路途遥远，水兵素质差，直到1905年5月27日，俄国第二太平洋舰队才驶入对马海峡。

同一天，停泊在朝鲜镇海湾的日本联合舰队收到了"信浓丸"号发来的俄国舰队行动具体位置的密码电报。这时，舰队司令东乡平八郎命令道："各就各位，准备战斗！一定要把俄国舰队彻底消灭在对马海峡！"

◁ 东乡平八郎 ▷

当天下午，俄国舰队的官兵正议论着，如果能离开这死亡海峡，就会安全到达海参崴。这时，日本舰队突然出现在眼前，向俄国舰队的斜前方压过来。

罗日杰斯特文斯基立即把俄军战舰分成三路，对日舰形成包围之势，然后命令道："各舰注意，集中火力，对准旗舰，开炮！"顿时硝烟滚滚，海浪滔天。

"打中啦！打中啦！"俄舰官兵呼喊着，跳跃着，相互庆贺。笑声未落，日军旗舰"三笠"号竟从硝烟中驶了出来，原来并没有击中要害。

日本联合舰队在旗舰的指挥下开始还击。俄舰"奥斯里亚比亚"号被击沉。接着，罗日杰斯特文斯基所乘的指挥舰"苏沃洛夫"号也遭到了重创而起火。罗日杰斯特文斯基在护卫的救护下逃到了另一艘水雷舰上。但日舰穷追不舍，随后猛击，罗日杰斯特文斯基最终成了日军俘虏。

日军旗舰"三笠"号

司令被俘，俄舰队失去指挥，乱作一团，再也抵挡不住日军的猛烈攻击，被迫向海参崴方向撤退。当天晚上，双方再次发生激战，又有三艘俄舰被击沉。

5月28日上午，日俄舰队又在郁陵岛附近海面相遇，俄军已无力再战，挂起白旗投降了。这次海战，俄军舰艇被击沉22艘，被俘7艘，日军舰队损失鱼雷艇3艘。日俄战争以俄军第二太平洋舰队的覆灭、日军联合舰队的胜利而告终。

1905年9月5日，日俄双方在美国新罕布什尔州的朴次茅斯海军基地签订了和约，和约规定：俄国承认朝鲜为日本的势力范围，并将在中国辽东半岛的租借地转让给日本；俄国割让库页岛南部及其附近一切岛屿给日本。

日俄战争不仅造成了日俄两国人员的重大伤亡（俄国伤亡27万人，日本伤亡40万人，共计67万人），同时还粗暴地践踏了中国的领土和主权，使中国人民蒙受了莫大的耻辱与浩劫。辽东半岛的广大地区房屋倒塌，难民流离，哀鸿遍野，一片凄凉，真是目不忍睹，惨绝人寰。

开凿巴拿马运河

在中美洲东南部地区，有一条西起哥斯达黎加、北临加勒比海、东接哥伦比亚、南濒太平洋的狭长陆地，最窄的地方在巴拿马地峡，只有60公里宽。别看它只有几十公里宽，却把浩瀚的太平洋和大西洋截然分开，分隔为两个世界。

⟨ 巴拿马运河 ⟩

长期以来，人们要乘船从美洲的大西洋沿岸去太平洋沿岸，必须绕过南美洲最南端的麦哲伦海峡才能到达。漫长的海上航行，人们不仅要经受惊涛骇浪的拍打，还要忍受漫长岁月的煎熬。当人们到达目的地时，已经被颠簸得疲惫不堪了。

自16世纪以来，人们为了缩短大西洋和太平洋之间的航程，不知动了多少脑筋，耗费了多少人力和物力。几经周折和坎坷，终于在1914年由美国完成了巴拿马运河的开凿工程。从此，地球上又增添了一条人工开凿的河流——巴拿马运河。从这以后，如果乘船从巴拿马地峡东侧的巴尔博亚去西侧的科里斯托巴尔，通过巴拿马运河只需航行65公里，缩短了几千公里的航程。

不过，巴拿马运河的开凿可不是一帆风顺的，它经历了三个多世纪的漫长岁月和艰难曲折的历程。

16世纪初，巴拿马沦为西班牙殖民地。于是，西班牙殖民者便以巴拿马、哥伦比亚等地为基地，在太平洋沿岸进行疯狂的殖民掠夺，所掠的财宝堆积如山。怎样才能把这些财宝安全地运回西班牙呢？如果用船载运，必须绕过南美洲最南端，需要很长的时间才能到达，说不定沿途还会遭到海盗的袭击。对此，西班牙殖民者动了不少脑筋，最后决定，以人工运输的办法翻越巴拿马地峡。于是，他们驱使当地劳动人民修筑了一条横穿巴拿马地峡的石板路。首先，西班牙殖民者把从太平洋沿岸掠夺的大批财宝集中到巴拿马城，然后再驱使大批奴隶通过石板路将财宝运送到大西洋沿岸的港口，再由港口装船运回西班牙。

后来，西班牙殖民者又想到，如果在巴拿马地峡开凿一条直通两大洋的运河不是更方便吗？这样就可以省去搬运和装载环节上的许多麻烦。于是，他们便向西班牙政府提交了一份开凿巴拿马运河的计划和具体方案，但这项计划却被西班牙国王否决了。

1819年，哥伦比亚等地的人民赶走了西班牙总督，获得了独立，成立了格拉纳达共和国（1886年改称哥伦比亚共和国）。1821年，巴拿马加入了格拉纳达共和国。这时，美国势力趁机而入，在巴拿马修筑了一条横贯地峡的铁路，并对铁路进行控制。随后，法国的势力也进入了巴拿马，并在1878年取得了巴拿马运河的承租权。1879年，法国成立了运河公司，准备动工开凿巴拿马运河。

美国一直想独霸巴拿马，不甘心运河的承租权落入法国人的手里。于是便由美国铁路公司出面，以铁路损失为由百般阻挠。但法国运河公司深知运河将会带来莫大的收益，不肯放弃运河的承租权，只好被迫饮鸩止渴，以铁路造价三倍以上的2550万美元的高价收购了美国的巴拿马铁路。

◀ 1854年的巴拿马铁路 ▶

1883年2月，法国运河公司的巴拿马运河工程破土动工。运河公司自开工以后，公司负责人贪污舞弊，贿赂政府和有关人员进行公司股票投机，损失惨重。到1889年，公司破产。1894年，公司改组，重新复工。到1900年，新的运河公司也因资金不足等原因，再一次破产停工。法国运河公司前后两次动工，共耗资三亿多美元，但运河工程却仅仅完成了三分之一。

这时，美国趁法国为难之际，提出接管运河工程。法国迫于无奈，只好同意把运河开凿权卖给美国。这样，美国仅以4000万美元就廉价收购了法国运河公司的一切财产，并取得了运河的承租权。

美国为了在巴拿马运河取得更大的权益，便在1903年1月迫使哥伦比亚政府签订了不平等条约,不仅取得了运河的开凿、航运和经营权,而且还取得了永久"租借"运河区和驻扎军队的特权,但这一条约遭到了哥伦比亚国会的拒绝。

美国随即采取阴谋手段,在同年11月3日策动巴拿马脱离哥伦比亚共和国,逮捕了哥伦比亚驻巴拿马军队的司令官,宣布独立,成立巴拿马共和国。接着,美国又与巴拿马政府签订了不平等的《美巴条约》。

1904年,美国再次动工开凿运河。由于美国利用了法国过去开凿的河段,又利用加通湖改为水闸式的运河,所以工程进展较快,仅用了十年的工夫就基本完工。1914年,巴拿马运河开始通航。1920年正式对世界各地的船只开放。

⟨ 巴拿马宣布独立 ⟩

⟨ 开凿巴拿马运河 ⟩

巴拿马运河西起科里斯托巴尔,东至巴尔博亚,长65公里,加上连接两洋的深水段,全长81.3公里。运河河面最窄的地方为152米,最宽的地方为304米。

巴拿马运河成为沟通大西洋和太平洋的重要通道,大大缩短了两大洋之间的航程。例如从美国东海岸的纽约到加拿大西部的温哥华，走运河要比绕道麦哲伦海峡缩短航程1.5万公里。巴拿马运河的建成，为人类海上航行创造了方便条件，同时也为美国的军事扩张和经济掠夺带来了巨大利益。因此，美国的统治阶级称之为美国的"地峡生命线"。

巴拿马人民从美国控制运河之日起，便为收回运河权益展开了不懈的斗争。直到1977年9月7日，美国被迫与巴拿马签订了新的运河条约。1999年12月31日，巴拿马人民终于收回了巴拿马运河的一切主权。

‹ 1914年8月，巴拿马运河试航成功 ›

‹ 巴拿马运河 ›

第一次世界大战爆发

19世纪末、20世纪初，欧洲出现了两个对立的阵营：德国、奥匈帝国和意大利等国组成的同盟国集团，法国、俄国、英国等国组成的协约国集团。

1914年6月28日，奥匈帝国皇储斐迪南大公夫妇在萨拉热窝（今波黑首都）遇刺，行刺者是塞尔维亚青年普林齐普。这就是"萨拉热窝事件"。

"萨拉热窝事件"发生后，奥匈帝国决心借此事件对塞尔维亚发动战争。奥匈帝国经过充分准备，于1914年7月23日下午向塞尔维亚政府递交了最后通牒，要求塞尔维亚政府制止一切反奥宣传和活动，惩办进行反奥宣传的官民，由奥匈帝国派员会同审判萨拉热窝暗杀事件的凶手，并限令在48小时内答复。

塞尔维亚在奥匈帝国的强大压力下，被迫答应了除派员参加会同审判一条外的全部要求。同时塞尔维亚总理亲自前往奥匈使馆答复最后通牒。

7月28日，奥匈帝国以塞尔维亚政府未能给予圆满答复为借口，正式向塞尔维亚宣战。当天夜里，奥匈军队炮轰塞尔维亚首都贝尔格莱德，五千多名居民惨死在炮火中。

7月30日，一向自诩为"东正教保护者"的俄国支持塞尔维亚，向全国发布了战争总动员令。

德国对俄国宣战　　　　　　　　　英国对德宣战

7月31日，奥匈帝国的盟国德国向俄国发出最后通牒，要求俄国在12小时内取消总动员令。俄国对此毫不理睬，加紧进行战争的准备。同一天，德国又向法国递交照会，希望法国能在德俄发生战争时保持中立。但法国一心想报普法战争中的受辱之仇，而且和俄国有盟约，不可能保持中立，因此只表示将保留行动的自由。

8月1日，德国对俄国宣战。

8月2日，德国向比利时发出照会，要求允许德军进入比利时领土对法军作战。德国这一侵犯主权的行径，遭到了比利时政府的坚决回绝。

8月3日，德国对法国宣战。

8月4日，德国向比利时发动进攻。同一天，英国以德国破坏比利时中立为借口，对德宣战。

8月6日，奥匈帝国向俄国宣战。

短短几天内，欧洲各主要国家都卷入了这场战争。德国、奥匈帝国、土耳其、保加利亚等国为"同盟国"；英国、法国、俄国、比利时等国为"协约国"，两大阵营相互厮杀,第一次世界大战就这样爆发了。

第一次世界大战的主战场在欧洲,形成西、东、南三条战线:西线在比利时、法国北部和德、法边境,德军与英、法、比军队对阵;东线在波罗的海南岸至罗马尼亚一带,德、奥军队与俄军对阵;南线在巴尔干半岛,奥军与塞、俄军队对阵。

此外,双方还在亚洲的外高加索、两河流域和巴勒斯坦进行了激烈的交战。

8月4日清晨,德国第一、第二两个集团军的先头部队在埃米希将军的率领下,企图突破列日要塞进入比利时,打开通往法国的道路。德国原以为比利时兵少将寡,一定会举手投降,即便是抵抗,也会不堪一击,他们能顺利占领比利时。可是,德国人万万没有料到,比利时竟将仅有的16万部队,几乎全部部署在列日要塞和布鲁塞尔之间,以防范德军的入侵,德军对列日要塞的几次强攻都被击退。于是,不甘失败的德军像潮水一般向列日要塞反复发起猛烈攻击。比军以大炮、机枪联合火力进行阻击。德军死伤惨重,要塞仍旧岿然不动。德军只好把当时世

〈 列日战役中的比利时士兵 〉

〈 "大贝尔塔"重炮 〉

界上最大的"大贝尔塔"重炮运到列日要塞的前沿阵地，实行重炮轰炸。"大贝尔塔"口径超过了40厘米，可以将一吨重的炮弹射到十几公里以外，威力果然巨大，只几天工夫，列日炮台就被炸平了。

8月16日，列日要塞失守，比利时指挥官勒芒被俘。8月20日，德军占领比利时首都布鲁塞尔。

在德军进攻列日要塞的第十天，法国第一、第二两个军团开始向德国领土展开攻击。德军采取诱敌深入的战略战术，佯装败退。几天后，法军顺利占领了阿尔萨斯和洛林地区。正在法军欢庆胜利之际，德军突然掉过头来，向法军猛扑过来。法军始料不及，节节败退。德军乘势向前推进，先头部队很快到达距巴黎仅有15公里的地方。

在这万分危急的时刻，法军总司令霞飞将军果断下令，第三、第四、第五军团迅速西撤，与第六军团会合，挡住德军右翼部队的进攻；同时调动后备部队，加强对巴黎的防守。

法军在前几天的战斗中虽然连连受挫，但主力并没有受到损失。因此，霞飞胸有成竹，重新调整部队，排兵布阵，在凡尔登至巴黎一线进行了周密设防。

德军参谋总长小毛奇误以为法军已完全丧失了战斗能力，便得意忘形，命令部队："全力出击，彻底消灭法军，迅速占领巴黎！"

德军被暂时的胜利冲昏了头脑，孤军冒进，正中霞

〈 霞飞 〉

飞的圈套。

"报告总司令，德军第一、第二集团军已进入我军防区！"

"太好啦！"霞飞高兴得几乎跳起来，立刻下令，"我命令，正面部队诱敌继续深入，左右两翼进行侧面进攻！"然后，他又调集部队插入敌人后方，以堵截敌人的归路。

< 小毛奇 >

这时，小毛奇发觉孤军深入的第一、第二集团军已陷入法军的包围之中，立刻命令部队停止追击。可是为时已晚，部队已渡过了马恩河。

9月5日，德军的第一集团军与法军的第六军团遭遇，马恩河战役打响。

9月6日，法军开始发起正面进攻。英国集团军也迅速开往马恩河，配合法军攻击德军后路。在长达200公里的战线上，德、法、英三国军队252万人混战厮杀。一时间，马恩河两岸战火纷飞，硝烟弥漫。经过四天的激战，双方各自伤亡约25万人，最终德军败退北撤，马恩河战役结束。9月14日，德国统帅小毛奇被德皇撤职。

马恩河战役不仅使德军速战速决消灭法军的战略计划破产，同时也是第一次世界大战的转折点。此后，交战双方进入僵持阶段。

为了打破僵局，1916年2月21日，德军调集重兵进攻法国东北部军事要地凡尔登。德法双方共投入了200万兵力展开攻防战，德军死伤45万多人，法军死伤、失踪55万多人。这一战双方死伤惨重，但僵持的局面没有打破。

俄国十月革命

在第一次世界大战中，除西线外，东线和南线战场也是恶战连连。

开战之初，德军主力集中在西线，俄军趁机大举进攻东普鲁士，一路高歌猛进，突入德国腹地，逼得德国往东线增兵，得到增援的德军歼灭了冒进的俄军。1915年，由于西线战场陷于僵持，德国便把兵力集中到东线，打算先击溃俄国，解除后顾之忧。在几个月的时间里，俄军遭受重大打击，损失了上百万军队。沙皇尼古拉二世毫不动摇，不但不肯投降，还增派大批军队，在南线发起反击，和德军、奥军、土耳其军队打成一团，到1917年，俄国已有几百万人战死在疆场。战争使俄国的经济几乎处于崩溃状态，赋税激增，物价飞涨，而资本家、商人、地主却趁机囤积居奇，大发战争横财。到1917年1月底，彼得格勒（1914年，圣彼得堡更名为彼得格勒）仅

〈 沙皇尼古拉二世 〉

存十天的面包，三天的油脂，数百万人民面临饥饿的威胁。国内阶级矛盾和民族矛盾日益激化，1915年有54万工人参加罢工，1916年增加到100万人以上。

1917年3月12日（俄历2月27日），在布尔什维克的领导和影响下，俄国爆发了"二月革命"，推翻了统治俄国三百多年的罗曼诺夫王朝。

〈 二月革命 〉

"二月革命"成功后，俄国出现了两个政权：一个是资产阶级临时政府，代表大资产阶级利益，对内竭力维护旧的国家机器，企图解散工人武装，消灭苏维埃，对外继续进行帝国主义战争；另一个政权是工兵代表苏维埃（意为议会），代表广大人民群众的利益，并得到了前线大多数士兵和全国工农群众的支持。两个政权尖锐对立，对布尔什维克是个严峻的考验。

1917年7月，临时政府应协约国的要求和加强军事独裁的需要，对德国军队发动了大规模反攻，结果死伤6万多人，激起了士兵和工农群众的强烈不满。

7月16日下午，布尔什维克彼得格勒市委会议室里正在开会，突然两名士兵闯了进来。还没等委员们醒过神儿来发问，两名士兵便像机枪似的开口说道："我们是首都第一机枪团的代表。我们团决定今晚发动起义，推翻临时政府，并已派出代表到各工厂、团部联络。希望党中央和市委立即组织队伍，领导武装起义！"

这时，负责指导彼得格勒市委工作的党中央委员斯大林站了起来，走到士兵代表面前，用温和的口吻说："同志，现在发动起义过于仓促，外地的军队都没有做好支援首都起义的准备。希望你们回去一定要做其他党员的工作，千万不要贸然行动。"

两名代表非但不听斯大林的劝告，反而情绪非常激动地说："打倒临时政府是我们全团的决定，任何人也无权改变！"说完便气冲冲地走了。

首都第一机枪团一旦举行起义，不仅会遭到临时政府的镇压，而且会打乱布尔什维克的全盘计划，到那时，后果将不堪设想。这时列宁因病离开了首都，斯大林便立即将这一情况向党中央委员斯维尔德洛夫做了汇报。经过多方努力说服和劝导，士兵们总算接受了党中央的意见，把武装起义改为和平示威游行。

第二天清晨，50多万工人和士兵走上了彼得格勒的街头，他们高举着"我们要和平！""我们要面包！""我们要自由！"等大幅标语，有秩序地进行示威游行。

下午2时，当游行队伍来到繁华的十字路口时，突然一声清脆的枪声，紧接着就是"嗒""嗒""嗒"密集的机枪扫射。临时政府对游行队伍进行了血腥的镇压。顷刻间，游行的群众纷纷倒地，血流成河，死伤者有四百多人，史称"七月事变"。

布尔什维克党中央为了保存实力，避免无谓的牺牲，当天晚上将游行的士兵和工人有组织地撤回了营房和工厂。

‹ 列宁 ›

‹ 年轻时的斯大林 ›

接着，临时政府捣毁布尔什维克党的机关报，解除工人赤卫队武装，捕杀布尔什维克党人和革命士兵，布尔什维克党被迫转入地下活动。

8月，布尔什维克党秘密召开第六次代表大会，决定组织武装起义。

11月6日下午，由彼得格勒工人、水手、士兵等20多万人组成的革命队伍集合起来了，他们分成数以百计的小分队，分头向各自的目标进发。

11月6日夜，已经回到彼得格勒的列宁头戴假发，化装成工人模样，秘密来到武装起义的指挥部斯莫尔尼宫，亲自指挥武装起义。

在斯莫尔尼宫的会议室里，列宁皱着眉，急促地走来走去，正在思考一个重大问题。突然他停下脚步，把握紧的拳头狠狠地砸在桌子上，激动地说："同志们，起义就要开始了，曙光即将到来。我们一定要把临时政府的人员全部逮捕起来，解除他们的武装。但大家要记住，要把伤亡降低到最低限度！"

‹ 斯莫尔尼宫 ›

11月7日（俄历10月25日），起义队伍在列宁的亲自指挥下，迅速占领了彼得格勒的火车站、邮电局、电话局、银行、桥梁等重要地点和部门。临时政府的军队在起义队伍的强大攻势下溃不成军，纷纷缴械投降。前来支援临时政府的外地军队也被各地的起义队伍所阻截。临时政府的官员们见势不妙，在突击队和两个连的官兵护卫下，仓皇逃进了最后一个据点——冬宫，准备进行最后的顽抗。

列宁在斯莫尔尼宫的指挥部里认真地听着汇报。"列宁同志，临时政府的残余

《 冬宫 》

逃进了冬宫，我们已经控制了整个城市。"

列宁高兴地问道："冬宫的情况怎么样？"

"我们已把冬宫围了个水泄不通，大家都在等待您的总攻命令呢！"

列宁思考了一下说："向临时政府发出最后通牒！"

盘踞在冬宫内的临时政府成员认为，冬宫墙高壁厚，守兵有两千多人，武器精良，弹药充足，完全可以固守待援，因此对起义部队的最后通牒拒不回复。

当晚9时45分，列宁下达了攻占冬宫的命令。

等候在涅瓦河上的"阿芙乐尔"号巡洋舰得到总攻的命令后立即开炮，发出了总攻的信号。

这时，围攻冬宫的指挥员安东诺夫振臂高呼："同志们，冲啊！"顿时杀声震天，起义队伍像潮水般冲进了冬宫。

临时政府的守军见起义队伍排山倒海般冲了过来，早吓得魂飞魄散，扔下武器，掉头便跑，躲在宫殿里的16名临时政

"阿芙乐尔"号巡洋舰

府成员束手就擒。起义者把红旗插上了冬宫屋顶，"万岁！""万岁！"的欢呼声响彻整个冬宫。

当晚10时40分，全俄工兵代表苏维埃第二次代表大会在斯莫尔尼宫隆重召开。当列宁走进会场时，代表们全体起立，雷鸣般的掌声和欢呼声经久不息。大会通过了《告工人、士兵和农民书》《和平法令》和《土地法令》。

大会决定成立完全由布尔什维克党组成的第一届苏维埃政府——人民委员会，列宁当选为人民委员会主席。世界上第一个社会主义国家诞生了。

列宁在全俄工兵代表苏维埃第二次代表大会上讲话

决战 1918

1917年，此前在第一次世界大战中一直保持"中立"的美国见德国已是强弩之末，败局已定，有机可乘，便在这年4月向德国公开宣战，12月又向奥匈帝国宣战，准备派出200万人的军队参战。美国加入战争，对本来就已精疲力竭的英法等协约国来说，无疑是注射了一支强心剂。

1918年3月，苏维埃俄国与德国、奥匈帝国、保加利亚、土耳其签订了《布列斯特和约》，正式退出第一次世界大战，东线战争结束。德国几年来一直在东西两线同时作战，损失惨重，只能固守阵地。德国统帅部认为，要扭转战局，必须选择一个有利的时机。恰在此时，俄国退出了战争。美国虽然参战，但部队刚刚集结完毕，还没有开到欧洲战场。

1918年3月21日，德军发起了代号为"米夏埃尔行动"的总攻，由鲁登道夫将军指挥。为了弥补兵力的不足，德国采取了新的"渗透战术"，由经验丰富、年轻力壮的精干人员

⟨ 《布列斯特和约》签字现场 ⟩

组成突击队插入到协约国军队后方,割裂其防御体系,形成与正面部队的夹击。结果,德军很快就突破了英法军队的第一道防线,迫使英法军队退到了索姆河一线。

在这次战役中,由于英法军队缺乏有效的配合,导致惨重失败。英军伤亡1.65万人,被俘7万人,被缴获的野战炮1100门,法军损失7.7万人。甚至在英军阵地上没有来得及运走的200万瓶威士忌酒也被德军士兵缴获,作为战利品摆在了德国人的餐桌上。

协约国在总结了这次战役的教训之后,建立了统一的军事机构,法国的福煦将军担任在法国作战的所有协约国军队的总司令。

〈 福煦 〉

德军决定乘胜前进,不给协约国军队以喘息之机。5月,德军又在佛兰德发动攻势,同时派遣一支部队佯攻由协约国占据的谢曼德达姆,诱使防守佛兰德的协约国军队分兵增援,然后乘佛兰德防守空虚之际发起总攻,一举拿下佛兰德。

战斗打响之后,由于担任谢曼德达姆地区防御的法军指挥官迪歇纳指挥不利,德军采取"渗透战术"再一次得手,不到一小时就冲破了法军的防线。鲁登道夫见谢曼德达姆的战斗进展顺利,便改变了原来的作战计划,命令德军在谢曼德达姆的进攻由虚转实,继续向前推进。德军势如破竹,一直推进到距巴黎不远的马恩河畔。

法军的溃退使巴黎再一次暴露在入侵者面前。这时,正

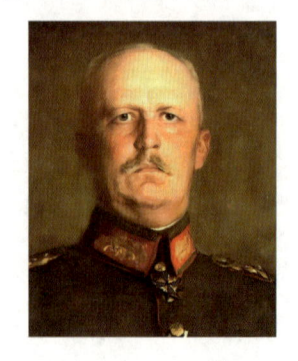

〈 鲁登道夫 〉

潘兴

在后方进行训练的美国远征军在潘兴将军的率领下，及时赶到法国前线。这支远征军虽然缺乏作战经验，但士气旺盛，颇有美国西部牛仔的风格。

在贝莱奥森林的战斗中，法军在德军的猛烈攻击下节节败退，法军指挥官劝前来增援的美国海军陆战队一起撤退。美军指挥官威廉上尉气得咬牙切齿，嘴里粗鲁地骂道："妈的，真是一群胆小鬼！"然后，他命令战士，"弟兄们，顶住。一定要夺回被德国人占领的阵地！"他们前仆后继，毫不畏惧，冒死前进。德军的阵地上发出阵阵惊呼"魔犬！魔犬！""美国人疯啦！美国人疯啦！"美军终于以血的代价夺回了贝莱奥森林，但伤亡惨重，死伤5183人。贝莱奥森林变成了秃岭。

法国政府为了表彰在贝莱奥森林战斗中战死的美国海军陆战队官兵，将贝莱奥森林命名为"海军陆战队森林"。现在，这座秃岭又重新长出了茂密的森林，并在名义上归美国政府所有，成为纪念第一次世界大战中在欧洲大陆阵亡的美军官兵的一处圣地。

7月，协约国军队开始大规模反攻。德军望风而逃，溃不成军。鲁登道夫哀叹道："我军士气已经是今非昔比了。军官们丧失了左右他们士兵的能力，听任自己被推着走。战争随着更多的美军加入，形势对我军越来

贝莱奥森林争夺战

越不利。"

8月8日凌晨，协约国联军以17个步兵师，3个骑兵师，上千架飞机，数百辆坦克和3000门大炮的空前庞大的阵容，对亚眠地区的德军发起了总攻。双方经过空中、地上

《贡比涅停战协定》签字现场

的激烈较量，德军溃败。8月30日，战斗全部结束。亚眠一战，德军元气大伤，疲惫不堪，已无力再组织反攻。同盟国濒临崩溃，鲁登道夫被迫辞职。

10月30日，土耳其政府宣布投降。11月3日，奥匈帝国宣布投降。9日，德皇威廉二世被迫退位，逃往荷兰。

11月11日，协约国联军总司令福煦与德国外交大臣埃尔菲贝尔格在法国的贡比涅签署了《贡比涅停战协定》。至此，第一次世界大战以协约国的胜利宣告结束。

第一次世界大战从1914年7月28日奥匈帝国对塞尔维亚宣战开始，到1918年11月11日德国正式投降，历时四年三个月的时间。参加第一次世界大战的有五大洲的三十多个国家，参战总兵力六千多万人，伤亡三千多万人。因战争而死于饥饿和疾病的平民一千多万人，伤亡三千多万人。交战各国的经济损失两千七百多亿美元，是一场空前的人类大浩劫。

巴黎和会

　　第一次世界大战结束后，经过两个多月的相互磋商和紧张筹备，1919年1月18日，所谓"建立战后新秩序的和平会议"终于在法国巴黎的凡尔赛宫拉开了帷幕。

　　出席会议的有27个国家，70名代表，其中英、美、法、意、日五国各有代表五人，其他国家的代表或三人或一人不等。美国总统威尔逊、英国首相劳合·乔治、法国总理克里孟梭、意大利首相奥兰多是出席巴黎和会的"四巨头"。克里孟梭任巴黎和会全体大会主席。

⟨ 巴黎和会"四巨头" ⟩

　　根据大会的程序，巴黎和会所讨论的问题首先要由英、美、法、意、日五国代表组成的、包括"四巨头"在内的"十人委员会"上取得一致，然后交全体大会审议通过，德国领土问题由"十人委员会"直接讨论。其他问题，如国际联盟盟约、德国赔款、战争责任等，均交由协助"十人委员会"工作的各种专门委员会进行研究，草拟初步意见。实际上，大会完全控制在英、美、法等国手中，别国只能听任

< 克里孟梭 >

< 劳合·乔治 >

< 伍德罗·威尔逊 >

他们摆布。

会议开始了，绰号"老虎总理"的法国总理克里孟梭首先走上讲台，别看他已是78岁的高龄，可是精神格外抖擞。他宣布大会开始后，又神情激动地接着说："48年前的今天，德意志帝国就是在这里宣布诞生的。我们也让它在历史的同一天同一个地点走上审判台，结束它的罪恶历史！"德国代表躲在角落里，无地自容。

大会进行的第一项议程，就是讨论如何扼杀新生的苏维埃俄国。

英国首相劳合·乔治首先站起来说："德国已经彻底战败，现在我们真正的敌人是正在东方兴起的苏俄。如果我们不立即动手消灭它的话，这股洪流将会迅速漫延到世界各国，到那时将会后患无穷！"

"我们当前必须对苏俄进行联合的军事打击和经济封锁，将它置于死地！"美国总统威尔逊补充说。

在劳合·乔治和威尔逊的煽动下，大会顺利通过了对苏俄进行武装干涉的计划。大会指令驻波罗的海沿岸的德军进攻苏俄，将被俘的俄军官兵送交白俄（指沙皇军队的残余力量），参加反动武装。大会还具体划分了英、美、法、日各国在俄国的行动范围。

第二项议程是筹组国际联盟。

美国总统威尔逊走上讲台发言:"我建议,利用这次和会建立一个相互合作的国际联盟组织,来共同对付列宁创建的共产国际,以确保联盟国家的自由和安全。"这个提议得以顺利通过。威尔逊之所以极力鼓吹建立国际联盟,其用意就是要通过国际联盟来建立美国领导的世界霸权,以达到控制联盟国家的目的。

大会的最后一项议程,也是战胜国代表们最关心的,关于对德国的处理和瓜分的实质性问题。

关于对德国的处理问题,会议提出:"德国须在14天之内撤出在战争中占领的法国、比利时、卢森堡等国家和地区的领土;一个月内将莱茵河以西的德国领土和以东30公里内的德国领土交给协约国处理;交出巡洋舰、战斗舰230艘和全部飞机、大炮。"

"这太不公平了。我们虽然是战败国,但条件也太过苛刻了。我们无法接受!"德国代表在忍无可忍的情况下,硬着头皮站起来大声抗议道。

"这并不是你接受不接受的问题。你是战败国,协约国有权对你的一切进行处理。我们没有解除你的军队武装,也没有取消你的军火工业,已经是非常照顾你们啦!"美国总统威尔逊反驳道。

当然,代表们心里都明白,不解除德国的武装,是美、英想利用德国来牵制法国,对付苏俄。

大会关于瓜分战败国殖民地问题的争论尤为激烈。代表们都为自己一方考虑,谁也不肯让出半步。

意大利总理奥兰多因为争夺阜姆问题，对美国的阻挠和处理方法不满，负气离开了会场。阜姆即今天克罗地亚的里耶卡市。第一次世界大战爆发之前，意大利曾与德、奥结盟，后来英、法承诺把阜姆及附近地区划归意大利，以换取意大利加入协约国参战。如今美梦成空，意大利岂能不急？

中国代表要求收回德国在中国山东的殖民权利，可是日本代表牧野反对，他寻找借口说："我们在1914年进攻德国占领的胶州湾时付出了'不小的牺牲'，德国在胶州湾的全部权益应转让给日本。"

"这不可能。德国在华的一切权益应全部交给协约国，由协约国议决处置办法。"美国总统威尔逊不想让日本在中国的势力过于膨胀，因而以协约国的招牌来压制日本。

< 奥兰多 >

< 日本代表牧野 >

"如果不满足我们的要求，我们将拒绝在和约上签字！"牧野以威胁的口吻说。同时他又公布了1917年日本与英、法、意三国就山东问题达成的秘密谅解，美国只好妥协。

胶州湾位于中国的山东半岛。19世纪末帝国主义瓜分中国时，德国于1897年趁机占领，夺取了建筑铁路和开采沿路矿藏的权利。第一次世界大战期间，日军趁机占领了中国山东和德国的全部租借地。本来中国也是协约国之一，理应把山东半岛交还给中国，但帝国主义列强根本没把中国放在眼里。帝国主义列强肆意践踏中国主权的行为激起了中国人民的强烈反对，轰轰烈烈的五四运动由此爆发。可是中国人民收复国家主权的要求却遭到了巴黎和会的拒绝，中国代表拒绝在和约上签字。

经过长达几个月的论战和争吵，协约国之间终于达成了协议。

5月7日，法国总理克里孟梭把草拟好的和约条款交给德国代表，德国代表对和约的所有内容根本没有申诉的权利。

和约规定：德属东非的坦噶尼喀（今坦桑尼亚）为英国所有，卢旺达和布隆迪划归比利时，西非的多哥和喀麦隆两地割给法国和英国；太平洋上原属德国的马里亚纳群岛、加罗林群岛（今密克罗尼西亚联邦和帕劳）、马绍尔群岛、新几内亚（今巴布亚新几内亚）、萨摩亚群岛等地，分别划归给英国、日本、澳大利亚、新西兰等国。

1919年6月28日下午3时，参加第一次世界大战的各战胜国代表齐聚凡尔赛

◁ 1914年，日军强占胶州湾 ▷

◁ 五四运动 ▷

◁ 《凡尔赛和约》签字现场 ▷

宫。德国代表被迫答应所有条件，在《凡尔赛和约》上签了字。

巴黎和会是帝国主义国家间重新瓜分殖民地的分赃会议，它并没有解决帝国主义国家之间的矛盾。德国并没有因此低头认罪，反而激起了复仇的欲望，战争的隐患依然存在。法国元帅福煦当时就说："这不是和平，而是二十年休战！"

福煦不幸言中了。《凡尔赛和约》签订后刚过二十年，1939年9月，德国法西斯就闪击了波兰，第二次世界大战爆发。

德国闪击波兰

第一次世界大战对于战胜国和战败国都是一个巨大的灾难。1922年，墨索里尼领导的"意大利国家法西斯党"夺取了意大利政权，自任总理。1929年资本主义世界爆发了规模空前的经济危机，各国内部矛盾急剧激化。1933年，德国"民族社会主义工人党"（简称"纳粹党"）受命组阁，其领导人希特勒成为德国总理。德国法西斯登台。

1939年8月31日，在德国边境的格雷维茨市，天已经很晚了，人们还在街旁和树下悠闲地聊天、乘凉，仍像往常一样恬静。就在这时，几声爆炸传来，接着是一阵枪声。一群身着波兰军服的武装人员炸毁了附近的一座桥梁，接着"占领"了格雷维茨市的广播电台，并用波兰语对希特勒和德国进行辱骂。正当市民们惊魂未定时，这群"波兰"人却神秘消失了，只在城内丢下几具身着波兰军服的尸体。

这到底是怎么回事？真的是波兰军队偷偷越过波德边境，到德国进行军事挑衅吗？

不是，这群身着波兰军服的暴徒其实是纳粹党卫队组织的。他们按照希特勒的预先布置，穿上波兰军服，

〈 希特勒 〉

假扮波兰军人，将囚犯的尸体换上波兰军服弃尸街头，制造波兰军队向德国挑衅的假象。

希特勒为什么要玩弄这种阴谋手段来制造事端呢？

原来，当希特勒吞并了奥地利和捷克斯洛伐克后，不仅战略形势发生了转变，经济、军事实力得到了大大的加强，而且也摸清了英、法两国的底牌。于是，希特勒更加嚣张起来，把侵略的目标指向了波兰。为此，希特勒还制定了入侵波兰的"白色方案"，命令部队："必须在9月1日前做好一切战斗准备，随时以突然袭击的闪击战进攻波兰，让波兰永远消失！"

为了寻找侵略波兰的借口，希特勒一手策划了这次所谓的波兰军队挑衅事件。

几乎就在事件发生的同时，德国电台广播了"德国遭到波兰突然袭击"的消息。希特勒还煞有介事地怒吼道："决不能容忍波兰人对我们的侵犯，血债一定要用血来还！"并发出进攻波兰的命令。

‹ 德军拆除德波边界的隔离墙 ›

1939年9月1日凌晨，德国按照"白色方案"，以突然袭击式的"闪击战"向波兰发动了大规模的军事进攻，一场蓄谋已久的侵略行动就这样开始了。

4时45分，两千多架德军飞机呼啸着，铺天盖地地向波兰境内扑来，对波兰的机场和城市进行狂轰滥炸。瞬间，波兰的21个机场被炸毁，30多个城镇遭到轰炸。和平、美丽的波兰顿时变成了一片火海。

就在德军飞机狂轰滥炸的同时，德军56个师150万人的地面部队以坦克、机械化部队为先导，在大炮的掩护下，从西、南、北三路越过德波边界，排山倒海般向波兰发起全线进攻。德军以每小时60公里的速度向前推进，势如破竹，锐不可当，成为人类战争史上第一次机械化部队大进军。

当日清晨，德军装甲兵第19军军长古德里安从波美拉尼亚越过德波边界，向波兰走廊方向进击。到9月3日，德军已对波兰走廊形成合围。

‹ 古德里安 ›

波兰走廊是按照《凡尔赛和约》规定划给波兰的，它把德国的东普鲁士和德国本土隔开，是德军必须拿下的地方。因此，德军与波军在波兰走廊的战斗异常激烈。

被包围在希维兹以北和格劳顿兹以西森林地带的波兰骑兵，由于不了解德军机械化部队的性能，竟然手举长矛和刀剑向德军发起冲锋，结果在钢甲和猛烈的火力面前，如同飞蛾扑火一般遭遇惨败。

‹ 波兰骑兵 ›

在德军绝对优势的兵力和坦克、装甲车的迅猛攻击下，波军完全陷入了被动挨打的境地。

思想陈旧的波兰军队以为战争还会像以前那样缓缓推进，先是德军以轻骑兵试探，然后以重骑兵进行冲击，波军只要实施坚决的反击就可以取得胜利。但他们万没料到，德军以飞机、坦克、大炮闪电般出击，还没等波军部署在边界线上的部队反应过来，德军就已攻入了他们的侧后方，形成了包围之势。波军腹背受敌，如同惊弓之鸟一样节节败退，根本就没有还手之力。在这种情况下，波兰人唯一的指望就是英国和法国两个盟国了。

马其诺防线

可英国和法国这时在干什么呢？他们仍沉醉在自己推行的绥靖政策中执迷不悟，还幻想用出卖捷克斯洛伐克的老办法来"调停"德、波的冲突。但是，希特勒拒绝了英、法的建议。在这种情况下，英、法政府被迫硬着头皮，于9月3日对德宣战。第二次世界大战终于爆发了。

英、法两国政府虽然对德宣战，但实际上是宣而不战。法国一直躲在德法边境长达200公里的马其诺防线工事的背后按兵不动。英国虽然从本土派往欧洲大陆四个师，但并不向德军发起攻击，而是静观形势的发展。

波军持续败退，波兰政府被迫迁往卢布林，波军总参谋部转移到布列斯特。德军仅用几天时间就占领了波兰走廊，并强渡维斯瓦河，夺取了华沙北面和南面的阵地。9月14日，德军在维斯瓦河以西包围并歼灭了从波兹南、但泽走廊和罗兹

德军进抵华沙市郊

德军在华沙街道巡逻　　　　　　　　　被关进"隔离区"的波兰犹太人

地区撤退的波军，占领了波兰中部地区。波兰首都华沙四面楚歌，危在旦夕。9月17日，德军完成了对华沙的包围。德国政府限令华沙当局在12小时内投降，否则就要实施毁灭性的打击。

这时，波兰政府已经逃亡到了邻国罗马尼亚，全国上下一片混乱。华沙市民自发组织起来，高呼"誓死保卫波兰！""誓死保卫华沙！"的口号，纷纷拿起武器与冲进城里的德军展开了巷战、肉搏战。德军恼羞成怒，以飞机、大炮进行狂轰滥炸，把这座城市炸成了一片废墟。

9月27日，华沙终因弹尽粮绝、孤立无援而陷落。德军占领华沙之后，对波兰人，尤其是犹太人，进行了大规模的报复性屠杀。到9月底，剩余的波兰军队也被德军消灭。

占领波兰后，希特勒并没有罢手，而是挥兵向西，先后占领了北欧各国和荷兰、比利时，又以闪电战击败法国，1940年6月，法国投降，英国退守本土，隔海峡与德军对峙。

偷袭珍珠港

1941年12月，夏威夷时间7日早7时55分，183架日军飞机突然出现在美国海军基地珍珠港上空，雨点般的炸弹铺天盖地地落下来。霎时间，飞机的轰鸣声和炸弹的爆炸声响成一片，港口被浓烟和烈火所覆盖。日本偷袭珍珠港，美国损失惨重。这一天成为美国的"国耻日"。

珍珠港位于太平洋中部，夏威夷群岛瓦胡岛的南端，港湾优良，风景秀丽，是太平洋上的交通总枢纽，有"太平洋心脏"之称。珍珠港的水域面积达32平方公里，可以同时停泊各类舰艇500艘。1940年5月，美国总统罗斯福为了钳制日本南侵，命令太平洋舰队从美国西海岸开进夏威夷，以控制整个太平洋和印度洋地区。

这时，日本的侵华战争陷入僵局。为了获取橡胶、石油等战略物资，日本不得不分兵南下，攻取东南亚。美国对此非常恼火，要求日本从东南亚撤军。日本一面与美国进

〈 珍珠港 〉

行和谈，以掩人耳目；一面积极准备扩大战争。

1941年1月，元旦刚过没几天，日本海军大将山本五十六坐在联合舰队旗舰"长门"号的司令长官室里冥思苦想。他认为，日本在海上的实力肯定不如美国，而美军在太平洋的海上势力主要集中在珍珠港。日本要想控制东南亚，就必须首先摧毁珍珠港。于是，他提起笔来，用了整整九页稿纸，给海军大臣写了一封《关于战备的意见书》，提出了偷袭珍珠港的设想。海军军令部（海军参谋部）经过慎重考虑之后，同意山本提出的偷袭珍珠港的作战方案。

11月2日，山本奉命前往东京，与海军军令部总长（海军参谋长）商定，偷袭珍珠港的日期定在12月上旬。11月5日，山本为验证部队的作战准备效果，命令部队进行了战前最后一次演习。同一天，山本接到了海军军令部总长永野修身发来的"大海令第一号命令"，决定对美、英、荷开战。

7日，山本签发命令，袭击珍珠港的日期为12月8日。选择这一天最重要的理由是，这一天是星期日，不少美军官兵会离开军舰休假，而且这一天停泊在珍珠港的美军舰艇最多。

12月1日，日本御前会议决定："与美国的谈判已不会达成妥协，帝国将对美、英、荷开战。"

◀ 山本五十六 ▶

◀ 永野修身 ▶

2日下午，山本向执行攻击任务的南云舰队发出了预先约定的"攀登新高山1208！"的密电，意思是开战日定在12月8日0时，按计划袭击珍珠港。

东京时间12月8日11时30分（夏威夷时间12月7日凌晨4时整），疾驶中的日军联合舰队各舰艇同时响起了军号声，官兵们换上了新装，来到神社前进行参拜、祈祷。为了给飞行员送行，各舰都准备了丰盛的出征早餐，有过节吃的赤小豆，还有象征胜利的栗子。

此时的太平洋上漆黑一片，日军舰队关闭了船上的无线电设备，在夜色的掩护下迅速向前推进。1时30分，空袭飞行队指挥官渊田中佐身穿飞行服，来到"赤城"号作战室，向海军中将南云忠一敬了个军礼："报告长官，我们出发啦！"南云中将"噢"了一声，站起身来，紧紧握住渊田的手说："全靠你们啦！"

‹ 南云忠一 ›

一声令下，飞行员们径直奔向自己的飞机。每个人头上都系着一条写有"必胜"字样的白色布带。一架架飞机腾空而起，甲板上、舰桥上响起暴风雨般的阵阵欢呼声。人们挥动军帽，流着眼泪为飞行员送行。他们预感到，其中许多人将一去不回。

15分钟后，6艘航空母舰上的第一攻击波飞机，除4架出现故障、2架坠入海底外，其余43架战斗机、49架水平轰炸机、51架俯冲轰炸机和40架鱼雷轰炸机，共183架飞机，全部升空。

一个多小时过去了，东方的天空开始破晓，天空逐渐呈现出蔚蓝色，遮住视线的云层也变得稀薄了。渊田打开风挡玻璃向下看了看,兴奋地喊道:"已经到了瓦胡岛!"他确信自己绝对不会认错,因为他在沙盘上不知看了多少次,瓦胡岛已经深深地刻在了他的脑海里。

联合舰队旗舰"长门"号

这时,山本五十六的旗舰"长门"号上,军官们从8日0时就开始聚集在工作室里。山本大将微闭双眼,一言不发,室内紧张的空气让人透不过气来。"呀!时间就要到了。"首席参谋黑岛禁不住小声说了一句,总算打破了室内死一般的寂静。

瓦胡岛上空,渊田举起信号枪,向机群发出攻击信号。轰炸机队立即呼啸着向福特岛和希卡姆机场扑了下去,轰炸开始了。渊田回过头来对电信员说:"发报!用甲种电波向舰队发报——'我军奇袭成功!'"然后,他又补充说,"把发报机调好,让东京也能直接收到。"电信员在发报机的键码上连续打出了"虎!虎!虎!"的密码。

这时,"长门"号作战室桌子上的接收机立刻发出了"虎!虎!虎!"的响声。顿时,作战室里一片欢腾,就连从来都板着脸的山本也露出了少有的笑容,做着压低的手势说:"请小声点儿。"

"我鱼雷机攻击敌舰,战果甚大!"

"我攻击希卡姆机场,战果极佳!"

"敌战列舰停泊处发生巨大爆炸,我的座机被气浪所震撼!"渊田不停地拍发着所观察到的战果。

当日军第一攻击波机群飞抵夏威夷群岛上空时,珍珠港的美军全无防备。有的军官和士兵利用周末的大好时光上岸度假了,也有的正在休息或听着优美的音乐。教堂的钟声在淡淡的雾气中飘扬。好一派和平的景象。突如其来的狂轰滥炸弄得官兵们晕头转向,还以为是星期日的特殊演习呢。直到8时,美国人才弄清事件真相,司令部向下属部队发出急电:"珍珠港遭到空袭,这不是演习!"司令部匆忙下令还击。

日本第一攻击波的攻击大约持续了一个半小时,损失飞机9架。第二攻击波的171架飞机抵达瓦胡岛上空,冒着越来越猛烈的炮火开始强攻。珍珠港一片火海,浓烟滚滚。第二攻击波大约持续轰炸了一小时,但由于地面高炮火力越来越猛,第二攻击波损失飞机20架。渊田的总指挥机也中弹负伤,但他一直坚持到第二攻击波的最后一架飞机消失才转头返航,飞回到"赤城"号。

日本偷袭珍珠港只轰炸了两个多小时,但击毁美国飞机188架,击伤159架,击沉和重创美国军舰19艘,美军死

◀ 美军军舰中弹起火 ▶

◀ "赤城"号航空母舰 ▶

亡2403人，受伤近2000人。美军太平洋舰队除了侥幸不在港内的航空母舰等部分船舰外，主力遭到了前所未有的摧毁性打击。而日军只付出了很小的代价，损失29架飞机、5艘袖珍潜艇，阵亡55名飞行员。

得到偷袭珍珠港的消息后，美国正式宣布对日作战，太平洋战争爆发。至此，世界各主要国家分为同盟国和轴心国两大阵营，在全球范围内展开大战。

斯大林格勒保卫战

1941年11月7日的红场阅兵式

1941年10月，希特勒调集德军主力从三个方向向莫斯科突击，苏联军队进行了艰苦的防御作战，士兵们喊出了"俄罗斯虽大，但已无处可退，后面就是莫斯科！"的口号。经过两个多月的拉锯战，寒冬到来，德军攻势渐渐减弱，苏军开始反攻。到1942年4月，德军共损失40万人，另有10万人被冻死冻伤。苏军的伤亡更为惨重，但成功地守住了莫斯科，粉碎了德国法西斯军队不可战胜的神话。对此，希特勒大发雷霆，但他并不甘心就此罢手，决定孤注一掷，集中优势兵力再一次发动大规模进攻。

1942年5月，希特勒在"狼穴"大本营召开了有统帅部、国防军统帅部参谋部、陆军部等高级将领参加的紧急军事秘密会议。希特勒站起身来，面容冷酷地走到巨大的地球仪前，一边转动着地球仪，一边对他的将领们说："中央集团军毫无效率可言，不但没有完成预定的任务，反而后撤了不少，非常令人失望。大日耳曼民族还从来没有向任何国家屈服过，这是我们的耻辱。为了达到征服东方这一目的，最好的办法就是迅速集中兵力布置在战场的两翼，在俄国南部向高加索实施突击，在俄国北部拿下列宁格勒（今圣彼得堡）。"说到这里，希特勒把转动的地球仪停了下来，目光狠狠地盯在斯大林格勒，歇斯底里地叫喊道："一定要拿下斯大林格勒，从南面威胁莫斯科！"

希特勒为进攻斯大林格勒，集中了150万人的兵力，并把原本在北非作战的一部分飞机和坦克也调到了苏联战场。担任斯大林格勒主攻的是以鲍卢斯上将为司令的德国第6集团军，拥有13个师27万人、火炮和迫击炮3000门、坦克500辆，同时还有第4航空队的1200架战斗机进行支援。

◁ "狼穴"遗址 ▷

苏联最高统帅部为了保卫斯大林格勒，于7月12日组建了斯大林格勒方面军，由铁木辛哥元帅指挥，兵力只有12个师16万人、火炮和迫击炮2200门、坦克400辆、各种飞机664架。双方军事力量对比悬殊。

7月17日，德军进入顿河大拐弯处，斯大林格勒战役正式打响。25日，德军突然袭击苏军第64集团军的右翼阵地。苏军沿铁路和顿河东岸建立防线，阻挡德军进攻。德军以强大的坦克部队和优势兵力向苏军发起猛攻。苏军浴血奋战，把德军拦截在顿河西岸近一个月之久。

‹ 铁木辛哥 ›

8月19日，德军强渡顿河。23日，德军推进到斯大林格勒以北的伏尔加河，将斯大林格勒方面军一分为二，苏军北面部队与斯大林格勒方面军失去了联系，斯大林格勒告急。与此同时，德军每天出动上千架次飞机，投下100多万颗炸弹，对斯大林格勒市区进行反复的狂轰滥炸。斯大林格勒到处都是火海，供电系统中断，工厂被毁，铁路瘫痪，整个市区已无一座完整的建筑。

8月25日，斯大林格勒方面军司令部宣布全市进入紧急战备状态。全体军民在城防委员会的组织下加紧修筑工事，昼夜不停地为前线制造武器，生产弹药。

9月12日，希特勒在乌克兰文尼察附近的大本营召开会议，要求迅速拿下斯大林格勒。第二天，德军第6集团军和第4坦克集团军组成两个突击集团向城市中部进攻，苏军第62集团军英勇抵抗。当天，德军向北推进到"街垒"工厂和"红十月"工厂区小镇附近，在南部占领了萨多瓦亚车站。

9月14日，德军向市中心的马马耶夫岗和1号火车站发起进攻。德军在不到4公里的地段上集中了6个师的兵力，还有数百架飞机从空中支援。在短短的五小时内，火车站就反复易手四次。争夺市区的战斗达到了白热化的程度。德军不顾重大伤亡，每天从早到晚连续冲锋数次。斯大林格勒军民顽强抵抗，建筑物的废墟变成了堡垒，德军每前进一步都要付出巨大的代价。

10月5日，斯大林命令斯大林格勒方面军司令员叶廖缅科上将："无论在任何情况下都要坚守城市，把每一幢楼房、每一条街道作为堡垒抗击德军进攻。每一座房屋只要有我们的军人，哪怕只有一个，也要成为敌人攻不破的堡垒！"

10月14日清晨，德军再一次发起猛攻，这是德军进攻斯大林格勒以来最为疯狂的一次。上百架飞机同时在空中嗡嗡地盘旋着，炮火连天，弹片横飞，一团团的烟云和尘雾笼罩着天空，简直使人喘不过气来。但斯大林格勒的军民们毫不惊慌，工人们仍在炮火纷飞中修理坦克，拖拉机制造厂甚至在德军逼近工厂门前时还在那里努力制造新的坦克和装甲车。实在无法生产的工厂，工人们便加入工人营，与正规军部队并肩投入反击侵略者的战斗。

◀ 1942年的叶廖缅科 ▶

11月19日，苏军转入反攻。苏军参加反攻的部队达110万人，有大炮15000门、坦克1400辆、飞机1400架，共编成三个方面军。而这时在斯大林格勒地域作战的德军有101万人、大炮10000门、坦克600辆、飞机1200架。苏德军事力量的对比发生了重大的变化，苏军开始占有优势。

凌晨，斯大林格勒地区大雪纷飞，烟雾弥漫，对十分熟悉地形的苏军来说，这是一个绝好的进攻时机。7时20分，苏军前沿阵地的电话里传来了"海中"的暗令，这个暗令是要求集结在三个狭长突破地段上的大炮和迫击炮进入战斗准备。7时30分，一声"开火"的命令下达后，火箭炮、迫击炮一起怒吼。8时50分，支援步兵的坦克群发起攻击，苏军在斯大林格勒的大反攻开始了。随后，苏军向卡拉奇推进，于23日凌晨收复该城。苏军西南方面军与斯大林格勒方面军会师，对德军第6集团军展开了钳制攻势。到30日，苏军已将敌占区压缩一半以上。

1943年1月8日,苏军指挥部向被围困的德军发出最后通牒,命令他们停止抵抗,缴械投降。22日,苏军发起全面总攻,切断了古姆拉克的铁路线,收复了亚历山大罗夫卡和哥罗迪舍。德军只能龟缩在市区南北长20公里、东西宽3.5公里的狭长地带。

1月24日,躲在一家百货公司地下室里的德军第6集团军司令官鲍卢斯眼看大势已去,急电希特勒:"覆灭已是在所难免,为了挽救还活着的人,请立刻允许我们投降!"希特勒接到电报后暴跳如雷,大骂鲍卢斯:"无耻的懦夫!"立即回电指示说:"不许投降,要坚守阵地战斗到最后一个人,最后一粒子弹!"鲍卢斯接到电报后,哭丧着脸,无奈地瘫倒在行军床上,等待着末日的到来。

1月31日,斯大林格勒的德军全部被歼。鲍卢斯被苏军战士从地下室里拖了出来,举手投降了。

2月2日,天气阴沉沉的,下着小雪。就在这天早上,整整响了200个昼夜的隆隆炮声突然停止了。习惯了枪炮声的人们对这突如其来的寂静感到迷惑不解,相互询问道:"怎么回事?到底发生了什么事?"有人回答说:"德国人投降了!"顿时,宁静的早晨被欢呼声所打破,人们跳跃着高呼:"德国人投降了!德国人投降了!"

⟨ 鲍卢斯被俘 ⟩

斯大林格勒战役的胜利极大地鼓舞了苏联和世界人民,也成为第二次世界大战的转折点。从此,世界反法西斯战争进入了新的阶段。

中途岛海战

1942年4月18日，美军出动16架轰炸机，突然飞入日本领空，对东京、横滨、名古屋、神户等城市进行了报复性轰炸。正陶醉在偷袭珍珠港的胜利中的日本人猝不及防，当他们清醒过来准备反击时，美机早已消失得无影无踪了。

美国的轰炸给日本造成的损失寥寥，却使日本朝野为之震惊。5月5日，日军大本营接受了山本的意见，决定派遣联合舰队进攻中途岛，给美国海军以毁灭性打击。中途岛位于太平洋航路的中点，故称中途岛。中途岛陆地面积5.2平方公里，是夏威夷群岛的西北屏障，地处亚洲与北美洲之间的交通要冲。1867年中途岛被美国占领，成为美军的重要海军基地。

◁ 1942年4月，一架美国空军B-25B ▷
轰炸机正从美军"大黄蜂"号航母的甲板上起飞，准备空袭东京

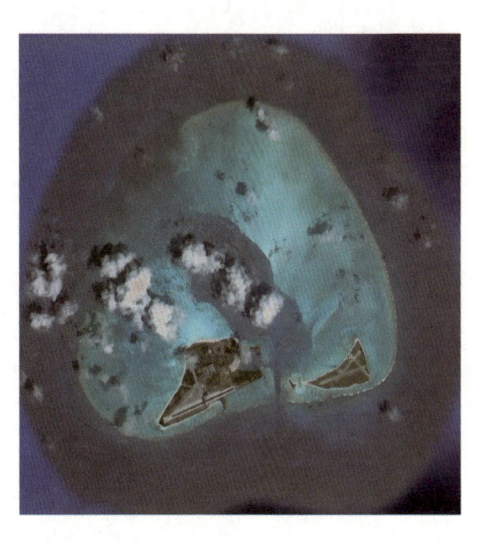

◁ 中途岛 ▷

日本海军接到大本营的命令后，立即组织了一支由海军中将南云忠一指挥的有4艘航空母舰和17艘军舰组成的机动部队。5月27日，这一天是日本海军节，也是1905年日本海军在对马海峡战胜俄军舰队的纪念日。南云指挥的先锋部队首先从广岛出发，驶向中途岛。

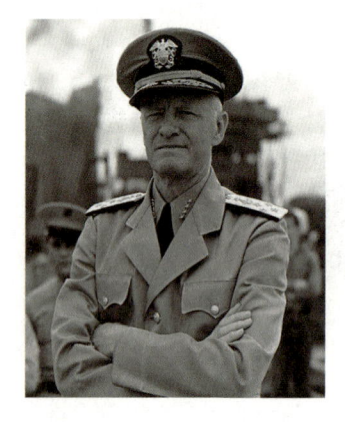

此时此刻，在珍珠港美国海军太平洋舰队司令部大院的一间阴暗的地下室里，代号为"海波"的情报局局长罗奇福特正在绞尽脑汁地分析日本来往电文中的"AF"字母。他认为，这两个字母很可能是日军下一步进攻的目标，而这个目标不是夏威夷就是中途岛。他把自己的分析当即向刚刚上任不久的太平洋舰队总司令尼米兹上将进行了汇报。

⟨ 尼米兹 ⟩

"有什么办法能尽快将'AF'的含义确定下来？"尼米兹焦急地问罗奇福特。

"是否可以让中途岛守军用普通英文发一封电报，佯称岛上的净水设备已经损坏，出现淡水危机，看敌人如何反应。如果敌人把监听的假电报冠以'AF'的话，必是中途岛无疑，否则就是珍珠港或夏威夷的其他岛屿。"罗奇福特献计说。

"好主意！"尼米兹控制不住内心的喜悦，高声喊道。他指示罗奇福特立即照此办理。

果然不出罗奇福特所料，假电报发出后不到24小时，驻守在威克岛的日军电台就向国内发出了"'AF'已缺少淡水"的电报。

尼米兹惊喜万分，立即派遣一艘供水船前往中途岛紧急供水，以迷惑日军。与此同时，他一面命令驻守在中途岛的海军陆战队加强岛上的防御工事，增派作战飞机、舰船及防空武器；一面开始部署如何在海上与日军决一死战。尼米兹将三艘航空母舰与四十多艘其他舰船编成第16和第17两个特混舰队，分别由斯普鲁恩斯和弗莱彻指挥。

〈 弗莱彻 〉　〈 斯普鲁恩斯 〉

5月27日，天色虽然已经很晚，但在珍珠港美军太平洋舰队总司令尼米兹的办公室里，战前准备会议仍在紧张激烈地进行着。最后，尼米兹站起身来，开始下达作战指示："各位将军，日本人留给我们的时间已经不多了，我们要立即采取行动。5月28日第16特混舰队先行出航，第17特混舰队务必在6月3日以前与第16特混舰队在北纬32度、西经170度日军搜索范围以外的中途岛东北325海里处会合。"然后，他走到两位特混舰队司令跟前嘱咐说："请二位将军切记，务必遵守这一计划，千万不要以侥幸的心理去冒险，以免遭受不必要的损失。"

5月28日清晨，天气格外晴朗，第16特混舰队的"企业"号、"大黄蜂"号两艘航空母舰及驱逐舰、巡洋舰等各种类型的舰船在

〈 美军"大黄蜂"号航空母舰 〉

斯普鲁恩斯的一声令下,一艘挨着一艘,秩序井然地缓缓驶离珍珠港,迎着冉冉升起的朝阳,乘风破浪进入了烟波浩渺、一望无际的太平洋。一场生死存亡的大决战即将拉开帷幕。

同一天,山本五十六也亲自指挥一个由多艘驱逐舰、战列舰及辅助舰船组成的主力舰队从柱岛起程,以支援南云舰队的正面攻击,伏击美军的增援舰队。至此,日本前后共组织战列舰11艘、航空母舰8艘、巡洋舰22艘、驱逐舰65艘,再加上辅助舰船,共计200余艘的联合舰队,构成了北起千岛群岛、南至关岛,长近3000公里的大弧形,在太平洋上张开一张大网。山本五十六企图利用绝对优势,将美军太平洋舰队的残余军舰一举歼灭,为帝国海军再创辉煌。

可是,山本五十六做梦也没有想到,日本袭击中途岛的密码早已被破译。6月3日,美军两支特混舰队在预定海域会合,已经做好了一切准备,正耐心等待着日军舰队的光临。

6月4日,由南云指挥的日本海军先锋舰队进入中途岛西北海域。4时30分,南云派出108架飞机前往中途岛进行轰炸。这时,美军舰队接到侦察机发来的"出现敌机"的警报。于是,美军26架战斗机组成的机队迅速升空迎敌,但没能拦住日军的

《 美军"企业"号航空母舰 》

庞大机群，岛上的部分设施被炸毁。

这时，南云忠一接到侦察报告："美军的特混舰队正在向我军舰队接近。"南云大惊失色，命令第一批攻击中途岛的飞机和执行战斗巡逻任务的战斗机立即返航。随后他便率领舰队掉头向北，避开美军的锋芒，重新部署对美军舰队的攻击。

美军抓住这一有利战机，派出两批战斗机对日舰进行轰炸。日舰以50架战斗机起飞迎战。美军飞机多数被击落，其他飞机仓皇而逃。

10时许，正当日军飞机返航加油，水兵们欢呼胜利的时候，一场灾难终于降临了。美军37架飞机从"企业"号航空母舰上起飞，俯冲轰炸日军"赤城"号和"加贺"号航空母舰。同时，美军又从"约克城"号航空母舰上起飞17架飞机俯冲轰炸日军"苍龙"号航空母舰。一时间，日军3艘航空母舰上的飞机，甲板上的炸弹、鱼雷以及燃料全部起火爆炸，一片火海。几分钟后，船体断裂破碎，沉入了太平洋海底。

‹ 日军"加贺"号航空母舰 ›

‹ 日军"苍龙"号航空母舰 ›

南云忠一被这突如其来的轰炸和炸后的惨状惊呆了。过了许久，他才哆哆嗦嗦地将情况向山本五十六做了报告，往日的威风和自负已全然不见。正在"大和"号旗舰上的山本五十六气得浑身发抖，丧心病狂地高喊道："我命令，集中所有船只向中途岛猛轰，定将中途岛夷为平地！"

日军"飞龙"号航空母舰

中午时分,日军派出飞机对美军舰队进行轰炸,美军"约克城"号航空母舰遭重创。美军立即组织24架飞机进行报复,又将日军"飞龙"号航空母舰炸沉。

6月5日凌晨,山本五十六见败局已定,命令"取消占领中途岛的行动计划",率残部西撤。

6月13日,美军第16、第17特混舰队在晚霞的映照下,凯旋驶入珍珠港。尼米兹亲临码头迎接,他向参战的全体将士招手致意,并激动地对将士们说:"我为有你们这样的同事感到自豪。你们为美国的历史写下了光辉的一页,为珍珠港的耻辱报了一箭之仇!"

此次海战,日军损失了4艘航空母舰、1艘巡洋舰、234架飞机和2200多名海军官兵。美军只损失了1艘航空母舰、147架飞机和307名将士。

中途岛海战成为太平洋战争的转折点,结束了日军一直处于攻势的地位,日军开始走向失败。

诺曼底登陆

"报告，在英国东南沿海港口出现一支登陆舰队，并在港湾的陆地上增设了许多营房、弹药库、医院等军事设施和飞机、大炮。"

"报告，肯特郡频繁出现密码电讯，很可能是一个较大的军事指挥部。"

"报告，美国将军乔治·巴顿出现在肯特。"

"盟军谍报人员在中立国到处购买法国加莱的沿海地图。"

〈 巴顿 〉

一连几天，有关盟军的军事情报像雪片似的飞到了希特勒那里。

希特勒在听取了情报部门的汇报之后，说："种种迹象表明，敌军在英国东南沿海至少集结了九十多个师的兵力，企图在法国的沿海登陆，而登陆的地点很可能是在加莱海岸。"希特勒对自己的分析和判断非常自信，随即下达命令："调第15军团进驻加莱，加强加莱地区的防守，阻止敌军登陆！"

〈 希特勒与高级将领研究作战计划 〉

《隆美尔在加莱前线》

《艾森豪威尔》

《泰德》

《蒙哥马利》

隆美尔接到命令后,在加莱一带防线的海底和沿海海滩都布满了地雷、反坦克陷阱,修筑工事,加固炮台,并增设了许多堡垒,非常坚固。因此,隆美尔骄傲地说:"加莱防线如铜墙铁壁,别说是英美联军,就是苏英美联军也无法攻破!"

盟军确实要在法国沿海登陆,但并不是加莱,而是诺曼底。

1944年1月,美、英任命美国陆军上将艾森豪威尔为盟国远征军总司令,英国空军上将泰德为副总司令,蒙哥马利为英军地面部队司令,布莱德雷为美国地面部队司令,并调集五千多架轰炸机、四千多架战斗机、一千多艘军舰、四千多艘登陆艇及其他船只以及280多万人马。由于准备得还不够充分,登陆时间由原来拟定的5月初推迟到6月初。

盟军在紧锣密鼓准备的同时,为了迷惑敌人,制造了种种假象让敌人相信,盟军是在做登陆加莱的准备。于是,盟军在英国的东南沿海布置了大量的兵营、飞机、大炮、登陆艇和弹药库等模型,军队在这里频繁活动,虚张声势,以假乱真。这个计策很成功,不仅把精锐的德军调到加莱,还把名将隆美尔也骗到加莱。这样,德军在诺曼底的防守就空虚了。

盟军登陆的日期定在6月5日。但从4日起，天气突然变化，海面刮起了飓风，已在海上做好了一切准备的登陆舰队只得返回港口待命。正在众人着急的时候，美国气象学家斯塔格预报，6日凌晨至8日之间将会出现一个适合登陆的良好天气。盟军总司令艾森豪威尔当机立断："登陆部队于6月6日凌晨实施登陆！"

6月5日夜，盟军5000艘船只组成的庞大舰队冒着呼啸的狂风，顶着翻腾的巨浪，井然有序地出航。先头部队是英国皇家空军数百架轰炸机和滑翔机运载的突击队。整个先头登陆部队有伞兵2.3万人、地面进攻部队17.6万人，军车2万辆。盟军总司令部要求先头部队必须在48小时之内登陆上岸。

‹ 盟军舰只驶向诺曼底 ›

6日凌晨2时许，德军总司令龙德施泰特接到前线紧急报告："敌军空降部队在诺曼底地区着陆，很可能是一次大规模行动！"

"敌军惯用空降伞兵的手段进行声东击西，绝不是大规模的军事行动，真正登陆的地点是在加莱附近。"龙德施泰特毫不在意地说。

‹ 龙德施泰特 ›

接着，德军海岸雷达站报告："荧光屏上出现大量黑点，一支庞大的舰队正朝着诺曼底开来！"

"不可能！这样的天气怎么会有舰队出现呢，也许是成群的海鸥吧！继续注意

⟨ 神兵天降 ⟩

⟨ 美军攻击机对德军目标
进行轰炸 ⟩

⟨ 美军攻占奥马哈滩头 ⟩

⟨ 盟军登陆部队蜂拥而至 ⟩

观察。"正在值班的德军参谋长回答说。

从午夜到凌晨3时,英军第6空降师降落在登陆地点东侧,任务是夺取从冈城到海滨一带的重要桥头堡;美军空降部队则降落在登陆地点西端的一个半岛上,负责接应登陆部队和钳制岛上敌军,以便大部队顺利登陆。

黎明时分,盟军的飞机对诺曼底北部沿岸展开了猛烈的轰炸,摧毁了德军前沿阵地的碉堡和防御设施,扫除了水雷,清除了登陆的一切障碍。这时,德军才如梦初醒,知道中了盟军的圈套,叫苦不迭。

6时30分,美军第4师在强大的炮火掩护下,开始在犹他滩和奥马哈滩登陆。在奥马哈滩登陆的美军遭到德军的顽强阻击,伤亡很大。美军组织突击队,攀崖登上岸边的山顶。在海军猛烈的炮火掩护下,突击队摧毁了德军的炮台,占领了滩头阵地。

7时20分,英军第2集团军在剑滩和金滩登陆上岸,并与德军展开激战,德军败退。

当天下午,希特勒发出紧急命令:"速派装甲师支援诺曼底。必须在今天傍晚前消灭登陆敌军,收复失去的滩头阵地!"但为时已晚,盟军在当晚已深入内地数公里。到6月12日，盟军登陆部队达32万人，所占领的五个滩头连成了一片，形成了一个跨度约八十公里、纵深约十七公里的登陆场。

天有不测风云。6月19日，天气变得更加恶劣，一场半个世纪以来从未有过的风暴突然袭击而来，席卷了整个诺曼底海岸。盟军有800艘船只被狂风卷到了海滩，数十艘船只葬身海底。奥马哈滩外的人工海港的巨大混凝土沉箱大部分遭到损毁，阿尔罗芒谢附近海面的一些人工海港沉箱也遭到严重破坏。运输船只受阻，盟军弹药、给养发生严重困难。德军趁机出动装甲部队向盟军发起猛烈反攻。

◀ 巷战之后的瑟堡街道 ▶

6月21日，美军包围了德军的瑟堡防御基地，在炮兵、海军和空军的援助下，于26日攻占了港城瑟堡，从而使登陆部队的物资补给有了保障。

6月29日，英、德双方展开了"112高地"争夺战。德军出动了数以百计的坦克，对英军猛烈攻击。战火纷飞，硝烟弥漫，战斗异常激烈。双方激战五个昼夜，鲜血染红了奥东河。这是盟军诺曼底登陆以来最为残酷的阵地争夺战。

到7月6日，盟军登陆部队超过100万人，改变了双方的实力对比，德国法西斯的"大西洋壁垒"彻底瓦解。7月25日，盟军开始大举推进，德军陷入了苏军和美英联军东西夹击的困境。

8月25日，在巴黎人民起义的配合下，盟军

◀ 巴黎解放 ▶

开进了巴黎，法西斯德国在西欧的防线全面崩溃。

盟军在诺曼底登陆的过程中，共击毙、打伤和俘虏德军11.3万人，击毁坦克2117辆、飞机345架。盟军共死伤12.3万人。虽然代价惨重，但成功地开辟了欧洲第二战场，与西进的苏军东西呼应，直捣德国腹地。

雅尔塔会议

1945年2月4日至2月11日,苏联克里米亚半岛的小城雅尔塔,哨卡林立,被苏军士兵围个水泄不通。雷达密切注视着天空,就连一只小鸟也不肯放过。高射炮手们昼夜值班,舰艇和潜水艇频繁巡逻,守卫着附近的海面和水下。

这里为什么戒备如此森严?

原来,自从1943年德黑兰会议后,盟军开始大反攻,解放了德国法西斯占领的绝大部分地区。德国法西斯已是苟延残喘,末日即将来临。为了商讨战后处置德国等重大问题,苏、美、英三国首脑正在这里召开紧张的会议。因为在1943年11月末,也就是这三国首脑在德黑兰会晤期间,希特勒就曾试图刺杀罗斯福、丘吉尔和斯大林。苏联人为了防备希特勒狗急跳墙,采取轰炸和暗杀手段进行袭击。因此,会议期间的警备工作做得非常严密。

1945年2月4日,天空晴朗,阳光灿烂,给这个风景秀丽的疗养胜

⟨ 雅尔塔会议三巨头 ⟩

安东诺夫

马歇尔

地更增添了几分迷人的景象。下午5时，三国首脑在利瓦吉亚宫的大厅里举行了第一次会议。

会议开始了。坐在轮椅上的罗斯福面容憔悴，几乎使出了全身的力气大声说道："我荣幸地宣布，苏、美、英三国联席会议现在开幕！"说到这里，他停顿了一下，突然降低了声音说："我们三国领导人已经有了充分的了解，相互之间能取得谅解。因此，今天我们才能再次坐在一起，商讨重大的国际问题，使战争尽快结束，处理好战后有关问题，建立起世界和平新秩序。"他勉强讲完了这段话后，便靠在轮椅上闭目休息。了解内情的人们知道，罗斯福的病情已经十分严重，行动不便，身体极度虚弱。他的生命已快走到了尽头，只有短短的两个月时间了。

会议进入具体内容的讨论。首先由苏联红军副总参谋长安东诺夫大将做苏德战场的形势报告，他指出："截至1月底，苏军已在华沙至柏林一线向前推进了500公里，进入了奥得河一带，距柏林只有60公里，成功切断了东普鲁士军队与德国中部地区联系的交通要道。波兰和捷克斯洛伐克的大部分地区已被苏联红军所解放。希望盟军在目前形势十分有利的西线迅速转入进攻，与苏联红军协同作战。"

安东诺夫大将做完报告后，美国陆军参谋长马歇尔接着报告了西线的形势，他说："盟军已消除了德军在阿登山区的后患，正准备展开进攻。第一次进攻的作战计划将在2月8日开始实施。"

在讨论作战方案的问题上，丘吉尔仍然坚持他过去所提出的，通过亚得里亚海和卢布尔雅那山口对德军实施突击的"巴尔干方案"，这一方案由于斯大林反对和罗斯福的不支持而没能通过。不过苏军和盟军协同作战的计划还是形成了一致意见，具体的军事问题由三国参谋部代表会议进行讨论。

晚8点，第一次会议结束。会后，利瓦吉亚宫的大厅里举办了宴会，宴会所有的菜肴都是由特地从菲律宾请来的厨师用苏联的食材精心烹制的。宴会气氛热烈，各国代表频频举杯，相互祝酒，预祝三国在今后的合作中成功和愉快。

在此后几天的会议中，对占领区的划分、德国未来的处理、德国赔款的分配等问题进行了充分的讨论。

对于德国占领区的分配，三国经过讨论取得了共识。东部为苏联占领区；西北部为英国占领区；西南部为美国占领区；西部为法国占领区；"大柏林"区为盟军共同占领。德国投降后，三国武装力量总司令在各自占领区内行使最高权力。

在如何处置德国的问题上，三国分歧较大。苏联坚持要建立一个统一、和平、民主的德国。而英国则主张肢解德国，企图对德国的政治、经济实行全面控制，使之成为今后反苏的一股力量。在斯大林和丘吉尔之间，争执尤为激烈。罗斯福从中幽默地调解，化解了双方的矛盾，顺利地达成了协议。三国首脑一致表示："我们坚定不移的宗旨就是消灭德国军国主义和纳粹主义；解散德国全部武装力量；取缔并销毁德国的各种武器装备；对整个德国的工业实施全面控制；对所有的战争罪犯进行公正的审判。确保德国再也不能破坏世界和平。"

在讨论关于德国战争赔款的问题时，斯大林开门见山，毫不隐讳地说："苏联政府应该接受德国战争赔款的50%。"

斯大林说完之后，一边吸着烟斗，一边用犀利的目光注视着丘吉尔。会议之前，他已经与罗斯福交换了意见，罗斯福表示理解。而丘吉尔一直和他作对，绝对不会善罢甘休。

《 吸烟斗的斯大林 》

果然，丘吉尔听到斯大林的提议后，脸色就难看起来。丘吉尔哪里会让斯大林占这么大的便宜，更何况苏联又是共产党国家，如果得到这样一笔巨大的战争赔款就能迅速医治战争创伤，与英国相抗衡。想到这里，丘吉尔冷笑着对斯大林说："您不觉得您的要求太过分了吗？我想我的政府是不会同意您的提议的。同时，对于世界其他反法西斯国家来说，这也未免有点儿太不公平了吧！"

对于丘吉尔的反驳，斯大林早有思想准备，他说："苏联人民在反法西斯战争中遭受的损失最大，这是众所周知的。苏联以2000万人的血肉之躯换来了今天的胜利。法西斯强盗在苏联被占领的国土上给苏联人民造成了巨大的灾难，直接损失高达6790亿卢布，这是其他国家无法相比的。我认为，我们的要求并不过分。"

罗斯福想，双方再争执下去也不会有什么结果，恐怕还会影响会议的顺利进行。于是，他劝解说："估计德国的战争赔款应在200亿美元，如果赔偿给苏联100亿美元的话，应该说与他们所蒙受的损失相比并不算多。根据损失的情况，我们所得的100亿美元也不算少。"

丘吉尔在罗斯福的劝解之下，只好同意了苏联的意见。德国赔款的数额和具体分配方案由即将在莫斯科成立的赔款委员会讨论决定。

雅尔塔会议还讨论了联合国的组成问题，并决定苏联在结束对德战争后的两到三个月对日宣战。

2月11日，斯大林、罗斯福、丘吉尔三国首脑签署了《雅尔塔协定》。因为这个协定是三国的秘密交易，在当时不宜公开，因此又称为《雅尔塔秘密协定》。协定规定：外蒙古维持现状；中东铁路和南满铁路由苏、中合办的公司共同经营；大连港国际化；恢复苏联对旅顺港海军基地的租借权。

《雅尔塔协定》有关中国的内容未经中国同意。三国私下分赃，粗暴干涉中国内政，侵犯了中国的主权，充分暴露了大国沙文主义的强权政治。

《雅尔塔协定》俄文版原件

奥斯威辛集中营

在铁丝网的后面，在这里，
令人毛骨悚然的骷髅成堆。
人们在焚尸炉中被燃烧掉，
撒向四方的是他们的骨灰。

这是在奥斯威辛集中营中，一位不知名的"犯人"在临死前留下的诗篇，真实地描述了奥斯威辛集中营地狱般的恐怖和魔鬼般的残忍，控诉了德国法西斯刽子手惨无人道的杀人暴行。

奥斯威辛集中营坐落在波兰西南部的边远地区。这里原本是一座僻静的小山村。1939年德国法西斯占领波兰之后，在这里建起了一座巨大的集中营。集中营的周围布满了铁丝网，里面设有监狱、毒气室、焚尸场和化验

〈 奥斯威辛集中营 〉

室。德国法西斯为了掩盖他们的罪恶，粉饰所谓的人道，还在集中营的院内种上了花草树木。在毒气室的入口处挂着一块醒目的招牌，上面写着"浴室"，门口两侧常有乐队在这里演奏悠扬的乐曲。看上去景色宜人，实际上却是一座杀人场。

在第二次世界大战期间，德国法西斯先后占领了14个国家。为了推行法西斯政策，实行所谓"新秩序"，德国法西斯在占领国家内建立了许多集中营，专门关押和杀害无辜的群众和战俘。而奥斯威辛集中营是德国法西斯许许多多集中营中最大的一个。

奥斯威辛集中营关押着来自波兰、苏联、匈牙利、法国、捷克斯洛伐克、希腊、中国、比利时、美国等国家的各民族的人。德国法西斯对外宣称，奥斯威辛集中营里关押的都是政治犯和战俘。其实，大多数人并非犯有什么罪行，既不是因为参加什么党派，也不是因为搞什么政治活动，只是因为民族的不同或对法西斯行为表示不满，便被抓起来关进集中营里，对他们进行各种毒气试验和无情的摧残。

1940年6月，奥斯威辛集中营建成以后，几乎每天都有成批的战俘和无辜的平民从德军占领区用军用火车运到这里。被运到这里的人们，不论男人还是女人，凡是有劳动能力的，一下车就被送进消毒站，没收全部财物，剃光头发，经过消毒后换上带有号码的囚衣。在每个人的左袖

⟨ 用火车运到奥斯威辛的犹太人 ⟩

口和裤子上还缝有与囚衣同样号码的三角布。三角布的颜色有三种，代表不同性质的"罪犯"。红色三角布为政治犯，黑色三角布为拒绝劳动者，犹太人为黄色三角布。每个人佩戴什么颜色的三角布，完全由盖世太保（国家秘密警察）来决定。

被换上囚衣的"罪犯"们，根据每个人所佩戴的三角布颜色的不同，分别被送往不同的工地去做苦役。

⟨ 准备进入毒气室的囚犯 ⟩

失去劳动能力的"罪犯"，下车后便被直接送到"浴室"。不明真相的人们还真的以为是给他们消毒、洗浴，驱除身上的臭味和虱子呢。于是，他们排着队，在悠扬的乐曲声中走进了"浴室"。当人们全部走进"浴室"后，戴着骷髅头和棒骨交叉徽章的党卫军，立即命令他们脱光衣服，准备淋浴。随后，党卫军走出"浴室"，将厚厚的大门"咣当"一声重重地关上，加上锁，再密封起来，然后通过气孔向"浴室"里施放毒气。不一会儿，剧毒毒气充满了毒气室。人们很快一个个地窒息倒地，皮肤发青，口鼻出血，痛苦地死去。30分钟左右，看守将毒气抽出，打开大门，将尸体送进焚尸炉中烧掉。这样被毒死的人，在奥斯威辛集中营里一天就有上千人，有时一天竟有五六千。

被分配到工地服苦役的"罪犯"稍有怠慢或违反营规，就会受到各种各样残酷的刑罚。最常见的是抽打25鞭子。在执行这种刑罚时，先把受刑的人绑在木凳上，然后党卫军暴徒用皮鞭或钢丝进行抽打。在抽打的过程中，要求被抽打的"罪犯"必须不停地报数。如果报数不清楚或停止报数就要从头再打，即使是昏迷过去也不饶过。不知有多少"罪犯"被狠心的党卫军暴徒打得皮开肉绽，血肉横飞，死去活来。挨打的人不但不能表现出不满的情绪，还要面带微笑地向集中营的头目报告："感谢恩赐了25鞭子！"还有一种就是将违规的人装在一个仅能站下两个人的笼子里，而另一个是已经病死、冻死或饿死的尸体。他们面对面地站在一起，直到这个活人也同样死去。

奥斯威辛集中营焚尸炉

对整队违反营规的"罪犯"采取"运动"惩罚的形式，就是强迫"罪犯"排好队伍，按照看守的口令，迅速趴下、跳起、再趴下、匍匐前进、跪起、双膝行走，如此反复地进行折腾，直到受罚的人再也爬不起来为止。

对企图越狱逃跑的"犯人"，刑罚则更为残酷，就是打死了也要碎尸万段。

一天，一位叫布洛的捷克斯洛伐克人发现一名看守营房的党卫军正是他中学同学。于是，他悄悄和这位看守同学说："我想逃出这里，你能帮我吗？"

这位看守同学故作紧张的神情向四周看了看，小声地对布洛说："明天想办法让你到集中营外面去劳动，你可以借此机会想办法逃跑。"

布洛信以为真，喜出望外，心想：终于要逃出这座死亡地狱了！

第二天，布洛和其他"犯人"在党卫军的押送下离开集中营，来到铁丝网外面的工地劳动。布洛联络了四个人，趁看守不注意逃离了劳动现场。谁知这竟然是一个圈套，布洛的看守同学已将他们计划逃跑的事情报告给了上司。所以，他们早已被盯上了。当布洛他们刚刚逃出不远，就被后面追上来的党卫军开枪打死了。当晚，党卫军将他们的尸体运到"犯人"面前，还把他们的四肢和头全部砍掉，当场示众。党卫军暴徒恶狠狠地对"犯人"吼道："谁想逃跑，这就是他的下场！"

奥斯威辛集中营里的妇女，她们的头发全都被剪下来，运往德国织成毯子。德国投降以后，集中营里还有七吨头发没有运走。党卫军暴徒还用死人的脂肪做成肥皂，用皮肤来做灯罩。

奥斯威辛集中营从1940年6月运进第一批"犯人"开始，到1945年1月被苏联红军解放为止，德国法西斯暴徒在这里残酷杀害和折磨致死的人竟有400多万，其中波兰人和俄罗斯人就有200多万。

今天，这里已是博物馆，陈列展出的件件遗物浸透了"囚犯"的血泪，时时告诫着人们，永远不要忘记德国法西斯的残暴罪行，一定要珍惜来之不易的和平。

‹ 集中营解放时幸存的儿童 ›

德国法西斯灭亡

1945年初的雅尔塔会议后,盟军的反攻更加猛烈,德国法西斯已是苟延残喘,只能固守在柏林及附近地区。为了彻底消灭德国法西斯,苏军最高统帅部制订了柏林战役计划,决定以三个方面军共250万人、6250辆坦克、7500架飞机的强大优势兵力迅速攻占柏林,彻底捣毁德国法西斯的老巢。

1945年4月16日凌晨,苏军攻打柏林的战役打响了。3时整,在柏林的郊区,苏军数千枚五彩缤纷的信号弹腾空而起。瞬间,上万门大炮、迫击炮和"喀秋莎"火箭炮一齐射向德军阵地,仅用20分钟就向德军阵地倾泻了50万发炮弹。顿时,大地像地震一样在颤抖,德军阵地变成了一片火海,整整半小时都没能还击一发炮弹。半小时后,苏军阵地上间隔200米的143部探照灯和坦克、卡车上的大灯同时打开,强光照向德军阵地,照得德军头晕目眩、惊慌失措。

‹ 正在发射的苏军"喀秋莎"火箭炮 ›

这时,苏军的步兵和坦克部队向德军阵地发起冲锋,六千多架飞机对德军阵地进行轮番轰炸,德军伤亡惨重。一小时后,苏军突破德军第一道防线,向纵深推进约两公里。但德军很快就补充了兵力，并对苏军实施反攻。苏军进攻受阻，双方在德军的第二道防线展开了艰苦的战斗。这里的泽劳弗高地坡陡沟深，易守难攻，是德军的重点防御地区。德军在这里部署了大量兵力，企图把它变成"柏林之锁"，将苏军阻截在柏林城外，以争取更多的时间纠集力量，组织反攻。

◁ 苏军士兵在坦克的掩护下发起进攻 ▷

4月17日，苏军经过整整一天的殊死争夺，终于占领了泽劳弗高地，攻破了德军的第二道防线，打通了通向柏林的道路。19日，苏军攻破德军的第三道防线，战斗进入合围、分割德军的第二阶段。

4月20日13时50分，苏军远程炮兵部队首次对柏林城进行轰击，拉开了具有历史意义的对德国首都攻击的序幕。21日，苏军突入柏林城郊，开始了市区交战。

苏军兵临城下之际，德国法西斯头目们如同一群丧家之犬，纷纷逃离柏林。戈林脱下元帅服，换上一身便装，将公馆里的大批金银财宝装上汽车，逃到了德国南部的伯希特斯加登。纳粹元老、外交部部长里宾特洛甫也乘飞机溜到安全的地方去了。那位由希特勒一手提拔的帝国军备部部长施佩尔也与元首告别，逃之夭夭。

◁ 苏军炮兵阵地 ▷

< 戈林 >　< 里宾特洛甫 >　< 施佩尔 >　< 施坦因纳 >

然而，就在纳粹党魁们纷纷逃离柏林的时候，希特勒却一直没有动摇坚守柏林的决心。他命令施坦因纳元帅要不惜一切代价把苏联人赶出柏林。同时希特勒还向全体守军发出命令："每一个人、每一辆坦克都要全力投入反攻。所有按兵不动的司令官都要在五小时之内被处死！"

4月22日下午，希特勒召开军事会议。陆军总参谋长克雷布斯首先介绍情况说："施坦因纳不但没有执行反攻命令，反而率部队向西转移，有向英美联军投降的迹象。我们具有威慑力的空军也一直在按兵不动。形势一如既往，仍然十分不利。"为了不使希特勒受到更大的刺激，他又转换口气说："但也不是毫无希望，仍然有能力组织力量进行反攻。"克雷布斯的汇报无疑给了希特勒当头一棒。希特勒大为恼火，暴跳如雷，挥舞手臂尖声怒吼道："军队和党卫军无耻地把我出卖了！施坦因纳这个王八蛋，他背叛了党国，是一个十足的懦夫、胆小鬼！他的行为是不可饶恕的堕落！"

< 克雷布斯 >

希特勒在一阵歇斯底里的发作之后，像泄了气的皮球一样瘫软下来，他有气无力地说道："我的末日到了，第三帝国的末日到了。现在，一切都完蛋了。我希特勒除了一死之外，已经别无选择了。"说到这里，他强打起精神来，又接着说："我决心已定，要留在柏林，与柏林共存亡！"

　　希特勒的绝望表白使在场的纳粹党徒深受感动。克雷布斯安慰说："舍尔纳和凯塞林的陆军集团军仍然完整存在着。我们凭借现有的实力，还可以与敌人一搏。为了您的安全，希望您能考虑马上离开柏林。留得青山在，不怕没柴烧！现在去上萨尔斯堡还为时不晚。"

　　希特勒看了看在场的各位说："我已不再犹豫，决不离开柏林去南方。诸位谁愿意去就去吧！反正我是一定要留下来。"

　　4月25日，苏军的两个方面军在柏林西郊的波茨坦会师，完成了对柏林的包围。同一天，苏军进抵易北河西岸，占领托尔高城，与美英联军会师。

　　柏林被包围后，市区的战斗更加激烈。尽管德军的力量在逐步减弱，但德军利用市区的复杂地形，仍在拼命抵抗。战斗异常激烈，苏军每前进一步，都要付出极大代价。

〈 苏军与盟军胜利会师 〉

　　4月26日，苏军各部队派出强击组和强击群，从四面八方向防守市区的德军发起突击，包围圈逐渐缩小。柏林城外的德军被分割包围，逐次歼灭。城内外的德军相互断绝了联系。27日，苏军占领波茨坦，关闭了柏林的西南大门。德军被围困在一个东西长15公里，南北宽只有2至5公里的狭长地带。

4月29日，苏军攻入市中心，帝国总理府濒临陷落。希特勒为阻止苏军利用地铁车站迂回包抄自己的老巢，竟不顾在地下铁道内藏匿的几千名伤兵和无数市民的性命，强令开放斯普里河上的水闸，淹没了帝国总理府以南的地下铁道，许多德国伤兵和市民被活活淹死。

4月30日12时，苏军派出强击分队对总理府展开强攻，但没能成功。13时30分，苏军89门大口径火炮开始怒吼，对总理府进行了20分钟的直接瞄准射击。

希特勒反击的希望彻底破灭了。他在前一天还获悉了墨索里尼被意大利游击队处死、暴尸米兰的消息。一想到墨索里尼的下场，他就不寒而栗。为了逃避正义的审判，希特勒已经做好了自杀的准备。30日下午，苏军炮轰总理府以后，希特勒在绝望中走进了避弹室的私人房间。3时许，希特勒坐在沙发上，用一支7.65毫米口径的手枪朝自己的太阳穴开了一枪，便靠在沙发上死去了。在前一天才与他举行婚礼的情人爱娃也服毒自杀，蜷缩在希特勒右边的沙发上死去。

希特勒的卫队长格林和几个随从走进房间，用毯子把希特勒和爱娃的尸体包裹

◀ 苏军坦克进入柏林 ▶

◀ 苏军士兵进攻柏林地铁 ▶

躲藏在地下暗堡里的希特勒和爱娃

据传这是焚烧希特勒和爱娃尸体的地方

1945年5月8日，凯特尔在苏军司令部签署投降书

好，抬出地下室，安放在总理府花园的一个小坑内，浇上汽油，然后点火进行焚烧。罪恶累累的法西斯魔王希特勒以这样的方式走进了地狱，结束了他的一生。

5月2日15时，德军停止抵抗，守军投降。

5月7日2时41分，德国陆军上将约德尔在兰斯的盟军总部签署了德国武装部队全部无条件投降的协议书。

5月8日深夜，凯特尔元帅等德国军界要员在柏林的卡尔斯霍斯特同苏军举行了投降签字仪式。凯特尔代表德国政府宣布，向苏、英、美、法四国无条件投降，并在投降书上签字。自此，艰苦卓绝的反法西斯战争终于赢得了胜利，德国法西斯就此灭亡。

日本法西斯投降

1945年5月，世界人民迎来了胜利的曙光，到处都能看到欢庆胜利的人群高呼着："德国法西斯投降了！欧洲大陆解放了！全世界人民胜利的日子就要到来了！"然而最后一个法西斯国家日本仍在垂死挣扎，负隅顽抗，还在做着它那大日本帝国的美梦。

7月26日，中、美、英三国发表了《波茨坦公告》（苏联后来加入），敦促日本必须立即无条件投降，否则必将彻底灭亡。日本法西斯仍执迷不悟，拒绝接受《波茨坦公告》。

8月6日和8月9日，美国在日本的广岛和长崎分别投下了原子弹，两座城市遭到了毁灭性打击。9日凌晨，苏联红军百万雄师以迅雷不及掩耳之势，对日本驻中国东北的关东军发起了全线总攻，关东军精心布防的战线很快土崩瓦解。在苏联出兵当日，中国共产党领导的100万八路军、新四军和200万民兵，向日寇占领地区发起了全面大

〈《波茨坦公告》英文抄本〉

〈美军在长崎投下原子弹〉

反攻。与此同时，朝鲜、越南、缅甸、菲律宾、马来亚（今马来西亚）、泰国、印度尼西亚等许多亚洲国家的军民，也同时向日本占领军发起了大反攻。

日本天皇被这突如其来的事件搞得晕头转向，不知所措，立即召开御前重臣会议商讨对策。

‹ 苏军士兵向日军展开进攻 ›

8月9日午夜，日本天皇躲藏的防空洞里闷热又潮湿，法西斯头目们个个汗流浃背，忧心忡忡。参加这次会议的有：首相铃木贯太郎、外务大臣东乡茂德、陆军大臣阿南惟几、海军大臣米内光政、陆军参谋总长梅津美治郎、海军军令部总长丰田副武和枢密院议长平沼骐一郎等人。

"从目前国内外局势看，在维护国体和保存天皇制的前提下，只能无条件投降！"东乡垂头丧气地说完后便两手一摊，无奈地靠在沙发上。

"要投降，除维护国体外，还必须附带三个条件。第一是日本自行处理战犯；第二是自主解除武装；第三是盟军不得占领日本本土。"丰田补充说道。

阿南一拍桌子，站起身来，厉声说道："与其无条件投降，倒不

‹ 东乡茂德 › ‹ 丰田副武 ›

如实行本土决战！如果我们组织得好，还有击退登陆敌军的可能。所以，我坚决反对无条件投降！"

会议开到第二天凌晨3点仍没争论出个结果。这时，一直沉默不语的天皇裕仁睁开了眼睛，喃喃地说："根据我们目前的处境，再继续进行这场丧失生命和财产的战争已经毫无意义。我决心已定，准备接受盟国的条件，同时也希望你们能和我的意见一致。"天皇说完便离开了会议室。

8月10日，日本通过中立国瑞士和瑞典向同盟国发出乞降照会。12日，同盟国在复照中声明："自投降时刻起，日本天皇及日本政府统治国家之权力，必须听从盟国最高司令官。日本政府的最后形式将按照《波茨坦公告》，由日本人民自由表达的意志来确定。"当天，美军飞机在东京上空撒下了载有日本政府接受《波茨坦公告》的电文和同盟国复文的日语传单。一时间，日本政府投降的消息在日本人民中间传开了。

‹ 裕仁天皇 ›

8月14日，天皇再次召开御前会议。在会上，以陆相阿南为首的主战派上奏说："同盟国复照对保护天皇制措辞不明，恳请天皇陛下准予再提照会。如果同盟国不允许保护天皇制，那只有继续战争，死里求生。"

天皇表示："我的态度没有变，决心已定，请起草诏书吧！"片刻沉寂之后，会场上响起哭号的声音。《停战诏书》写好后，天皇进行了录音，准备在第二天

‹ 阿南惟几 ›

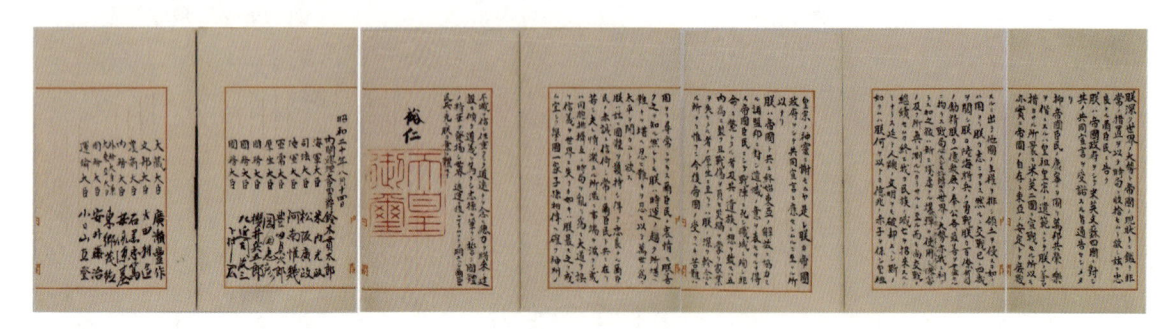

《停战诏书》原文

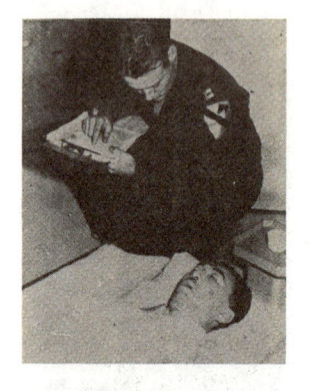

近卫文麿畏罪自杀

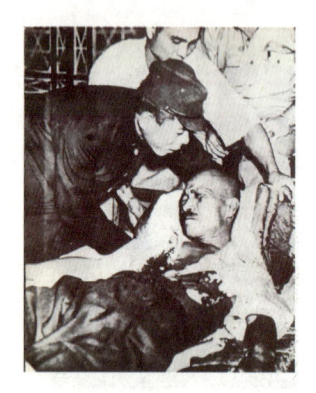

自杀未遂的东条英机

向全国进行广播。

主战派的前首相近卫文麿、陆军大臣阿南惟几见大势已去，便畏罪自杀。头号战犯、前首相兼陆军大臣东条英机自杀未遂，经远东国际军事法庭审判，最终在1948年12月23日0时被吊上绞刑架。

一伙主战派的少壮侍卫军官得知要在第二天广播投降的消息后，决定盗走天皇诏书的录音唱片，阻止录音向全国广播。他们趁夜深人静时闯入皇宫，四处搜寻，但很快就被警卫部队镇压了。

8月15日，这是一个令日本人难以忘掉的日子。这天，日本举国上下都在准备聆听播放天皇裕仁宣读投降诏书的录音。当时针指向正午12点时，广播里奏起了日本国歌《君之代》。随后，在几乎凝固的空气中响起了颤抖、紧张而又忧虑的天皇裕仁的声音："朕深鉴于世界大势及帝国之现状，欲采取非常之措施，收拾时局。兹告尔等臣民，朕已饬令帝国政府通告美、英、中、苏四国，愿接受其联合公告……望尔等臣民善体朕意。"

天皇昔日的威风和自信已全然不见，显得那么无可奈何、苍白无力。尽管天皇在诏书中极力掩饰，避免使用"战败"和"投降"这样的词句，但日本人心里都清楚，无条件投降已是无可改变的事实。许多人听着听着，因无法控制自己的情绪而捶胸顿足，号哭起来。

8月28日，美国空军飞机载着一百多名美军士兵在东京降落。随后，美军和英军战舰运送大批美、英军队在日本登陆，实现对日本的占领。

9月2日，在东京湾停泊的美军战列舰"密苏里"号上举行了日本向同盟国正式投降的签字仪式。上午9时4分，日本外相重光葵和参谋总长梅津美治郎分别代表日本政府和大本营在投降书上签字。9时8分，盟军最高统帅麦克阿瑟、美国代表尼米兹、中国代表徐永昌、英国代表弗雷泽、苏联代表杰列维亚科及其他五个盟国的代

‹ 日本无条件投降签字仪式举行 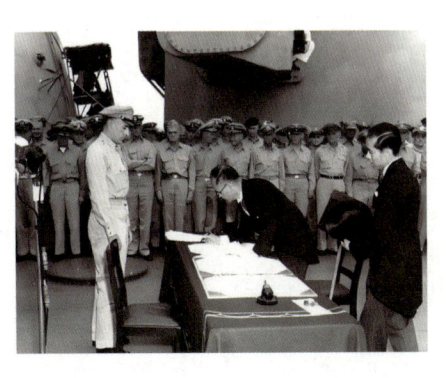 › ‹ 重光葵在无条件投降书上签字  › ‹ 徐永昌代表中国政府签字 ›

中国战区日军投降签字仪式会场全景

冈村宁次等人进入会场

表分别在受降书上签了字，第二次世界大战正式结束。

9月9日，在中国南京原中央军校礼堂举行了中国战区接受日本投降的签字仪式。上午8时52分，中国战区最高统帅蒋介石的特派代表、中国陆军总司令何应钦上将步入会场，在受降席就座。参加受降的除了中国军队的一些将领外，还有美国、英国、法国、加拿大、荷兰和澳大利亚等国的军事代表及使馆武官。8时57分，日本中国战区投降代表、中国派遣军总司令冈村宁次与参谋长小林浅三郎、副参谋长今进武夫等人步入会场。

冈村宁次神情颓丧地站在受降台前，往日的蛮横、高傲和不可一世全都不见了，规规矩矩地将沾满中国人民鲜血的佩刀解下来，交给身边的小林，然后由小林双手捧着佩刀呈献给何应钦，以此来表示侵华日军向中国军队缴械投降。接着，冈村宁次将日军大本营授予代表签降的全权证书和有关文件呈交给何应钦。何应钦展开看过后，又由参谋长递交给冈村宁次，冈村宁次签名并盖章。

从1931年"九一八"事变开始，到1945年，经过十四年的艰苦奋战，中国人民终于取得了抗日战争的最终胜利。在世界反法西斯战争中，中国抗日战争开始时间最早，持续时间最长，抗击日军最多，付出代价最大，发挥了不可替代的巨大作用。为了这来之不易的胜利，中国人民付出了巨大的代价。据统计，第二次世界大战期间，中国军民伤亡3500万人以上。

抗日战争是近代以来，中华民族第一次取得完全胜利的反侵略战争，是20世纪中国历史上的重大事件。抗日战争的胜利彻底打败了日本侵略者，捍卫了中国的国家主权和领土完整。抗日战争的胜利洗雪了自鸦片战争以来，中国人民遭受帝国主义奴役和压迫的百年耻辱，极大推进了中国革命的历史进程，为新民主主义革命的最后胜利奠定了坚实基础。抗日战争的胜利促进了中华民族的觉醒和团结，弘扬了以爱国主义为核心的伟大民族精神。抗日战争的胜利大大增强了全国人民的自尊心和自信心，促进了民族觉醒，是中华民族由衰败到复兴的转折点。抗日战争的胜利，显著提高了中国的国际地位和国际影响，有力地维护了世界和平。

〈 何应钦受降 〉

〈 冈村宁次在投降书上签字并盖章 〉